파이썬을 이용한 경제 및 금융 데이터 분석

파이썬을 이용한 경제 및 금융 데이터 분석

정호성 지음

데이터 분석을 위한 개념 학습과 실제 데이터의 입수부터 분석까지

자유아카데미

지은이의 말

우리는 경제 상황을 파악하거나 투자 등의 목적으로 금리, 주가, 기업의 재무정보 등을 알아보기 위해서 다양한 데이터를 분석합니다. 하지만 이와 관련된 데이터를 분석하기에는 몇 가지 어려운 점이 있습니다. 다양하게 흩어져 있는 경제 및 금융 데이터를 일일이 다운로드받아야 하는 등 데이터를 시기적절하게 입수하기도 쉽지 않고, 입수한 데이터를 목적에 맞게 분석하는 것도 관련 업무종사자나 연구자들에게 상당한 노력이 필요합니다.

다행히도 데이터를 입수하고 분석하는 방법이 점점 쉬워지고 있습니다. 공공데이터포털과 통계청에서는 경제 관련 데이터뿐만 아니라 다양한 분야의 데이터를, 금융감독원에서는 전자공시시스템을 통해 기업의 재무정보를 포함한 공시정보를 제공하고 있습니다. 아울러 공공데이터포털이나 한국은행 등의 기관에서도 코딩을 통해 데이터를 손쉽게 입수할 수 있도록 오픈 API를 제공하고 있습니다. 이에 따라 데이터를 의미 있게 분석하기 위한 코딩 수단으로서 파이썬의 활용이 점점 대중화되는 추세입니다.

하지만 우리 주변에는 경제나 금융 관련 데이터를 입수하고 통계학이나 경제이론을 이용하여 데이터를 파이썬으로 일관되게 분석하는 책이나 관련 수업을 찾기가 힘듭니다. 이 책은 국민대학교 경제학과 학생들에게 진행한 강의의 산물로, 기존 데이터 분석을 다룬 책과는 다른 몇 가지 특징이 있습니다. 먼저 우리나라 경제 상황을 나타내는 실제 데이터를 분석하며, 또한 누군가에 의해 가공된 데이터를 이용하는 것이 아니라 인터넷을 통해 필요한 데이터를 직접 입수합니다. 예를 들어 국토교통부에서 제공하는 주택실거래가 데이터, 한국은행에서 제공하는 통화량과 같은 거시데이터, 금융위원회에서 제공하는 주가 데이터를 파이썬을 이용하여 오픈 API로 입수합니다. 또한, 가구주 단위로 이루어져 있는 가계금융복지조사 데이터를 통계청에서 입수하여 분석합니다. 이처럼 필요한 경제 및 금융 데이터의 출처를 소개하고 이를 입수하는 과정부터 상세히 다룹니다. 다음으로 경제 관련 데이터 분석에 필요한 통계 및 계량경제 이론을 다룹니다. 실생활과 밀접한 관계에 있는 경제 관련 데이터를 통계학과 계량경제학 이론을 적용하여 분석하면 관련 이론의 의미를 보다 명확히 이해할 수 있습니다. 이때 데이터 분석에 필요한 통계 및 계량이론에 대한 개념을 가능한 한 쉽게 설명하려고 노력하였습니다. 마지막으로 파이썬 문법은 경제 관련 데이터 분석에 필요한 범위 내에서 반복적으로 설명하였습니다. 이를 통해 경제 데이터 분석과정에서 자주 이용되는 파이썬 문법을 자연스럽게 학습할 수 있을 것입니다.

좋은 책을 위해 최선을 다하였지만 미흡한 부분이 있을 수 있습니다. 이 점은 양해 바라며 책에서 사용된 실습 자료나 출간 후 나올 수 있는 수정사항 등은 자유아카데미 홈페이지(www.freeaca.com) 자료실에 제공할 예정입니다.

경제 및 재무 전공 학생이나 경제에 관심이 있는 일반인들이 이 책을 통해 파이썬으로 데이터를 입수하고, 통계 및 계량경제학 이론에 입각하여 데이터를 분석하는 방법을 익히는 데 많은 도움이 되었으면 좋겠습니다.

2023년 1월

저자 정호성

이 책에 대하여

이 책은 통계학과 계량경제학을 바탕으로 파이썬을 이용하여 데이터를 분석하는 이론 및 실습서입니다. 총 14장으로 구성되어 있으며, 매 장에서는 통계 및 계량경제 내용에 대한 개념을 다루고, 해당 개념을 이용하여 경제 및 금융 데이터를 분석합니다. 이때 분석하는 대부분의 데이터는 인터넷을 통해 직접 수집합니다. 이를 통해 학습자는 경제 관련 데이터를 다루는 이론적인 방법론과 함께 데이터를 입수하고 분석하는 능력을 갖추게 될 것입니다.

이 책의 구성

Chapter 1 경제와 데이터 공공데이터포털에 가입하고 인증키 받기

경제 데이터를 수집하는 데 필요한 주요 인터넷 출처를 살펴보고, 경제 데이터를 분석하는 데 어떠한 지식이 필요한지를 살펴봅니다. 또한 오픈 API를 이용한 데이터 수집을 위해 공공데이터포털에 가입하고 인증키를 받는 절차를 살펴봅니다.

Chapter 2 기술통계분석 주택실거래가 데이터 분석

데이터의 특징을 파악하는 기술통계학에 대한 주요 내용을 살펴봅니다. 공공데이터포털에서 오픈 API를 이용하여 주택실거래가 데이터를 입수하고, 해당 데이터의 기술통계량을 구해봅니다.

Chapter 3 확률 오픈 API를 이용하여 주가 데이터 입수

확률의 개념과 주요 확률법칙을 살펴봅니다. 공공데이터포털에서 오픈 API를 이용하여 KRX 상장종목정보를 입수하고 파이썬 패키지를 이용하여 주가 데이터를 입수하고 분석합니다.

Chapter 4 분포 주가수익률 분포

데이터 분석에 필요한 이항분포, 정규분포에 대한 주요 내용을 살펴봅니다. 주가수익률 분포를 살펴보고 부트스트랩핑 방법을 사용하여 주식투자 시 최대 예상손실액을 구해봅니다.

Chapter 5 표본추출 가구 평균 소득에 대한 신뢰구간

표본평균의 정확성을 나타내는 신뢰구간에 대해 살펴봅니다. 통계청에서 가계금융복지조사 데이터를 수집하고 분석하며, 해당 데이터를 이용하여 가구 평균 소득에 대한 신뢰구간을 분석합니다.

Chapter 6 차이 검정 가구주 직업별 소득 차이 검정

동일 집단 내 또는 집단 간 차이 검정 방법을 살펴봅니다. 가계금융복지조사 데이터를 이용하여 성별, 직업군별 소득에 차이가 있는지를 통계 방법을 이용하여 살펴봅니다.

Chapter 7 회귀분석 30대 1인 가구의 소득과 자산 간 관계

상관관계와 회귀분석에 대해 살펴봅니다. 가계금융복지조사 데이터를 이용하여 교육연수와 소득과의 상관관계를 살펴보고, 30대 1인 가구의 소득과 자산 간 회귀분석을 실시합니다.

Chapter 8 회귀분석과 유의성 검정 대학졸업 30대 1인 가구의 소득 예측

회귀분석 계수추정치에 대한 유의성 검정 방법을 살펴보고 회귀분석을 이용한 예측 방법을 살펴봅니다. 가계금융복지조사 데이터를 이용하여 대학졸업 30대 1인 가구의 소득을 예측해 봅니다.

Chapter 9 다중회귀분석 소득에 영향을 미치는 다양한 요인

행렬을 이용한 다중회귀분석 방법을 살펴봅니다. 가계금융복지조사 데이터를 이용하여 소득에 영향을 미치는 교육연수, 나이, 성별 등 다양한 요인을 분석합니다.

Chapter 10 회귀분석과 머신러닝 주택가격지수 예측

머신러닝으로 회귀분석하는 방법을 살펴보고, 머신러닝 방법으로 주택가격지수를 예측해 봅니다.

Chapter 11 로짓분석 교육기간이 결혼에 미치는 영향

로짓분석과 분류 평가지표를 살펴봅니다. 가계금융복지조사 데이터를 이용하여 교육기간이 결혼에 미치는 영향을 로짓분석으로 살펴봅니다.

Chapter 12 로짓분석과 머신러닝 불황과 호황 예측

머신러닝으로 로짓분석하는 방법을 살펴봅니다. 한국은행의 경제통계시스템에서 제공하는 오픈 API를 이용하여 거시경제 데이터를 입수하고, 머신러닝 방법으로 호황과 불황을 예측해 봅니다.

Chapter 13 시계열분석 이동평균법과 지수평활법으로 주가 예측

시계열 회귀분석, 이동평균법, 지수평활법과 같은 시계열분석 방법을 살펴봅니다. 이동평균법과 지수평활법으로 주가를 예측해 봅니다.

Chapter 14 ARIMA모델 ARIMA모델을 이용한 주가 예측

시계열분석 방법의 대표적인 모델인 ARIMA모델을 살펴봅니다. ARIMA모델을 이용하여 주가를 예측해 봅니다.

차례

Chapter 1 경제와 데이터
공공데이터포털에 가입하고 인증키 받기

Chapter 2 기술통계분석
주택실거래가 데이터 분석

Chapter 3 확률
오픈 API를 이용하여 주가 데이터 입수

Chapter 8 회귀분석과 유의성 검정
대학졸업 30대 1인 가구의 소득 예측

Chapter 9 다중회귀분석
소득에 영향을 미치는 다양한 요인

Chapter 10 회귀분석과 머신러닝
주택가격지수 예측

Chapter

1

경제와 데이터

공공데이터포털에 가입하고 인증키 받기

개념

1.1 경제와 데이터

1.2 경제 및 금융 데이터 분석을 위해 필요한 지식

데이터 분석

1.3 파이썬: 변수, 주석과 들여쓰기

1.4 파이썬: 모듈과 패키지

1.5 공공데이터포털에 가입하고 인증키 받기

분석 과제

개념

1.1 경제와 데이터

경제는 재화를 생산하고 소비하는 인간 행위를 말합니다. 경제학은 자원이 제한된 상황에서 경제주체들이 어떻게 행동하는지를 연구하는 사회과학의 한 분야입니다. 개인, 가계, 기업, 국가 등 경제주체들이 재화를 생산하고 소비하는 경제행위를 기록한 것을 경제 관련 데이터라고 하는데, 경제학은 주로 이러한 경제 관련 데이터를 이용하여 경제주체의 경제활동을 분석하고 예측합니다.

경제 관련 데이터는 통계청, 정부 기관, 한국은행과 같은 공적기관에서 주로 발표합니다. 공공데이터 포탈(https://www.data.go.kr/)은 경제 관련 데이터뿐만 아니라 교육, 국토관리, 산업고용, 사회복지 등 우리나라의 공공기관에서 생성 또는 취득하여 관리하고 있는 공공데이터를 제공하고 있는 통합 창구입니다. 통계청(https://kostat.go.kr/)은 국가중앙통계기관으로 한 국가의 정책 수립과 이행, 평가과정에서 필요한 통계를 생산하고 있습니다. 통계청에서는 발표하는 데이터는 집계통계뿐만 아니라 개별 자료를 제공하는 마이크로데이터 서비스를 제공하고 있습니다. 한국은행 경제통계시스템(https://ecos.bok.or.kr/)에서는 통화신용정책을 수립하기 위해 필요한 통계를 작성하고 수집하여 제공하고 있습니다. 특히 한국은행은 금리, 국민소득, 국제수지, 자금순환, 기업경영분석, 산업연관분석 등 경제 각 분야에 걸친 주요 국가기본경제통계를 작성하여 제공하고 있습니다.

일상생활의 대부분의 행위가 경제 관련 행위이므로 필요에 따라 공공기관이 발표한 자료가 아닌 기업이나 포털 등에서도 경제 관련 데이터를 이용할 수 있습니다. 한국거래소 정보데이터시스템(http://data.krx.co.kr/)에는 한국거래소에 상장되어 있는 종목에 대한 정보뿐만 아니라 주가지수, 채권지수, 파생상품에 대한 시세정보 등도 확인할 수 있습니다. 네이버와 같은 포탈도 다양한 정보를 제공하고 있습니다. 예를 들어, 네이버 증권(https://m.stock.naver.com/)에서는 국내 증시, 해외 증시 및 시장지표 등 데이터를 제공하고 있습니다.

과거에는 경제 관련 데이터를 엑셀이나 텍스트 형태로 다운로드받아서 이용했지만, 요즘에는 해당 기관에서 제공하는 API를 통해서 파이썬과 같은 프로그램으로 손쉽게 데이터를 다운로드하여 분석에 사용할 수 있습니다. 이와 같이 경제 데이터 분석이 보다 쉬워지고 있습니다.

개념

1.2 경제 및 금융 데이터 분석을 위해 필요한 지식

통계학 & 계량경제학

통계학은 경제 현상을 분석하는 데 필수적으로 사용됩니다. 경제 현상은 실험하기가 어렵기 때문에 통계적인 방법으로 경제주체들의 기록인 데이터를 검증하는 경우가 대부분입니다. 통계학 중에서 경제 데이터 특유의 속성에 집중하는 통계학을 계량경제학이라고 합니다.

경제학 & 재무론

경제 관련 데이터를 분석하기 위해서는 경제학과 재무론이 필요할 때가 있습니다. 특히 경제 관련 데이터를 이용하여 학술논문을 작성하고자 할 때는 경제학에 대한 이론지식이 필요하며, 기업과 주식시장을 분석하기 위해서는 수익률과 위험에 대한 재무론과 더불어 기업의 재무제표를 보고 이해하는 것이 필요합니다.

코딩지식

경제 및 금융 데이터 분석을 위해서는 파이썬, R과 같은 코딩 지식이 필요합니다. 특히 파이썬은 데이터 수집, 데이터 분석, 그래프, 통계 분석에 필요한 다양한 패키지를 손쉽게 이용할 수 있는 언어입니다. 코딩실력은 한꺼번에 증가하지 않기 때문에 코딩을 이용한 데이터 분석을 반복적으로 연습하는 것이 필요합니다.

데이터 분석

1.3 파이썬: 변수, 주석과 들여쓰기

변수

어떤 값을 저장해두는 이름을 변수라고 합니다. 등호(=)의 왼쪽에 변수명을 두고 등호 오른쪽에는 변수값이 옵니다. 변수명의 첫 글자는 밑줄 문자(_) 또는 영문자로 시작합니다. 파이썬에서 변수명은 대소문자를 구별하기 때문에 name과 Name은 서로 다른 변수가 됩니다.

> 변수명 = 변수

다음의 예를 보면 my_name이라는 변수에는 '홍길동'이라는 변수값을 저장하고, price라는 변수에는 12500이라는 숫자가 저장되어 있습니다.

In

```
my_name = '홍길동'
my_name
```

Out	'홍길동'

```
In   price = 12500
     price
```

```
Out  12500
```

파이썬에서 사용하고 있는 일부 단어는 변수명으로 사용할 수 없는데, 이러한 단어를 파이썬 예약어라고 합니다. 파이썬 예약어는 다음과 같이 확인할 수 있습니다.

```
In   import keyword

     keyword.kwlist  # 파이썬 예약어 출력
```

```
Out  ['False', 'None', 'True', '__peg_parser__', 'and', 'as', 'assert', 'async', 'await',
     'break', 'class', 'continue', 'def', 'del', 'elif', 'else', 'except', 'finally', 'for',
     'from', 'global', 'if', 'import', 'in', 'is', 'lambda', 'nonlocal', 'not', 'or', 'pass',
     'raise', 'return', 'try', 'while', 'with', 'yield']
```

파이썬 예약어를 변수명으로 사용하면 다음과 같은 오류가 발생합니다.

```
In   in = 1
```

```
Out    Input In [15]
         in = 1
         ^
     SyntaxError: invalid syntax
```

파이썬에는 자체 내장 함수가 많이 있습니다. 예를 들어 min() 함수는 주어진 수에서 가장 작은 수를 보여주는 함수입니다. 만약 min을 변수명으로 사용하면 파이썬에서 제공하는 min() 함수를 더는 사용할 수 없기 때문에 변수명은 파이썬 내장함수 이름과 동일한 이름은 피해야 합니다.

In
```
min(2,3)   # 파이썬 내장함수
```
Out
```
2
```
In
```
min = 1   # min을 변수 명으로 사용
min
```
Out
```
1
```
In
```
min(2,3)   # 파이썬 내장함수 사용 불가
```
Out
```
---------------------------------------------------------------------------
TypeError                                 Traceback (most recent call last)
Input In [10], in <cell line: 1>()
----> 1min(2,3)

TypeError: 'int' object is not callable
```

주석

파이썬에서 프로그램이 알아들을 수 있도록 작성한 명령어를 코드(code)라고 하고, 코드를 설명하는 내용 등을 작성한 글을 주석(comment)이라고 합니다. 코드를 실행시키고 싶지 않을 때도 코드 앞에 주석처리를 하면 프로그램이 해당 내용을 실행하지 않습니다.

주석으로 표시할 내용 앞에 #를 입력한다.

In
```
min(2,3)   # 주석: 파이썬 내장함수
```
Out
```
2
```

여러 줄의 문장을 주석 처리하는 방법은 작은따옴표(')를 세 번 쓰고 주석을 작성한 후에 다시 작은따옴표 세 개로 닫아 줍니다. 작은따옴표 대신 큰따옴표(")를 사용해도 됩니다.

들여쓰기

파이썬에서 코드를 코드의 묶음인 '블록 단위'로 실행할 때 들여쓰기(indent)를 사용합니다. 들여쓰기를 할 때는 스페이스 바를 네 번 누르거나 탭 바를 사용합니다. 같은 코드 블록 안에서는 들여쓰기 방식을 통일해야 합니다.

다음은 for 반복문에서 들여쓰기를 사용한 코드입니다. for문 아래에 들여쓰기를 확인할 수 있습니다.

In
```
x_values = [1, 2, 3]

for x in x_values:
    y = x**3;  # 값 x를 세제곱
    print(y)
```

Out
```
1
8
27
```

데이터 분석

1.4 파이썬: 모듈과 패키지

다른 개발자가 만들어 놓은 코드나 자신이 만든 코드를 다시 사용하고자 할 때 모듈과 패키지를 이용합니다.

모듈

이미 만들어져 있는 함수를 하나의 파이썬 파일에 묶여 만들어 놓을 것을 모듈이라고 합니다. 외부 모듈에 있는 함수를 활용하려면 이 모듈을 먼저 우리 코드로 가져와야 하는데, 파이썬에서는 이를 '모듈을 임포트(import)한다'고 합니다.

import 모듈 이름

파이썬의 내장 모듈인 numpy를 임포트해서 numpy의 함수를 자신의 코드에서 이용하도록 하겠습니다.

In	`import numpy   # numpy 모듈을 import`
In	`numpy.abs(-3)  # numpy 모듈의 abs 함수를 사용`
Out	`3`

from 모듈 import *

from import를 사용하여 모듈 내에 존재하는 모든 내용을 가져올 수 있습니다. 이때 *는 와일드 카드라고 하며 모든 것을 의미하며 이 경우에는 모듈 이름을 사용하지 않아도 됩니다.

In	`from numpy import *  # numpy 모듈내 모든 내용을 import`
In	`abs(-3)              # numpy 모듈의 abs 함수를 사용`
Out	`3`

import 모듈 as 별명

import로 가져온 모듈의 내용을 사용하려면 모듈명을 그대로 사용해야 합니다. 모듈이 이름이 복잡하거나 모듈 이름을 반복적으로 이용할 경우 as를 이용하여 모듈명을 자신이 원하는 대로 바꿀 수 있지만 대부분의 이용자가 사용하는 별칭을 사용하는 것이 편리합니다.

In
```
import numpy as np  # numpy 모듈을 별명 np로 임포트
```

In
```
np.abs(-3)          # numpy 모듈의 abs 함수를 사용
```

Out
```
3
```

패키지

파이썬에서는 모듈의 묶음을 패키지라고 합니다. 모듈이 하나의 파이썬 파일이라면 패키지는 디렉토리로 이해하면 됩니다.

```
import 패키지명
import 패키지명.모듈
```

In
```
import seaborn                    # 패키지
import matplotlib.pylab           # 패키지.모듈
from scipy.stats import norm
```

In
```
rv = norm(loc=1, scale=2)         # 표준정규분포의 기댓값 1, 표준편차 2
seaborn.histplot(rv.rvs(size=10000, random_state=0))
matplotlib.pylab.xlim(-8, 8)
matplotlib.pylab.show()
```

Out

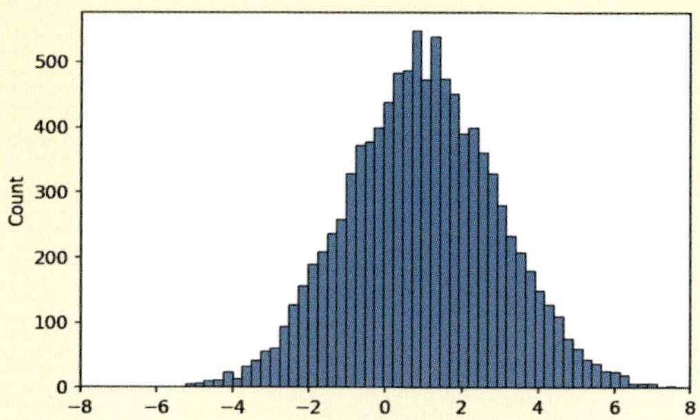

from 패키지 import 모듈

다음은 pandas라는 패키지에서 DataFrame이라는 모듈을 불러왔습니다.

```
In    from pandas import DataFrame
```

```
In    DataFrame()
```

```
Out   --
```

데이터 분석

1.5 공공데이터포털에 가입하고 인증키 받기

주택거래 실거래 데이터를 공공데이터포털에서 입수하여 분석하고자 합니다. 공공데이터 포털(www.data.go.kr)에는 2021년 12월 7일 기준 975개 기관에서 49,321건의 파일데이터와 8,056건의 오픈 API를 제공하고 있습니다. 공공데이터포털에서 제공하는 API를 이용하여 데이터를 수집하기 위해서는 회원가입을 해야 합니다.

우리는 다음 장에서 주택실거래가 데이터를 이용합니다. 공공데이터포털 데이터 찾기 항목에 아파트매매 실거래자료를 입력하면 다양한 자료를 검색할 수 있습니다. 오픈 API에서 이용 가능한 "국토교통부_아파트매매 실거래자료"를 확인할 수 있습니다.

그림 1 공공데이터포털 초기화면

데이터목록에 '아파트매매 실거래자료'를 입력하면 380건의 자료가 검색되고 오픈 API에서 이용할 수 있는 목록이 나타납니다.

아파트매매 실거래자료에 대한 Open API를 이용하기 위해서는 먼저 개발계정 신청을 해야 합니다.

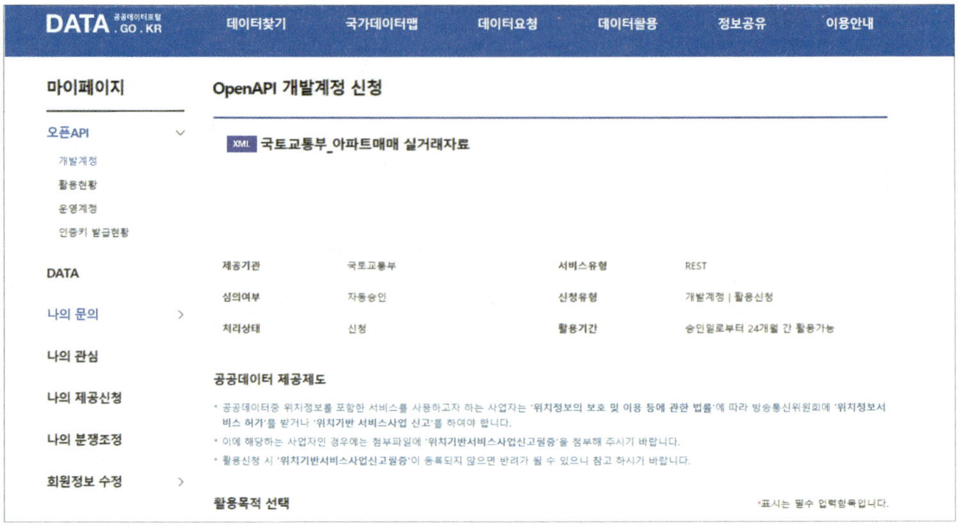

오픈 API를 이용할 수 있는 인증키 발급 여부와 인증키 내용은 "마이페이지"에서 확인할 수 있습니다.

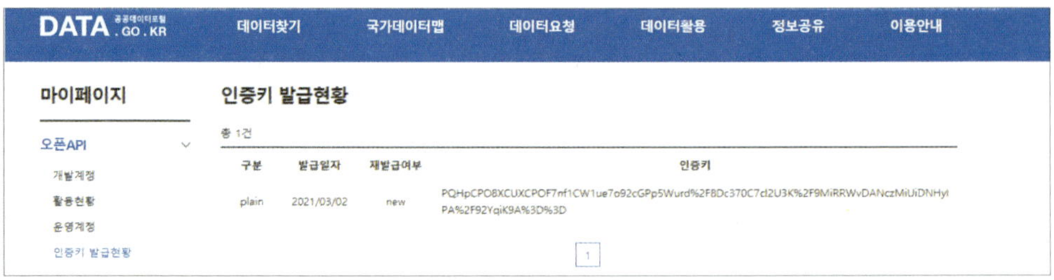

분석 과제 파이썬 설치 및 공공데이터포털 인증키 받기

1. Anaconda를 설치하고 본인의 상황에 맞게 Jupyter Notebook의 환경설정을 합니다. (부록 – 쥬피터 노트북 설치 참고)

2. 다음의 Library에 들어가서 적당한 예제를 찾아 Jupyter Notebook에서 실행 시킵니다.

   - Numpy, https://numpy.org/devdocs/user/quickstart.html
   - Graphics, https://matplotlib.org/2.0.2/gallery.html
   - Pandas, https://pandas.pydata.org/docs/user_guide/index.html
   - Econometrics and Machine Learning, https://www.statsmodels.org/stable/index.html

3. 공공데이터포털에 가입하여 '국토교통부 아파트매매 실거래자료'에 대해 활용신청을 한 후 인증키를 발급받습니다.

Chapter

2

기술통계분석

주택실거래가 데이터 분석

개념

데이터 분석

분석 과제

개념

2.1 데이터의 대표값과 퍼진 정도

우리는 데이터로부터 정보를 추출하기 위해 통계학을 이용합니다. 통계학은 크게 기술통계학(descriptive statistics)과 추론통계학(inferential statistics)으로 구분하여 설명할 수 있습니다. 기술통계학은 데이터의 특징을 살피거나 관련 있는 데이터 간의 관계를 살펴보는 것을 말하며, 추론통계학은 표본을 정리한 통계량에 담긴 의미를 해석하여 모집단의 특성을 추론하는 것을 말합니다.

기술통계학에서는 주로 데이터의 대표값이나 퍼진 정도, 상관관계와 같은 통계량을 통해서 데이터의 특성을 살펴봅니다. 데이터를 분석할 때 먼저 분석해야 할 기술통계량으로는 데이터를 대표하는 대표값과 자료의 퍼짐 정도입니다. 대표값으로는 평균, 중앙값, 최빈값이 이용되고 퍼짐 정도는 표준편차가 주로 이용됩니다.

대표값

대표적인 데이터의 대표값으로는 평균(mean), 중앙값(median), 최빈값(mode)이 있습니다. 평균은 관측치의 총합을 개수로 나누어 구합니다. X_1, X_2, ⋯, X_n과 같이 n개의 자료가 있을 때 평균($\overline{X}$)을 다음과 같이 계산할 수 있습니다.

$$\overline{X} = \frac{X_1 + X_{2,} + \cdots + X_n}{n} = \frac{1}{n}\sum_{i=1}^{n} X_i$$

중앙값은 데이터를 크기순으로 정렬했을 때 가운데 오는 값입니다. 데이터(n)의 개수가 짝수일 경우 중앙값은 $n/2$와 $(n+1)/2$의 평균값입니다. 예를 들어 자료가 8개 있다면 중앙값은 4번째 값과 5번째 값의 합의 평균인 것입니다. 최빈값은 가장 많이 관찰되는 값입니다.

평균과 중앙값 그리고 최빈값을 대표값으로 이용할 때는 각각의 지표가 갖는 특징을 파악하는 것이 필요합니다. 평균은 극단치의 값의 영향을 받지만, 중앙값은 극단치의 값의 영향을 받지 않습니다. 데이터에 극단치가 존재할 경우 평균보다는 중앙값이 중심을 더 나타낸다고 볼 수 있습니다. 실제 분석에서는 극단치를 제외하고 평균을 이용하는 방법이 많이 사용됩니다.

퍼진 정도

데이터의 퍼진 정도는 자료가 평균으로부터 얼마나 퍼져있는지를 나타내는 지표입니다. 퍼진 정도는 표준편차(standard deviation)로 계산하고 있습니다. 표준편차(σ)는 각 관측치(X_i)와 관측치들의 평균($\overline{X}$)의 차이의 제곱합을 "자료의 개수(n) − 1"로 나누어 준 다음[1] 제곱근을 취하여 구합니다. 그리고 표준편차에 제곱을 해준 값을 분산(σ^2)이라고 합니다.

$$\sigma^2 = \frac{(X_1 - \overline{X})^2 + (X_2 - \overline{X})^2 + \cdots + (X_n - \overline{X})^2}{n-1} = \frac{\sum_{i=1}^{n}(X_i - \overline{X})^2}{n-1}$$

$$\sigma = \sqrt{\sigma^2}$$

1 표준편차를 계산하는 경우 관측치와 관측치들의 평균과의 차이(편차)의 합을 자료의 개수(n)로 나누어 주는 것이 아니라 "자료의 개수(n) − 1"로 나누어 주는 것에 유의할 필요가 있습니다. 이때 "자료의 개수(n) − 1"을 자유도라고 합니다. 표준편차를 구할 때 자유도가 n이 아니라 $n-1$이 되는 이유를 생각해봅시다. 표준편차의 대상이 되는 편차들의 합은 0이 됩니다. 따라서 이러한 제약조건이 자유도를 1만큼 감소시키는 것입니다. 이를 더 잘 이해하기 위해 관측치가 하나뿐이고 그 값이 10이라고 가정해봅시다. 자료가 1개이므로 평균도 10이므로 관측치와 관측치의 평균과의 차이의 제곱은 0이고, 표준편차를 구하는 공식의 자유도($n-1$)은 0입니다. 따라서 표준편차는 $\sqrt{0/0}$으로 부정형이므로 그 값이 결정되지 않았음을 보여줍니다. 만약 자유도를 n으로 이용하면 표준편차는 $\sqrt{0/1}$으로 그 값은 0입니다. 관측치의 퍼진 정도는 자료가 2개 이상일 때 의미가 있으므로 이 경우 퍼진 정도는 0이 아니라 그 값이 결정되지 않았다고 하는 것이 적절합니다.

표준편차는 데이터가 평균으로부터 얼마나 떨어져 있는지를 알려줍니다. 데이터의 약 68%가 평균으로부터 ±1 표준편차 이내에 포함되어 있으며, 데이터의 약 95% 정도가 평균으로부터 ±2 표준편차 이내에 포함되어 있습니다.

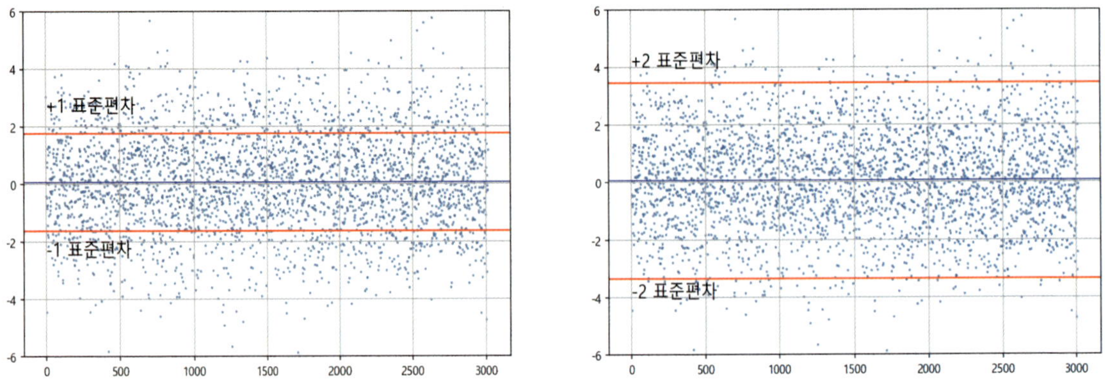

그림 1 자료의 퍼진 정도를 나타내는 표준편차

Note 중앙값 절대편차(MAD: median absolute deviation)

표준편차는 평균에 기초하여 데이터의 퍼진 정도를 측정하는 통계량입니다. 평균은 극단치의 영향을 많이 받기 때문에 표준편차 역시 극단치의 영향을 많이 받습니다. 극단치의 영향을 덜 받는 데이터의 퍼진 정도를 나타내는 통계량이 중앙값 절대편차입니다. 중앙값 절대편차는 데이터의 중앙값과 각 값과의 차이의 절대값들의 중앙값입니다.

$$MAD = median(|X_i - median(X)|)$$

MAD는 데이터 집합의 극단적인 값들에 민감하지 않은 특성 때문에 이상치 검출 등에서 사용되고 있습니다.

개념

2.2 히스토그램과 사분위수

히스토그램(histogram)은 데이터의 분포를 그래프로 나타낸 것입니다. 일반적으로 히스토그램에서는 가로축은 데이터의 범위, 세로축은 해당 데이터 범위에 들어있는 관측치의 개수를 나타내지만, 반대로 표시하기도 합니다. 히스토그램을 통해 데이터의 중심(평균, 중앙값)과 퍼진 정도를 시각적으로 쉽게 알 수 있으며, 히스토그램의 꼬리 유형을 통해 평균과 중앙값의 크기를 비교할 수 있습니다. 히스토그램이 대칭이면 평균과 중앙값이 동일하지만, 히스토그램의 꼬리가 오른쪽으로 늘어져 있으면 평균이 중앙값보다 크고, 히스토그램의 꼬리가 왼쪽으로 늘어져 있으면 평균이 중앙값보다 작습니다.

백분위수(percentile)는 데이터를 크기순으로 정렬한 후 100개의 균등한 영역으로 나누어 표시한 99개의 경계점 값들입니다. 히스토그램이 좌우 대충이 아닌 경우 주로 사용합니다. p백분위는 그 값보다 작은 값들이 p%, 그 값보다 큰 값이 $(100-p)$%가 되는 경계값입니다. 예를 들어 $p99$는 모든 데이터의 99%가 $p99$보다 작다는 의미입니다. 다음 〈그림 3〉은 2021년 가계금융복지조사에서 구한 우리나라 30대 가구주

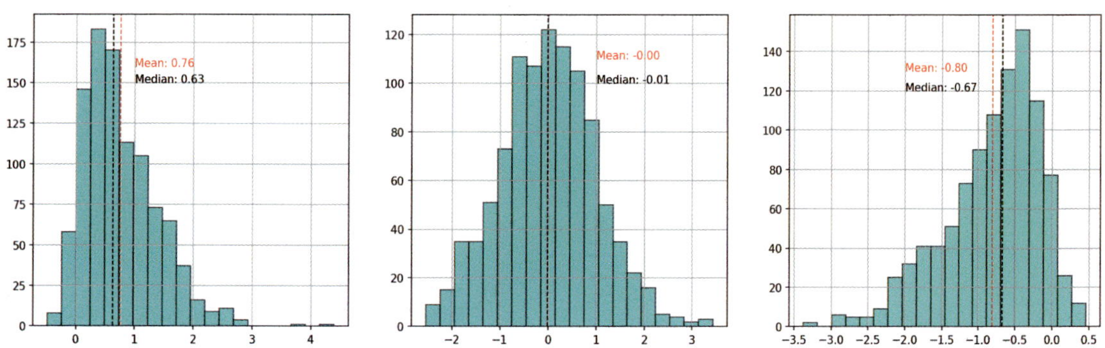

그림 2 꼬리 모양이 다른 히스토그램

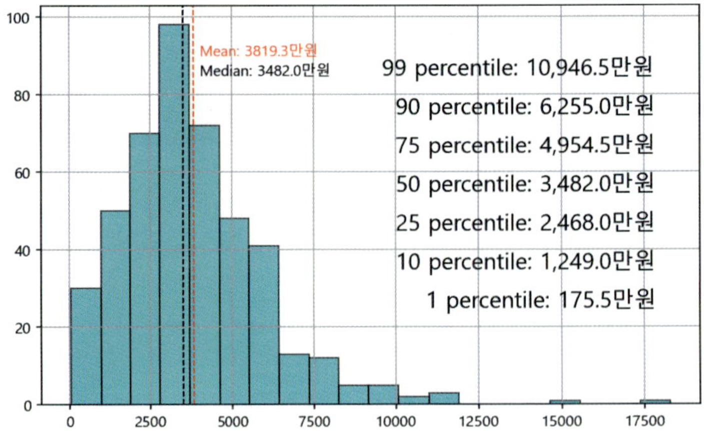

그림 3 30대 가구주 소득에 대한 히스토그램과 백분위

의 소득을 나타내는 히스토그램과 백분위수입니다. 히스토그램을 보면 30대 가구주의 소득 분포가 좌우 비대칭으로 오른쪽 꼬리가 긴 형태를 보이고 있습니다.

사분위수는 백분위수 가운데 25번째, 50번째, 75번째 백분위수를 말하며, 이를 특별히 1사분위수(first quarter), 2사분위수, 3사분위수라고 부릅니다. 2사분위수는 중앙값(median)입니다. 사분위수 범위(Inter-Quartile Range, IRQ)는 3사분위수에

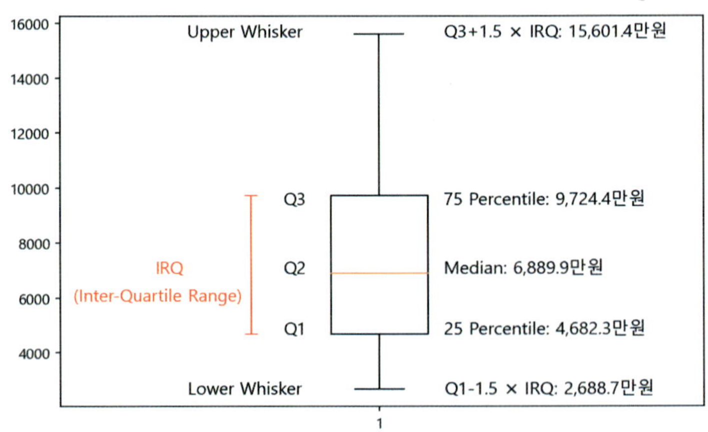

그림 4 아파트 거래가격에 대한 상자그림 그래프

서 1사분위수 사이의 범위입니다. 이러한 사분위수와 사분위수 범위를 그래프로 나타낸 것이 상자그림(boxplot) 그래프입니다. 〈그림 4〉는 2021년 6월 중에 서초구에서 거래된 아파트의 평당 거래가격을 상자그림 그래프로 나타낸 그림입니다. 상자그림 그래프에 표현된 수염(whisker)은 박스의 각 모서리(Q1, Q3)로부터 사분위수 범위(IRQ)의 1.5배 내에 있는 가장 멀리 떨어져 있는 점까지 이은 선입니다. 수염(whiskers)보다 바깥쪽에 데이터가 존재한다면 이것은 이상치(outlier)로 분류됩니다.

한편, 다섯 숫자 요약(five number summary)으로도 데이터를 표시하는데, 여기서 다섯 숫자는 최소값, 1사분위수, 2사분위수 3사분위수, 최대값으로 표현하지만, 최소값과 최대값 대신 1백분위수, 99분위수를 사용하기도 합니다.

개념

2.3 정규분포로의 근사

정규분포(normal distribution)곡선은 히스토그램의 일종입니다. 해당 데이터의 평균(μ)과 표준편차(σ)가 포함된 정규분포함수를 이용하여 데이터를 표준화시키면 해당 데이터의 히스토그램을 매끈한 정규분포곡선으로 표현할 수 있습니다. 따라서 정규분포곡선은 실제 자료의 히스토그램을 매끄럽게 만들어주는 수학적 모델이라고 볼 수 있습니다. 여기서 $f(x)$는 확률밀도함수(probability density function)라고 합니다.

$$f(x) = \frac{1}{\sigma\sqrt{2\pi}} e^{-\frac{1}{2}(\frac{x-u}{\sigma})^2}$$

특별히 평균(μ)이 0이고 표준편차(σ)가 1인 정규분포곡선을 표준정규분포(standard normal distribution)곡선이라고 합니다.

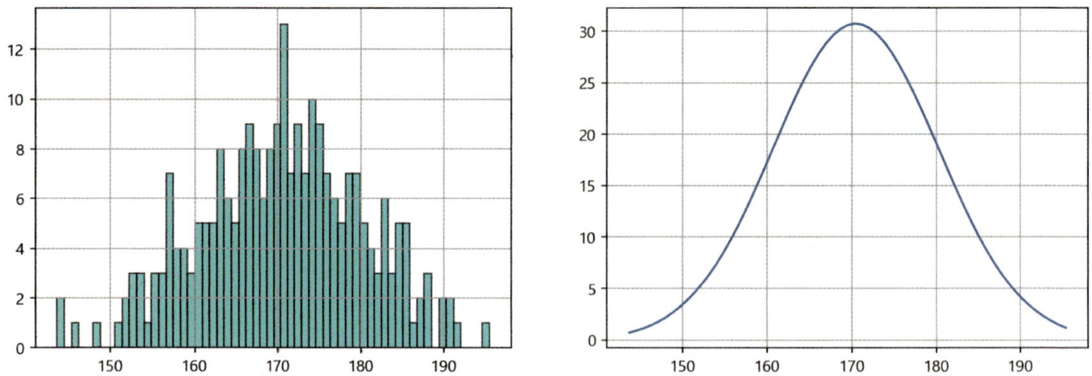

그림 5 히스토그램을 정규분포로 근사

$$f(x) = \frac{1}{\sqrt{2\pi}} e^{-\frac{1}{2}x^2}$$

정규분포곡선은 몇 가지 중요한 성질이 있습니다. 먼저 정규분포곡선은 평균을 중심으로 좌우 대칭입니다. 또한 정규분포곡선은 종 모양(bell-shaped)으로 봉우리가 하나이며 평균과 표준편차에 의해 그 모양이 완벽하게 결정됩니다. 따라서 우리는 정규분포에서 평균과 표준편차를 알면 정규분포곡선 아래 면적의 크기를 알 수

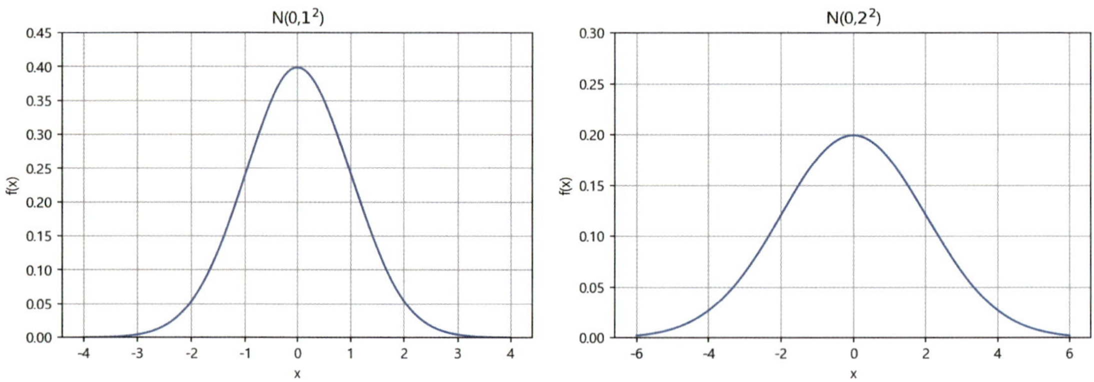

그림 6 평균이 0이고 표준편차가 1, 2인 정규분포곡선

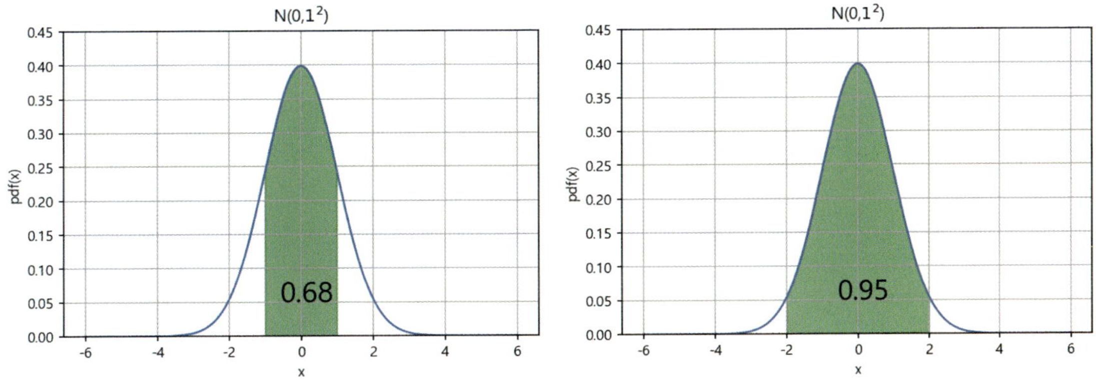

그림 7 표준정규분포 곡선과 그 아래 면적

있습니다. 이는 정규분포곡선 아래의 면적의 합을 1로 되게끔 정규분포곡선을 만들었기 때문입니다.

표준정규분포곡선의 경우 z값이 -1에서 1까지의 구간에 속한 표준정규분포곡선 아래 면적의 넓이는 약 0.68, z값이 -2에서 2까지의 구간에 속한 표준정규분포곡선 아래 면적의 넓이는 약 0.95, z값이 -3에서 3까지의 구간에 속한 표준정규분포곡선 아래 면적의 넓이는 약 0.997입니다. 이러한 정규분포곡선의 성질은 다음에 공부할 가설검정이나 예측에 이용됩니다.

데이터 분석

2.4 파이썬: 데이터 형식, 반복문

이번 절에서는 데이터 형식과 반복문을 살펴봅니다. 데이터 형식으로는 list, tuple, set, dictionary 형태가 있습니다. 여기서는 데이터 분석에 자주 사용되는 리스트(list)와 튜플(tuple)을 살펴보도록 하겠습니다. 리스트와 튜플은 데이터를 묶어서 저장합니다.

데이터 형식

리스트(list)

리스트는 순서를 갖는 임의의 데이터 집합으로 [ ]로 표시하며 숫자, 문자, 참과 거짓을 표현하는 bool(True, False)을 포함할 수 있습니다.

In
```
x = [10, 'big data economics', False]
type(x)   # x의 타입 출력
```

Out
```
list
```

리스트에 포함된 데이터는 순서를 가지고 있습니다. 파이썬에서 데이터의 순서는 0부터 시작하는 것에 유의해야 합니다.

In
```
print(x[0])   # x의 첫 번째 값 프린트
print(x[1])   # x의 두 번째 값 프린트
print(x[2])   # x의 마지막 값 프린트
```

Out
```
10
big data economics
False
```

리스트의 맨 마지막 값은 '−1'로 불러낼 수 있고, 마지막에서 두 번째 값을 불러낼 때는 '−2'를 사용합니다.

In
```
print(x[-1])   # x의 마지막 값 프린트
print(x[-2])   # x의 마지막에서 두 번째 값 프린트
```

Out
```
False
big data economics
```

리스트의 맨 마지막에 새로운 값을 추가하려면 해당 리스트 이름에 점(.)을 찍고

append라는 명령어를 사용합니다.

In
```
x.append(20)
x
```

Out
```
[10, 'big data economics', False, 20]
```

리스트의 값의 일부를 가져오는 방법(slicing)은 데이터를 분석할 때 요긴하게 사용됩니다.

In
```
y = [2,4,6,8]
y[1:]     # 리스트 y의 두 번째 값부터 맨 마지막 값까지 추출
y[0:-1]   # 리스크 y의 첫 번째 값부터 맨 마지막 값을 제외하고 추출
```

Out
```
[4, 6, 8]
[2, 4, 6]
```

튜플(tuple)

튜플은 ( )로 표시하며 리스트와 다르게 튜플에 속한 값을 바꿀 수 없습니다.

In
```
x = ('a', 'b')
type(x)
```

Out
```
tuple
```

튜플도 리스트와 마찬가지로 튜플에 속한 값들이 순서를 가지고 있습니다.

In
```
print(x[0])  # x의 첫 번째 값 프린트
print(x[1])  # x의 두 번째  값 프린트
```

Out
```
'a'
'b'
```

튜플은 리스트와 달리 튜플에 새로운 값을 추가하거나 기존 값을 변경할 수 없습니다.

In
```
x[2] = 4  # x의 세 번째 값에 4를 추가
```

Out
```
TypeError: 'tuple' object does not support item assignment
```

In
```
x.append(5)  # x의 마지막 값에 5를 추가
```

Out
```
AttributeError: 'tuple' object has no attribute 'append'
```

반복문

for 반복문

for 반복문은 list, dictionary, set 등 집합에 대해 순회를 돌며 일을 처리할 때 사용합니다. for 반복문은 데이터의 길이만큼 반복합니다.

```
for 변수 in 하나씩 꺼내올 집합:
    반복할 코드
```

In
```
animals = ['dog', 'cat', 'bird']  # animals라는 list 설정

for animal in animals:            # animals라는 list 값을 animal이라는 변수로 받아서 프린트
    print(animal)                 # for문을 통해서 실행되는 문장은 들여쓰기(indent)해야 함
```

Out
```
dog                               # animals라는 list에 포함된 값들이 순서대로 출력됨
cat
bird
```

In

```
for i in animals:  # animals라는 list 값을 i라는 변수로 받아서 프린트
    print(i)
```

Out

```
dog                # animals라는 list에 포함된 값들이 순서대로 출력됨
cat
bird
```

range문을 이용하여 for 반복문을 사용할 수 있습니다. range문을 사용하면 list에 속한 값들을 정한 순서대로 불러올 수 있습니다.

```
for 변수 in range(반복 횟수):
    반복할 코드
```

In

```
animals = ['dog', 'cat', 'bird']  # animals라는 list 설정
k = len(animals)                  # animals 내 원소의 개수, k=3

for i in range(k):                # range(k)는 0부터 3까지의 자연수
    print(animals[i])             # amimals라는 list에 속한 값을 순서대로 출력
```

Out

```
dog  # animals라는 list에 포함된 값들이 순서대로 출력됨
cat
bird
```

while 반복문

while 반복문은 while 실행조건에 부합할 때까지 반복합니다.

```
while 조건:
    반복할 코드
```

다음 예제는 반복 횟수가 5보다 적을 때까지 출력하는 while 조건문입니다.

In

```
i = 1
while i < 5:  # i가 5보다 적을 때까지 실행
    print(i)
    i = i + 1
```

Out

```
1
2
3
4
```

리스트 컴프리헨션(list comprehension)

리스트 컴프리핸션은 for 반복문을 사용하여 리스트를 효과적으로 생성할 수 있는 수단으로 파이썬에서 코딩을 간결하게 하고 싶을 때 사용하는 유용한 방법입니다. 예를 들어 일반적으로 0부터 9까지의 숫자에 2를 곱한 수를 리스트로 생성하기 위해서는 3줄의 for문이 필요합니다. 하지만 같은 내용을 리스트 컴프리헨션으로 1줄로 간략히 표현할 수 있습니다.

In

```
doubles = []            # 빈 리스트 생성

for i in range(10):  # 0부터 9까지의 숫자를 2를 곱한 수
    x = i * 2
    doubles.append(x)
print(doubles)
```

Out

```
[0, 2, 4, 6, 8, 10, 12, 14, 16, 18]    # 0부터 9까지의 숫자를 2를 곱한 수
```

In

```
doubles = [2 * x for x in range(10)]  # 리스트 컴프리헨션 사용
doubles
```

Out

```
[0, 2, 4, 6, 8, 10, 12, 14, 16, 18]    # 0부터 9까지의 숫자를 2를 곱한 수
```

2.5 API를 이용한 주택실거래가 데이터 수집

API(Application Programming Interface)를 이용하여 공공데이터포털에서 주택거래 실거래가 데이터를 수집하고자 합니다. "국토교통부_아파트매매 실거래자료" 오픈 API 상세내용을 보면 "아파트_매매_신고정보 조회_기술문서.hwp"문서가 있습니다. 해당 문서를 열어보면 주택실거래가 데이터를 수집하는 데 필요한 절차가 자세히 기술되어 있습니다.

해당 자료를 찾아보면 오픈 API를 이용하여 아파트매매 실거래가를 입수할 때 필요한 정보 목록을 보여주고 있습니다. 법정동 코드는 행정표준코드관리시스템(https://www.code.go.kr/)에서 제공하는 정보를 이용하여야 합니다.

표 1 API를 이용한 주택실거래가 데이터 요청 메시지 내용

항목명(영문)	항목명(국문)	항목 크기	항목 구분*	샘플 데이터	항목설명
serviceKey	인증키	100	1	인증키	공공데이터포털에서 발급받은 인증키
pageNo	페이지 번호	4	0	1	페이지 번호
numOfRows	한 페이지 결과 수	4	0	10	한 페이지 결과 수
LAWD_CD	지역코드	5	1	11110	각 지역별 코드 행정표준코드관리시스템(www.code.go.kr)의 법정동 코드 10자리 중 앞 5자리
DEAL_YMD	계약월	6	1	201512	실거래 자료의 계약 연월(6자리)

※ 항목 구분 : 필수(1), 옵션(0), 1건 이상 복수건(1..n), 0건 또는 복수건(0..n)

공공데이터포털에서는 API를 이용하여 데이터를 수집하는 데 필요한 정보를 제공하고 있습니다. 공공데이터포털에서 API를 이용하여 데이터를 수집하려는 이용자는 필요한 정보를 공공데이터포털이 요구하는 양식에 맞추어 관련 정보를 입력하면 됩니다. 아울러 공공데이터포털에서는 요청 메시지와 이에 따른 응답 메시지를 제공하고 있습니다.

표 2 API를 이용한 주택실거래가 데이터 요청/응답 메시지 예제

요청 메시지

http://openapi.molit.go.kr:8081/OpenAPI_ToolInstallPackage/service/rest/RTMSOBJSvc/getRTMSDataSvcAptTrade?LAWD_CD=11110&DEAL_YMD=201512&serviceKey=서비스키

응답 메시지

〈?xml version="1.0" encoding="UTF-8" standalone="true"?〉
〈response〉
〈header〉
〈resultCode〉00〈/resultCode〉
〈resultMsg〉NORMAL SERVICE.〈/resultMsg〉
〈/header〉
〈body〉
〈item〉
〈거래금액〉82,500〈/거래금액〉

(계속)

표 2 API를 이용한 주택실거래가 데이터 요청/응답 메시지 예제

〈건축년도〉2015〈/건축년도〉
〈년〉2015〈/년〉
〈법정동〉교남동〈/법정동〉
〈아파트〉광화문풍림스페이스본(9-0)〈/아파트〉
〈월〉12〈/월〉
〈일〉1〈/일〉
〈전용면적〉94.51〈/전용면적〉
〈지번〉9〈/지번〉
〈지역코드〉11110〈/지역코드〉
〈층〉11〈/층〉
〈해제여부〉O〈/해제여부〉
〈해제사유발생일〉20200221〈/해제사유발생일〉
〈거래유형〉중개거래〈/거래유형〉
〈중개업소주소〉서울 서초구〈/중개업소주소〉
〈/item〉
〈/body〉
〈/response〉

분석에 필요한 패키지

'웹 크롤링' 또는 '웹 스크랩핑'은 웹에서 원하는 정보를 수집하는 작업입니다. API를 이용한 데이터 수집도 웹 크롤링의 한 방법입니다. request 패키지를 이용하여 원하는 웹페이지를 불러옵니다. 웹페이지에서 HTML 소스 코드를 다운로한 후 'BeautifulSoup' 패키지로 파싱[2]해 웹페이지를 파이썬 객체로 변환하고, HTML 태그 정보 등을 활용하여 원하는 데이터를 추출합니다.

In
```
from urllib.request import urlopen  # request package
from bs4 import BeautifulSoup       # BeautifulSoup
import pandas as pd                 # pandas
```

2 파싱(parsing)은 문장이나 문서를 일정한 규칙에 따라 분해하는 것을 말합니다. 파싱하는 프로그램은 parser라고 하며, HTML 파일을 파싱하면 수많은 정보 중 원하는 정보만 추출할 수 있습니다.

오픈 API를 통해 아파트매매실거래가 입수

공공데이터포털의 아파트매매실거래가 오픈 API에서 요구하는 url 양식에 따라 데이터 추출에 필요한 정보를 입력합니다. 오픈 API를 이용하여 추출한 데이터를 파이썬에서 읽을 수 있는 데이터형식으로 바꾸어 줍니다.

In

```
ServiceKey = "본인의 인증키"  # 본인의 인증키
month = 202106               # 2021년 6월
gu_code = 11650              # 서초구 구코드
numOfRows=1000               # 출력되는 라인의 수

url = "http://openapi.molit.go.kr:8081/OpenAPI_ToolInstallPackage/service/rest/
RTMSOBJSvc/getRTMSDataSvcAptTrade?LAWD_CD="+str(gu_code)+"&DEAL_YMD="+str(month)+"&numOf
Rows="+str(numOfRows)+"&serviceKey="+str(ServiceKey)  # 오픈 API에서 요구되는 url 형태

result = urlopen(url)                          # url 오픈
house = BeautifulSoup(result, 'lxml-xml')      # url을 xml 방식으로 취합
te=house.find_all("item")                      # item 항목만 추출하여 te로 저장
print(te[0])                                   # 맨 첫 번째 값을 출력
```

Out

```
<item><거래금액>    150,000</거래금액><거래유형> </거래유형><건축년도>1988</건축년도><년
>2021</년><법정동> 방배동</법정동><아파트>방배임광</아파트><월>6</월><일>1</일><전용면적
>82.34</전용면적><중개사소재지> </중개사소재지><지번>1010-1</지번><지역코드>11650</지역
코드><층>1</층><해제사유발생일> </해제사유발생일><해제여부> </해제여부></item>
```

BoutifulSoup를 통해 읽은 주택실거래가 데이터는 〈item〉이라는 tag 형태로 저장되어 있습니다. 이를 파이썬을 이용하여 데이터를 리스트 형태로 저장합니다. for 반복문을 이용하여 〈item〉 tag 안에 있는 데이터에 대한 변수명을 지정하고, 이를 리스트 형태의 데이터로 변환시켜 줍니다.

In

```
data = []                                      # 빈 리스트 생성

for i in range(len(te)):                       # te 개수만큼 데이터 추출 반복
    price = te[i].거래금액.string.strip()      # 거래금액을 price 이름으로 저장
```

In
```
        built_yr = te[i].건축년도.string.strip()
        dong_name = te[i].법정동.string.strip()
        apt_name = te[i].아파트.string.strip()
        size = te[i].전용면적.string.strip()
        gu_code = te[i].지역코드.string.strip()

        total = [month, price, built_yr, dong_name, apt_name, size, gu_code]  # 추출데이터를 리스트로 취합
        data.append(total)                                                    # total을 data로 누적
        data[:5]                                                              # 5개 출력
```

Out
```
[[202106, '150,000', '1988', '방배동', '방배임광', '82.34', '11650'],
 [202106, '155,000', '2003', '방배동', '삼환나띠르빌(1002-9)', '148.99', '11650'],
 [202106, '290,000', '1983', '방배동', '방배신삼호', '185.46', '11650'],
 [202106, '210,000', '2006', '방배동', '롯데캐슬헤론', '169.08', '11650'],
 [202106, '175,000', '1992', '방배동', '대우(효령)', '84.91', '11650']]
```

데이터를 목적에 맞게 가공하기 위해 리스트 형태의 데이터를 판다스의 데이터프레임으로 바꾸어 줍니다.

In
```
temp = pd.DataFrame(data, columns= ["month", "price", "built_yr", "dong_name", "apt_
name", "size", "gu_code"])  # 리스트 형태의 데이터를 DataFrame 형태로 변경

temp                        # temp 출력
```

Out
```
temp
```

	month	price	built_yr	dong_name	apt_name	size	gu_code
0	202106	155,000	2003	방배동	삼환나띠르빌(1002-9)	148.99	11650
1	202106	150,000	1988	방배동	방배임광	82.34	11650
2	202106	175,000	1992	방배동	대우(효령)	84.91	11650
3	202106	290,000	1983	방배동	방배신삼호	185.46	11650
4	202106	210,000	2006	방배동	롯데캐슬헤론	169.08	11650
...	...	...	...	...	...	...	...
191	202106	147,000	2014	내곡동	서초더샵포레	59.69	11650
192	202106	160,000	2014	내곡동	서초더샵포레	84.81	11650
193	202106	192,500	2014	신원동	서초포레스타5단지	101.35	11650
194	202106	192,500	2014	신원동	서초포레스타5단지	101.35	11650
195	202106	185,000	2014	신원동	서초포레스타5단지	84.41	11650

196 rows × 7 columns

향후 해당 데이터를 사용하기 위해 csv 파일로 저장합니다.

```
In      temp.to_csv('house_price.csv')  # coding이 저장되는 디렉터리에 데이터프레임(temp)이 csv 파일로 저장
```

데이터 분석

2.6 주택실거래가 데이터의 기술통계량

분석에 필요한 패키지

판다스(pandas)는 파이썬에 데이터 데이터 분석을 위해서 만들어진 패키지입니다. 보통 판다스는 별칭으로 pd를 사용합니다.

```
In      import pandas as pd  # pandas 패키지 불러와서 pd라는 별칭으로 사용
        import numpy as np
```

판다스에서 다루는 데이터 형태는 Series와 DataFrame이 있습니다. 판다스에서 1개의 컬럼을 Series라고 하며, 복수의 컬럼을 DataFrame이라고 합니다.

```
In      s = pd.Series(np.random.randn(4), name='daily returns')
        s
Out     0   -0.450048
        1    0.911696
        2    0.050201
        3    0.000651
        Name: daily returns, dtype: float64
In      type(s)                      # s의 데이터 타입
Out     pandas.core.series.Series   # Series
```

데이터 형태를 list, dictionary에서 DataFrame으로 바꿀 수 있습니다.

In

```
data = [[1, 2, 3], [4, 5, 6], [7, 8, 9]]
type(data)
```

Out

```
list
```

In

```
df = pd.DataFrame(data, columns=['a', 'b', 'c'])  # 컬럼 제목 만들기
df
```

Out

	a	b	c
0	1	2	3
1	4	5	6
2	7	8	9

In

```
type(df)                        # df의 데이터 타입
```

Out

```
pandas.core.frame.DataFrame  # 데이터프레임
```

아파트매매 실거래가 분석

이전에 저장해 두었던 csv 형식의 데이터를 판다스 데이터프레임 형식으로 불러옵니다.

In

```
df = pd.read_csv('house_price.csv')  # csv 파일을 데이터프레임 형식으로 읽고 이름을 df로 지정
df
```

Out

df

	Unnamed: 0	month	price	built_yr	dong_name	apt_name	size	gu_code
0	0	202106	155,000	2003	방배동	삼환나띠르빌(1002-9)	148.99	11650
1	1	202106	150,000	1988	방배동	방배임광	82.34	11650
2	2	202106	175,000	1992	방배동	대우(효령)	84.91	11650
3	3	202106	290,000	1983	방배동	방배신삼호	185.46	11650
4	4	202106	210,000	2006	방배동	롯데캐슬헤론	169.08	11650
...	...	...	...	...	...	...	...	...
191	191	202106	147,000	2014	내곡동	서초더샵포레	59.69	11650
192	192	202106	160,000	2014	내곡동	서초더샵포레	84.81	11650
193	193	202106	192,500	2014	신원동	서초포레스타5단지	101.35	11650
194	194	202106	192,500	2014	신원동	서초포레스타5단지	101.35	11650
195	195	202106	185,000	2014	신원동	서초포레스타5단지	84.41	11650

196 rows × 8 columns

데이터프레임 형식의 데이터의 칼럼을 보이고 분석에 필요하지 않은 칼럼을 삭제합니다.

In
```
df.columns  # 데이터프레임(df)의 칼럼 이름 출력
```

Out
```
Index(['Unnamed: 0', 'month', 'price', 'built_yr', 'dong_name', 'apt_name',
       'size', 'gu_code'],
      dtype='object')
```

행 기준으로 데이터를 추출합니다.

In
```
df = df.drop('Unnamed: 0', axis=1)  # 불필요한 칼럼 삭제
df[2:4]                             # 행(rows) 추출
```

Out

	month	price	built_yr	dong_name	apt_name	size	gu_code
2	202012	150,000	2006	방배동	방배브라운가	84.94	11650
3	202012	205,000	2001	방배동	방배2차현대홈타운	114.74	11650

열 기준으로 데이터를 추출합니다.

In
```
df[['price', 'size']]  # 열(columns) 추출
```

Out

	price	size
0	155,000	148.99
1	150,000	82.34
2	175,000	84.91
3	290,000	185.46
4	210,000	169.08
...	...	...
191	147,000	59.69
192	160,000	84.81
193	192,500	101.35
194	192,500	101.35
195	185,000	84.41

196 rows × 2 columns

행과 열의 위치를 기반으로 데이터를 추출합니다.

In
```
df.iloc[2:5, 0:2] # 행(rows)와 열(columns) 추출
```

Out

	month	price
2	202012	150,000
3	202012	205,000
4	202012	164,500

행의 인덱스와 열의 칼럼 이름을 기반으로 데이터를 추출합니다.

In
```
df.loc[df.index[2:5], ['month', 'price']] #행(rows)과 열(columns) 추출
```

Out

	month	price
2	202012	150,000
3	202012	205,000
4	202012	164,500

칼럼의 형식을 확인합니다. 여기서는 price가 문자(object) 형식으로 저장되어 있습니다. 따라서 price를 계산할 수 있도록 정수로 바꾸어 줍니다.

In
```
df.info()
```

Out
```
<class 'pandas.core.frame.DataFrame'>
RangeIndex: 196 entries, 0 to 195
Data columns (total 7 columns):
 #   Column     Non-Null Count  Dtype
---  ------     --------------  -----
 0   price      196 non-null    object
 1   built_yr   196 non-null    int64
 2   dong_name  196 non-null    object
 3   apt_name   196 non-null    object
 4   size       196 non-null    float64
 5   gu_code    196 non-null    int64
 6   month      196 non-null    object
dtypes: float64(1), int64(2), object(4)
memory usage: 10.8+ KB
```

In

```
df['price']=df['price'].str.replace(',', '').astype(int)  # price에서 ','을 제거하고 정수로 변환
df.head()
```

Out

	month	price	built_yr	dong_name	apt_name	size	gu_code
0	202106	155000	2003	방배동	삼환나띠르빌(1002-9)	148.99	11650
1	202106	150000	1988	방배동	방배임광	82.34	11650
2	202106	175000	1992	방배동	대우(효령)	84.91	11650
3	202106	290000	1983	방배동	방배신삼호	185.46	11650
4	202106	210000	2006	방배동	롯데캐슬헤론	169.08	11650

아파트의 평당가격을 나타내는 변수를 생성합니다. 이를 위해 아파트 크기를 평으로 전환시켜주는 변수를 생성합니다.

In

```
df['size_pyung'] = df['size']/3.33                    # 주택 크기를 평으로 전환
df['price_pyung'] = df['price']/df['size_pyung']      # 평당 주택가격을 나타내는 변수 생성
df.head()
```

Out

	month	price	built_yr	dong_name	apt_name	size	gu_code	size_pyung	price_pyung
0	202106	155000	2003	방배동	삼환나띠르빌(1002-9)	148.99	11650	44.741742	3464.326465
1	202106	150000	1988	방배동	방배임광	82.34	11650	24.726727	6066.310420
2	202106	175000	1992	방배동	대우(효령)	84.91	11650	25.498498	6863.149217
3	202106	290000	1983	방배동	방배신삼호	185.46	11650	55.693694	5207.052734
4	202106	210000	2006	방배동	롯데캐슬헤론	169.08	11650	50.774775	4135.911994

기술통계량

데이터 개수, 평균, 표준편차, 중간값, 최소값, 최대값, 25 percentile, 75 percentile에 정보를 알아봅니다.

In

```
df1.describe()
```

Out

	month	price	built_yr	size	gu_code	size_pyung	price_pyung
count	196.0	196.000000	196.000000	196.000000	196.0	196.000000	196.000000
mean	202106.0	201090.770408	2000.775510	96.555573	11650.0	28.995668	7378.031921
std	0.0	95597.319324	12.309288	50.931205	0.0	15.294656	3221.817176
min	202106.0	19000.000000	1974.000000	18.530000	11650.0	5.564565	2688.707038
25%	202106.0	139000.000000	1992.750000	60.087500	11650.0	18.044294	4682.251207
50%	202106.0	206875.000000	2003.000000	84.910000	11650.0	25.498498	6889.850555
75%	202106.0	270000.000000	2011.000000	115.980000	11650.0	34.828829	9724.376968
max	202106.0	510000.000000	2020.000000	244.980000	11650.0	73.567568	15601.412596

모든 데이터의 평균만을 살펴볼 수 있습니다.

In

```
df1.mean()
```

Out

```
month         202012.000000
price         189436.109890
built_yr        2000.745055
size              91.776791
gu_code        11650.000000
dtype: float64
```

price에 대한 평균과 표준편차만을 살펴볼 수 있습니다.

In

```
price_mean = df1['price'].mean()
price_mean
```

Out

```
201090.77040816325
```

In

```
price_std= df1['price'].std()
price_std
```

Out

```
95597.31932419787
```

향후 해당 데이터를 사용하기 위해 csv 파일로 저장한다.

In
```
df.to_csv('house_price1.csv')  # 판다스 데이터프레임 형식을 csv 파일로 저장
```

데이터 분석

2.7 주택실거래가 히스토그램과 상자그림 그래프

분석에 필요한 패키지

matplotlib와 seaborn 패키지를 이용하여 히스토그램 그래프를 그려보기로 합니다. matpoltlib 패키지는 파이썬에서 그래프를 그릴 때 가장 널리 사용되는 패키지입니다. 이때 그래프에 한글이 들어가기 위해서는 한글 폰트를 불러와야 합니다.

In
```
%matplotlib inline

import matplotlib.pyplot as plt
from matplotlib import rcParams
from matplotlib import font_manager, rc
import seaborn as sns

import pandas as pd
import numpy as np

###한글 폰트###
rcParams['axes.unicode_minus'] = False
plt.rcParams['font.family'] = 'Malgun Gothic'
font_name = font_manager.FontProperties(fname="c:/Windows/Fonts/malgun.ttf").get_name()
rc('font', family=font_name)
```

matplotlib 그래프 패키지 이용

서초구의 2021년 6월에 거래된 아파트 실거래 매매 데이터를 불러와서 평당가격에 대한 히스토그램 그래프를 그립니다. 그래프에서 색깔을 지정하는 방법은 다양한데, 여기서는 green(g)으로 지정합니다.

그래프에서 color의 종류	'b' blue, 'g' green, 'r' red, 'c' cyan, 'm' magenta, 'y' yellow, 'k' black, 'w' white

In

```
df = pd.read_csv('house_price1.csv')   # csv 파일을 데이터프레임 형식으로 읽고 이름을 df로 지정
plt.hist(df['price_pyung'], bins=50, color='g')   # bins 히스토그램 구간 개수
plt.ylabel('만원')
plt.grid()
plt.show()
```

Out

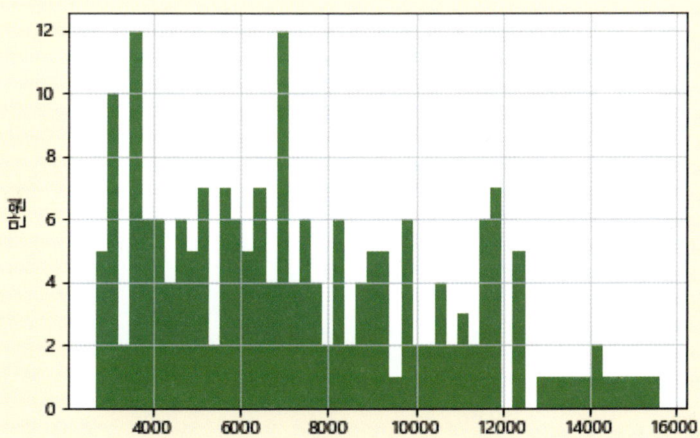

히스토그램을 그릴 때 y축에 도수(count) 대신 발생확률(density)을 그려봅니다. 다음 그림에서 왼쪽 그림은 누적분포를 그린 것이고, 오른쪽 그림은 해당 구간이 나올 확률은 나타낸 그래프입니다. 누적분포는 발생할 확률을 누적해서 더한 그래프입니다.

In

```
fig, axs = plt.subplots(1, 2,tight_layout=True)                    # 그래프 2개를 그림
fig.set_size_inches(9, 3)
x = df['price_pyung']

# density=True 값을 통해 Y축에 density를 표기할 수 있습니다.
bins=30
axs[0].hist(x, bins=bins, density=True, color='red', cumulative=True)  # 누적분포함수
axs[1].hist(x, bins=bins, density=True, color='cyan')                # 확률밀도함수
axs[0].set_xlabel('만원')
axs[1].set_xlabel('만원')
axs[0].grid()
axs[1].grid()
plt.show()
```

Out

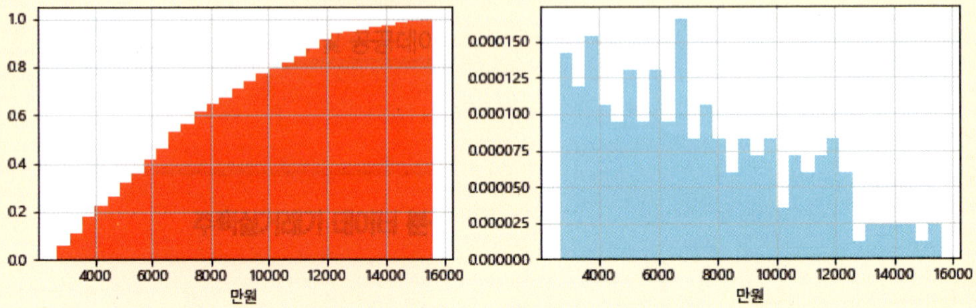

서초구의 아파트매매 내역 중에서 서초동과 반포동을 추출하여 그린 히스토그램 그래프입니다. 반포동과 서초동의 아파트 평당매매가격의 분포가 서로 다르다는 것을 알 수 있습니다.

In

```
df1 = df.loc[df['dong_name'].isin(["서초동"])]  # 서초동만 추출
df2 = df.loc[df['dong_name'].isin(["반포동"])]  # 반포동만 추출

plt.hist(df1['price_pyung'], bins=50, color='g', alpha=0.5, label='서초동')
plt.hist(df2['price_pyung'], bins=50, color='b', alpha=0.5, label='반포동')
plt.xlabel('만원')
plt.legend()
plt.grid()
plt.show()
```

Out

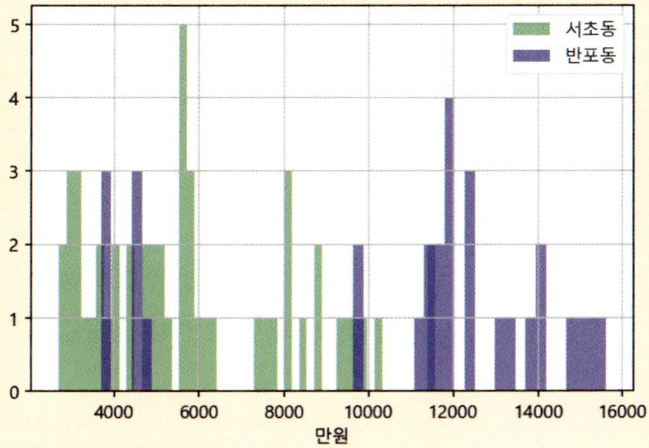

seaborn 그래프 패키지 이용

seaborn 패키지는 matplotlib 패키지보다 간결하게 그래프를 그릴 수 있는 장점이 있습니다. matplotlib에 없는 다양한 기능도 있으므로 필요에 따라 두 패키지를 적절히 사용하기를 추천합니다. 다음 그림은 서초동과 반포동의 평당 아파트매매가격의 히스토그램 그래프를 보여주고 있습니다.

In

```
fig, axes = plt.subplots(1, 2,tight_layout=True)  # 두 개의 그래프를 그림
fig.set_size_inches(9, 3)

x0 = df1['price_pyung']                            # 서초동 데이터
x1 = df2['price_pyung']                            # 반포동 데이터

bins=30
sns.histplot(x0, bins=bins, color='g',alpha=0.50, label='서초동', ax = axes[0])
sns.histplot(x1, bins=bins, color='b',alpha=0.50, label='반포동', ax = axes[1])
axes[0].grid()
axes[1].grid()
axes[0].legend()
axes[1].legend()
plt.show()
```

Out

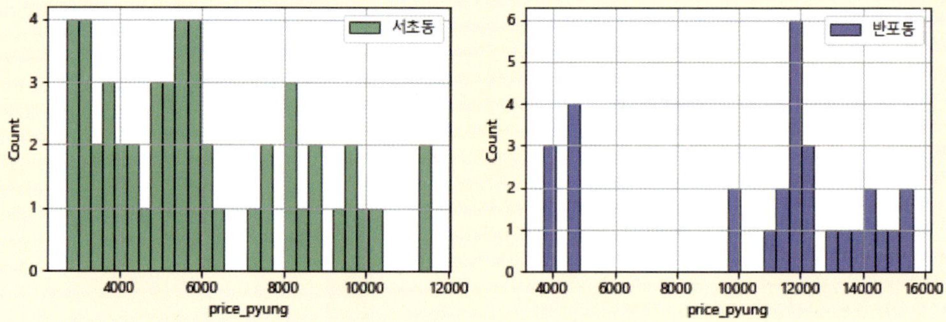

kde(kenel density estimate)는 부드러운 형태의 곡선의 히스트그램 그래프입니다.

In

```
fig, axes = plt.subplots(1, 2,tight_layout=True)
fig.set_size_inches(9, 3)

x0 = df1['price_pyung']
x1 = df2['price_pyung']

bins=30
sns.kdeplot(x0, color='g',label='서초동', ax = axes[0])
sns.kdeplot(x1, color='b', label='반포동', ax = axes[1])
axes[0].grid()
axes[1].grid()
axes[0].legend()
axes[1].legend()
plt.show()
```

Out

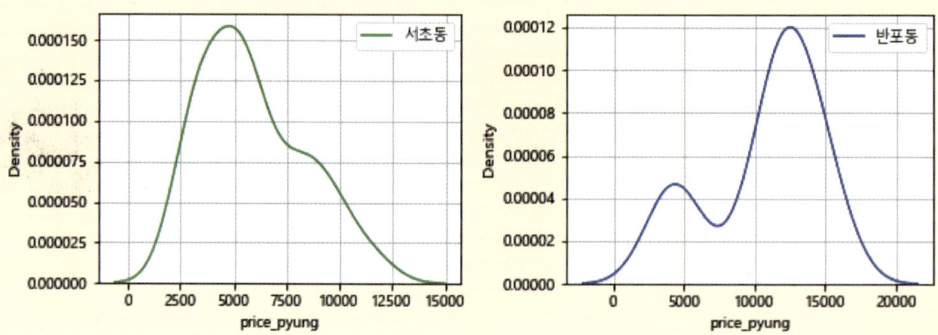

평당아파트가격에 대한 서초구의 동별 히스토그램 그리고자 합니다. seaborn 패키지에서는 이를 색상(hue) 명령어를 통해서 동별로 히스토그램을 다른 색으로 표현할 수 있습니다. seaborn 패키지에는 다양한 색상표(color palettes, https://seaborn.pydata.org/tutorial/color_palettes.html)가 있는데, 여기서는 "hls"의 색상표를 사용해 보겠습니다.

In
```
sns.color_palette("hls", 8) # hls 색상표에서 8개의 색상을 보여줌
```

Out

In
```
sns.kdeplot(data = df, x ='price_pyung', hue='dong_name', fill=True, common_norm=False,
    palette="hls", alpha=.8)
plt.grid()
plt.show()
```

Out

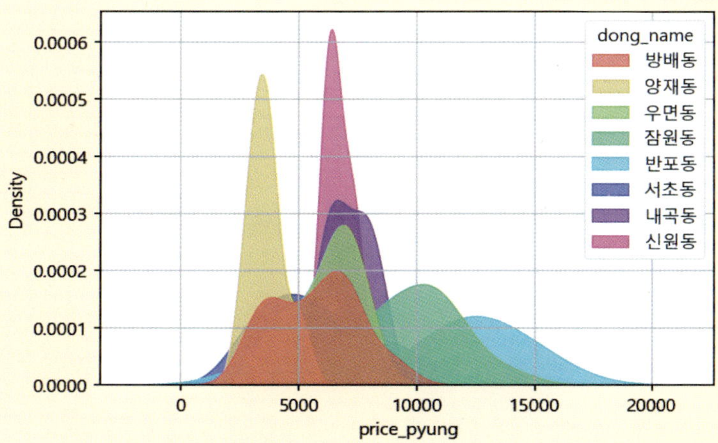

상자그림(boxplot)

matplotlib 패키지를 이용하여 상자그림 그래프를 그려보기로 합니다. 데이터프레임 형식의 데이터를 상자그림으로 그린 그래프입니다. 다음의 상자그림 그래프는

서초구 동별 평당아파트매매가격에 대한 상자그림 그래프입니다.

In

```
df.boxplot(column='price_pyung', by='dong_name', notch=True,  color='red', figsize=(8,5))
plt.xlabel("")
plt.title("")
plt.show()
```

Out

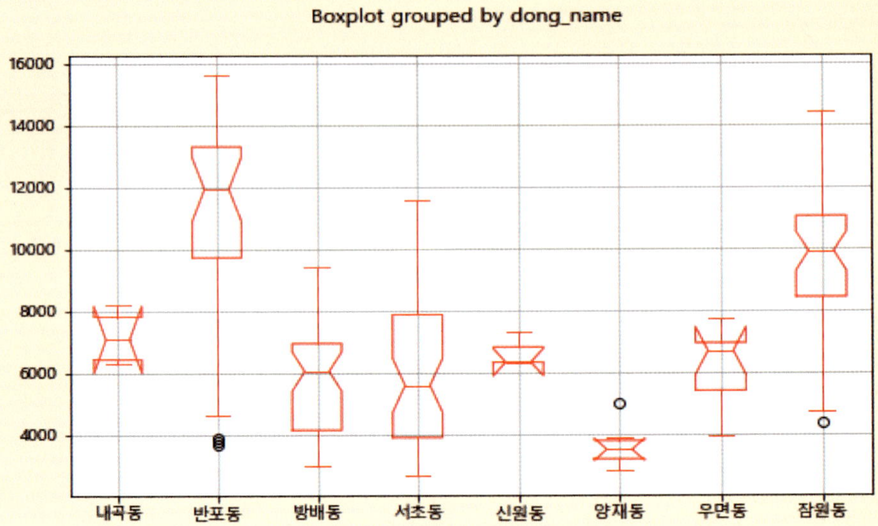

seaborn 패키지를 이용하여 상자그림 그래프를 그려보기로 합니다. seaborn 패키지는 matplotlib 패키지에서 제공하지 못하는 다양한 형태의 상자그림 그래프를 손쉽게 그릴 수 있으며, 그래프의 색상을 손쉽게 표현할 수 있는 장점이 있습니다. 다음 그림에서 왼쪽 그림은 상자그림에 모든 데이터를 추가로 표현할 그래프입니다. 해당 그래프는 데이터의 분포도 손쉽게 파악할 수 있습니다.

In

```
fig, axes = plt.subplots(1, 2,tight_layout=True)
fig.set_size_inches(9, 3)
sns.boxplot(x='dong_name', y='price_pyung', notch=True, palette="rainbow", data=df,
    ax = axes[0])
```

In

```
sns.boxplot(x='dong_name', y='price_pyung', notch=True, palette="rainbow", data=df,
    ax = axes[1])
sns.stripplot(x='dong_name', y='price_pyung', data=df, jitter=True, marker='o',
    alpha=0.3, color='red', s=4, ax = axes[1])

axes[0].set_xlabel('')
axes[0].set_ylabel('')
axes[0].grid()

axes[1].set_xlabel('')
axes[1].set_ylabel('')
axes[1].grid()
plt.savefig("boxPlot4.png")
plt.show()
```

Out

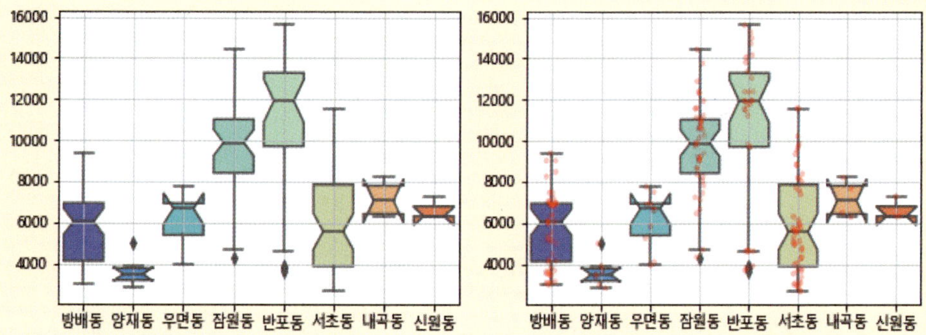

데이터 분석

2.8 주택실거래가 데이터를 정규분포로 근사

정규분포는 히스토그램의 일종입니다. 우리가 특정 데이터를 정규분포로 가정한다는 것은 평균과 표준편차 정보를 이용하여 가상의 히스토그램으로 데이터를 분석한다는 의미입니다. 2021년 6월 중에 매매된 잠원동 아파트의 평당매매가격의 히스토그램을 그려보겠습니다. 아울러 해당 데이터의 평균과 표준편차를 이용하여 정규분포를 그려보고 이것을 실제 분포와 비교합니다. 정규분포 가정을 하고 데이터 분석을 할 때는 실제 분포와 비교하여 정규분포와 비슷한지 살펴보는 것이 필요합니다.

In

```
df = pd.read_csv('house_price1.csv')
df['price_pyung'] = df['price']/df['size_pyung']
df1 = df.loc[df['dong_name'].isin(["잠원동"])]
```

In

```
x = df1['price_pyung']
mu = np.mean(x)
sigma = np.std(x)
```

In

```
fig, ax = plt.subplots(nrows=1, ncols=2, figsize=(18, 5))

np.random.seed(6789)

# 첫 번째 그래프
ax[0].hist(x, bins=20, color='c', edgecolor='k', alpha=0.65)
ax[0].set_ylim(0, 7)
ax[0].grid()

# 두 번째 그래프
x1 = np.linspace(mu - 3*sigma, mu + 3*sigma, 100)
sns.kdeplot(df1['price_pyung'], shade=True, label='실제분포', ax=ax[1])
ax[1].plot(x1, stats.norm.pdf(x1, mu, sigma), color='red', label="정규분포")

ax[1].grid()
ax[1].legend()
ax[1].set_xlabel("")
plt.show()
```

Out

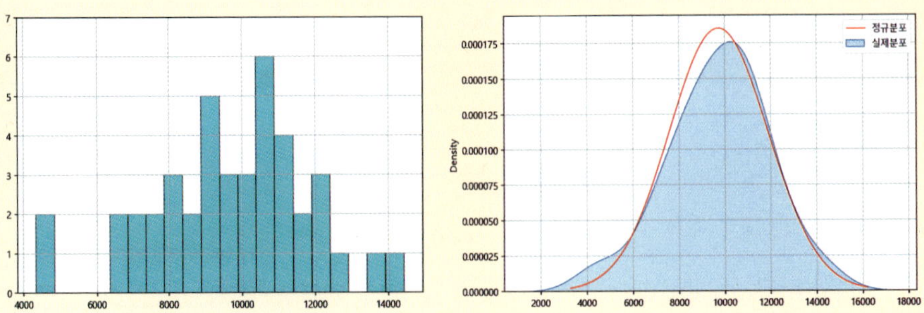

분석 과제 본인 거주지역의 주택실거래가 기초통계 구하기

1. API를 이용하여 국토교통부 아파트 전월세 자료를 입수하여 DataFrame 형태로 보입니다.

- **지역** 본인 거주지 시군구
- **기간** 최근 월(예: 2022년 12월)
- **입수할 정보** 보증금액, 월세금액, 건축년도, 법정동, 아파트이름, 전용면적, 지역코드

2. 월세가 있는 경우 전월세전환율을 이용하여 월세를 보증금으로 변환합니다.

참고 지역별 전월세전환율 자료(통계청)
https://kosis.kr/statHtml/statHtml.do?orgId=408&tblId=DT_30404_N0010

3. 아파트 평당보증금을 구합니다.

4. 동별 평당아파트보증금을 막대그래프로 보입니다.

5. 평당보증금을 히스토그램으로 그립니다.

6. 평당보증금의 평균, 중앙값, 최빈값, 최대값을 보입니다.

Chapter

3

확률

오픈 API를 이용하여 주가 데이터 입수

개념

3.1 확률

확률은 어떤 사건이 일어날 가능성의 정도를 숫자로 표현한 것입니다. 확률은 한 시행을 동일한 조건하에서 독립적으로 반복할 때, 그 사건이 일어날 것으로 예측되는 횟수의 전체 시행 횟수에 대한 백분율입니다. 만약, 어떤 사건이 절대로 일어나지 않는다면 그 확률은 0%이고, 반드시 일어난다면 그 확률은 100%입니다. 이렇게 확률을 보는 견해를 프리퀀티스트 견해(Freqentist view)라고 합니다. 이와는 다르게 확률을 보는 견해로는 베이지안 견해(Baysian View)가 있습니다. 베이지안 견해에 따르면 확률은 사건에 대한 주관적 확신의 정도입니다. 이 경우 확률은 반복 시행 여부와 관계없이 결정됩니다. 실제로 주관적 확률은 많은 경제활동에서 이루어지고 있습니다. 예를 들어 주식 매매의 경우 해당 주식의 가격이 내려갈 확률이 50% 이상으로 보는 견해를 가지고 있는 사람은 주식을 매도하고, 주가가 올라갈 확률이 50% 이상으로 보는 견해를 가지고 있는 사람을 주식을 매수하는 것입니다.

확률의 특성

- 확률은 0%에서 100% 사이의 값을 갖습니다.
- 어떤 사건 A가 일어날 확률이 $P(A)$라면, 그 사건이 일어나지 않을 확률은 $1-P(A)$입니다. 이때 $P(A^C)= 1 - P(A)$라고 하고 A^C는 A의 여사건이라고 합니다.

예를 들어 무승부가 없는 게임에서 이길 확률이 60%라고 하면, 질 확률은 40%를 의미합니다. 이때 이길 확률을 $P(A)$라고 하면 질 확률은 $P(A^C)$입니다.

확률의 계산

확률을 계산할 때는 가능한 모든 경우에서 구하고자 하는 경우(A)가 나오는 비율로 계산할 수 있습니다.

$$P(A) = \frac{A\text{가 나오는 경우의 수}}{\text{모든 경우의 수}}$$

예를 들어 상자 안에 푸른 공(B)이 30개, 붉은 공(R)이 20개 들어 있을 때, 상자에서 붉은 공을 꺼낼 확률은 2/5입니다. 이때 상자 안의 모든 공이 뽑힐 확률은 1/50로 동일하다는 것을 전제로 하고 있습니다.

$$P(R) = \frac{20}{50} = \frac{2}{5}$$

개념

3.2 확률법칙

한 사건의 확률은 발생할 수 있는 모든 경우의 수에서 그 사건이 일어날 수의 비율로 계산한다고 알고 있습니다. 하지만 어떤 사건이 여러 사건과 연관되어 있을 경우 그 사건을 구하기 위해 그 사건과 관계가 있는 다른 사건들의 확률을 이용하는 것이 쉬운 경우가 있습니다. 사건 간의 관계를 파악하고 필요한 확률을 계산할 때 벤 다이어그램(venn diagram)을 이용하면 편리합니다. 벤 다이어그램은 하나의 직사각형과 그 안에 든 원을 이용하여 한 개 또는 그 이상의 사건을 나타내는 그림입니다.

배반

두 사건이 배반관계에 있으면 두 사건은 동시에 일어날 수 없습니다. 예를 들어 주사위를 던질 때 짝수가 나오는 사건을 *A*라고 하고, 주사위를 던질 때 홀수가 나오는 사건을 *B*라고 할 때 *A*사건과 *B*사건은 겹치지 않습니다. 주사위를 던질 때 짝수가 나오는 사건을 *C*라고 하고 주사위를 던질 때 4 이상 나올 사건을 *D*라고 하면, *C*와 *D*사건의 경우 4, 6이 겹쳐서 배반이 아닙니다.

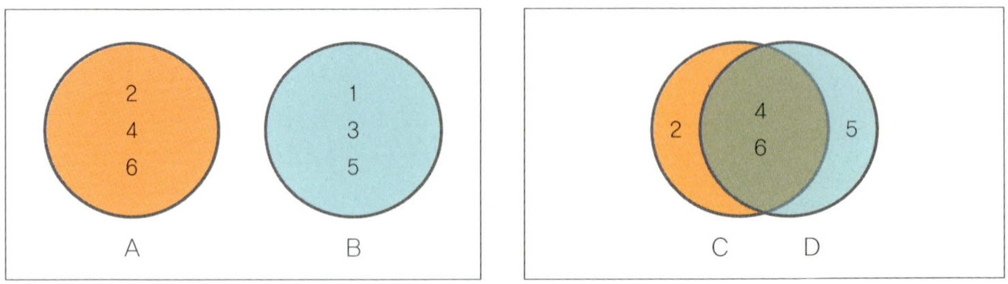

그림 1 배반인 경우와 배반이 아닌 경우의 벤 다이어그램

덧셈법칙

두 사건(A, B) 중 적어도 하나의 사건이 일어날 확률을 구하고자 할 때, 다음과 같은 덧셈법칙을 사용합니다.

$$P(A \text{ 또는 } B) = P(A) + P(B) - P(A \text{ 그리고 } B)$$

이때 두 사건 *A*와 *B*가 배반이면, 즉 두 사건이 동시에 발생하지 않으면 $P(A \text{ 그리고 } B)$가 발생하지 않은 경우이기 때문에 두 사건 중 적어도 하나의 사건이 일어날 확률은 다음과 같습니다.

$$P(A \text{ 또는 } B) = P(A) + P(B)$$

조건부 확률

두 사건(A, B) 중 하나의 사건 B에 대한 정보가 주어졌을 때 다른 사건 A의 확률을 구하고자 합니다. 이런 확률을 B가 주어졌을 때 A의 조건부 확률이라고 하고 $P(A|B)$로 표시합니다. 사건 B가 주어졌을 때 사건 A의 조건부 확률은 다음과 같이 정의됩니다.

$$P(A|B) = \frac{P(A \cap B)}{P(B)}$$

상자 안에 1, 2, 3, 4, 5 카드가 들어 있습니다. 임의의 카드를 뽑은 다음 카드를 다시 넣지 않는 비복원추출로 카드를 뽑는다고 가정합시다. 이때 두 장의 카드를 뽑을 때 첫 번째 카드가 2일 때 두 번째 카드가 1일 확률은 얼마인지 알아봅시다. 첫 번째 카드가 2일 확률($P(B)$)은 1/5입니다. 첫 번째 카드가 2이고 두 번째 카드가 1일 확률($P(A \cap B)$)은 $1/5 \times 1/4$입니다. 따라서 첫 번째 카드가 2이고 두 번째 카드가 1일 확률은 공식에 따라 다음과 같습니다.

$$P(A|B) = \frac{1/5 \times 1/4}{1/5} = \frac{1}{4}$$

곱셈법칙

두 사건(A, B)이 함께 일어날 확률을 구할 때는 곱셈법칙을 사용합니다. 두 사건이 모두 일어날 확률은 '하나의 사건이 일어날 확률'과 '하나의 사건이 일어났다는 조건하에서 다른 사건이 일어날 조건부 확률'을 곱하여 얻습니다. 곱셈법칙은 조건부 확률의 정의를 이용합니다.

$$P(A \cap B) = P(A) \cdot P(B|A) = P(B) \cdot P(A|B)$$

상자 안에 카드 1, 2, 3, 4, 5가 들어 있습니다. 임의의 카드를 뽑은 다음 카드를 다시 넣지 않는 비복원추출로 카드를 뽑는다고 가정합시다. 이때 두 장의 카드를 무

작위로 뽑을 때 첫 번째 카드가 2이면서 두 번째 카드가 1일 확률을 곱셈법칙을 이용하여 구해보도록 합시다. 위의 예에서 첫 번째 카드가 2일 확률($P(B)$)은 1/5이고, 첫 번째 카드가 2이면서 두 번째 카드가 1일 확률($P(A|B)$)은 1/4임을 알고 있습니다. 따라서 두 장의 카드를 무작위로 뽑을 때 첫 번째 카드가 2이고 두 번째 카드가 1일 확률은 다음과 같습니다.

$$P(A \cap B) = P(B) \cdot P(A|B) = \frac{1}{5} \times \frac{1}{4} = \frac{1}{20}$$

독립

하나의 사건이 일어나는 것과 일어나지 않은 것과는 상관없이 다른 사건이 일어날 확률이 변하지 않으면 두 사건의 관계가 독립(independent)이라고 하고, 그렇지 않으면 종속(dependent)이라고 합니다. 두 사건 A, B가 독립이면 $P(A|B)=P(A), (B|A)=P(B)$의 관계가 성립합니다. 이때 두 사건 A와 B가 서로 독립이면 두 사건이 함께 일어날 확률을 구하기 위한 곱셈법칙은 다음과 같습니다.

$$P(A \cap B) = P(A) \cdot P(B)$$

상자 안에 붉은색(R), 노란색(Y), 파란색(B) 카드가 각각 한 장씩 들어 있습니다. 무작위 복원추출 방식으로 두 장의 카드를 뽑을 때, 붉은색(R)을 뽑고 노란색(Y)을 뽑을 확률을 구해 봅시다. 붉은색 카드를 뽑을 확률과 노란색 카드를 뽑을 확률은 모두 1/3입니다. 따라서 각 시행은 서로 독립이므로 확률은 1/3×1/3=1/9입니다.

$$P(R \cap Y) = P(R) \cdot P(Y) = \frac{1}{3} \times \frac{1}{3} = \frac{1}{9}$$

무작위 비복원추출 방식으로 두 장의 카드를 뽑을 때 붉은색(R)을 뽑고 노란색(Y)을 뽑은 확률을 구해 봅시다. 붉은색을 뽑을 확률은 1/3이지만 비복원추출이므로 붉은색을 뽑을 경우 남아 있는 카드는 흰색과 노란색 카드가 있으므로 남은 두 카드 중 노란색 카드를 뽑을 확률은 1/2입니다. 따라서 무작위 비복원 추출의 경우 붉은색, 노란색 순서로 카드를 뽑을 확률은 1/3×1/2=1/6(16.7%)입니다.

$$P(R \cap Y) = P(R) \cdot P(Y|R) = \frac{1}{3} \times \frac{1}{2} = \frac{1}{6}$$

Note 배반과 독립, 덧셈과 곱셈

배반과 독립, 그리고 확률의 덧셈과 확률의 곱셈법칙은 혼동하기 쉬운 개념입니다. 배반은 하나의 사건이 발생하면 다른 사건이 발생할 수 없는 경우이고, 독립은 한 사건이 일어날 확률이 다른 사건에 의해 영향을 받지 않는 경우입니다. 확률의 덧셈법칙은 두 사건 중 적어도 하나의 사건이 일어날 확률과 관련되며, 확률의 곱셈법칙은 두 사건이 함께 일어날 확률입니다.

개념

3.3 결합확률과 주변확률

두 확률변수의 결합확률(joint probability) $P(X=x,\ Y=y)$는 확률변수 X가 x의 값을 갖는 동시에 확률변수 Y가 y값을 가질 확률입니다. 결합 확률은 여러 조건이 동시에 참일 확률입니다. 주변확률(marginal probability) $P(X=x)$는 확률변수 X가 x의 값을 갖는 확률로 여타 확률변수가 참이거나 거짓일 경우에 신경을 쓰지 않습니다.

결합확률표

2020년 가계금융복지조사에 따르면 가구주의 성별과 입주 형태는 다음의 표와 같습니다. 조사 대상 가구에 대해 입주 형태를 5개로 나누고 이를 표 형태로 배열하면 다음과 같습니다.

표 1 분할표

	자기 집	전세	월세 (보증금 有)	월세 (보증금 無)	기타	합계
남성	8,949	1,581	2,009	140	691	13,370
여성	2,274	598	1,138	100	584	4,694
합계	11,223	2,179	3,147	240	1,275	18,064

이러한 표를 분할표(contingency table)라고 합니다. 이 분할표의 각 칸을 조사한 가구의 수는 18,064가구이며, 각 칸을 총 조사 가구 수로 나누어 만든 표가 바로 결합확률표(joint probability table)입니다.

표 2 결합확률표

	자기 집	전세	월세 (보증금 有)	월세 (보증금 無)	기타	합계
남성	0.495	0.089	0.111	0.008	0.038	0.740
여성	0.126	0.033	0.063	0.006	0.032	0.260
합계	0.621	0.121	0.174	0.013	0.071	1.000

결합확률표를 이용하면 남성이면서 자기 집에서 거주하고 있는 가구주의 확률을 손쉽게 알아낼 수 있습니다. 남성이면서 자기 집에 거주하고 있는 결합확률은 0.495입니다. 이는 다음과 같이 표시할 수 있습니다.

$$P(\text{성별}=\text{남성, 입주 형태} = \text{자기 집}) = 0.495$$

결합확률표를 이용하여 여성이면서 입주 형태가 전세인 경우의 확률은 다음과 같이 표시할 수 있습니다.

$$P(\text{성별= 여성, 입주형태 = 전세}) = 0.033$$

결합확률표를 이용하여 주변확률도 구할 수 있습니다. 예를 들어 무작위로 선택한 가구주가 전세로 거주할 확률이 주변확률의 예입니다. 이 경우 성별과 상관없이 전세의 열을 모두 더한 확률입니다.

$$\begin{aligned} P(\text{입주 형태 = 전세}) &= (\text{성별 = 남성, 입주 형태 = 전세}) \\ &\quad + P(\text{성별 = 여성, 입주 형태 = 전세}) \\ &= 0.089 + 0.033 = 0.121 \end{aligned}$$

데이터 분석

3.4 파이썬: 함수

여기서는 이번 장을 실습하는 데 필요한 파이썬 함수에 대해 살펴보고자 합니다. 함수를 사용하면 반복을 피할 수 있어 코드가 간결하게 됩니다.

내장 함수(builtin functions)

내장 함수는 파이썬에 이미 내장된 함수를 말합니다. max, min 등 다양한 함수가 있습니다.

In
```
max(0, 20)  # 주어진 값 중에서 최대값을 찾는 함수
```

Out
```
20
```

apply 함수

내장 함수 중 apply() 함수는 기존 함수를 한꺼번에 적용시키는 함수입니다.

In
```
df = pd.DataFrame([[4, 9]]*3, columns=['A', 'B'])
df
```

Out

	A	B
0	4	9
1	4	9
2	4	9

In
```
df.apply(np.sqrt)   # apply 함수를 이용하여 데이터에 제곱근을 취함
```

Out

	A	B
0	2.0	3.0
1	2.0	3.0
2	2.0	3.0

사용자 정의 함수(user-defined functions)

사용자가 함수를 만드는 지정 함수는 사용자가 함수 이름을 지정하는 함수명(def 함수명:), 함수 처리 과정, 그리고 함수를 이용하여 처리된 결과를 출력(return)하는 부문으로 구성되어 있습니다. 사용자 정의 함수도 들여쓰기 방식으로 작성되어야 합니다. 매개변수는 함수에서 이용하는 변수입니다.

```
def 함수명(매개변수, 매개변수, …):
    함수 처리 과정
    return 출력내용
```

다음 함수는 입력된 값이 negative인지 아닌지를 판별하는 함수입니다. 함수명은 negative입니다. 입력되는 값(매개변수)이 0보다 적으면 'negative' 값이 출력되고, 입력되는 값이 0이거나 0보다 크면 'non-negative' 값이 출력됩니다. 함수를 불러와서 함수에 3을 입력(negative(3))하면 'non-negative' 값이 출력됩니다.

In
```
def negative(x):             # 함수명(negative) 지정
    if x < 0 :
        return 'negative'    # 함수에 입력되는 숫자(피연산자)가 0보다 적으면 'negative' 출력
    return 'non-negative'    # 위 조건을 만족하지 않으면 'non-negative' 출력
```

In
```
negative(3)                  # 함수 호출
```

Out
```
'non-negative'
```

한편, 함수에 필요한 값을 바꾸어 가면서 입력하여 사용할 수 있습니다. 다음 예에서는 $y=a+bx$라는 1차 함수의 기울기(a)와 절편(b)을 1과 1로 고정하여 함수를 만들고 x값에 따라 y값이 다르게 나오는 함수입니다. $x=1$이면 함수값은 3이고 $x=4$이면 $y=1+4$이므로 함수값은 5입니다.

In
```
def f1(x, a=1, b=1):  # 함수명(f1) 지정, a, b는 1로 고정
    return a + b*x
```

In
```
f1(2)  # 함수 호출
```

Out
```
3
```

In
```
f1(4)  # 함수 호출
```

Out
```
5
```

이때 기울기와 절편을 각각 2로 바꾸면($a=2$, $b=2$), $x=4$일 때 $y=2+2\times4$이므로 y값은 10입니다.

In
```
f1(4, a=2, b=2)  # 함수 호출, a=2, b=2로 바꿀 경우
```
Out
```
10
```

한 줄 함수(one-line functions: lambda)

함수를 편리하게 사용하고자 할 때 한 줄 함수인 lambda 함수를 사용합니다. 아래는 입력되는 숫자를 세제곱한 함수이며, 이를 lambda 함수를 이용하여 한 줄로 표시하였습니다.

In
```
def f3a(x):        # 함수명(f3a) 지정
    return x**3    # 함수에 입력되는 숫자를 세제곱한 값을 출력

f3a(3)             # 함수 호출
```
Out
```
27
```
In
```
f3b = lambda x:x**3  # 한 줄 함수(f3b) 생성
f3b(3)               # 함수 호출
```
Out
```
27
```

데이터 분석

3.5 확률로 원주율(π) 구하기

확률을 이용하여 원주율(π)을 구해보도록 합니다. 원의 면적(S)과 반지름(r)을 알면 원주율을 알 수 있습니다.

$$S = \pi \times r^2,\ \pi = \frac{r^2}{S}$$

가로 1, 세로 1인 정사각형의 면적은 1입니다. 이때 반지름이 1인 원의 1/4의 면적은 $\pi/4$입니다. 피타고라스의 정리에 따라 구한 원점에서 원까지의 거리는 $\sqrt{x^2+y^2}$ 입니다. 만약 사각형에 임의의 점을 찍어서 원점에서 이 점까지의 거리가 1보다 적으면 해당 점은 반지름이 1인 원 내에 있습니다.

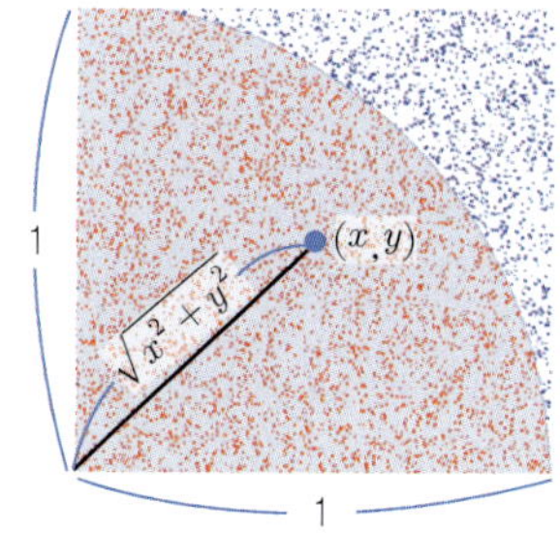

따라서 x좌표와 y좌표가 0~1인 좌표에 대해 무작위로 다수의 점을 찍은 다음 해당 좌표의 거리를 재면 다음과 같은 방식으로 π를 구할 수 있습니다.

$$\frac{\pi}{4} = \frac{\text{원점에서 거리가 1보다 작은 좌표 수의 수}}{\text{모든 좌표의 수}}$$

이러한 방식으로 원주율(π)을 파이썬으로 구해보도록 합니다.

분석에 필요한 패키지

random 패키지는 데이터를 무작위로 추출하는 기능을 제공하고 있는 함수를 포함하고 있습니다.

In
```
import numpy as np
import random  # 데이터를 무작위로 추출
```

원주율 구하기

좌표의 개수를 많이 생성할수록 원주율에 가까워지는 것을 확인할 수 있습니다.

In
```
n = 10000000  # 좌표의 갯수
inside = 0    # 원점에서 좌표까지의 거리가 1미만인 좌표 갯수
```

```
for i in range(n):
    x = random.random()          # 0부터 1사이에 실수를 무작위로 추출
    y = random.random()
    if np.sqrt(x*x + y*y) < 1:  # 원점에서 좌표까지의 거리 계산
        inside = inside + 1
pi = (inside/n) * 4
print(pi)
Out
```

Out

```
3.1411104
```

데이터 분석

3.6 공공데이터포털에서 증권거래소 종목 가져오기

한국의 주식시장에 대한 정보는 다양한 곳에서 구할 수 있습니다. 먼저 한국거래소 정보데이터시스템(https://www.krx.co.kr/main/main.jsp)에는 증권거래소에서

거래되는 개별 상품에 대한 정보를 구할 수 있습니다. 증권거래소에서 거래되는 종목을 먼저 파악하기 위해서는 증권거래소 정보데이터시스템에(http://data.krx.co.kr/contents/MDC/MAIN/main/index.cmd) 들어가야 하며 다음과 같이 다양한 정보를 확인할 수 있습니다.

그림과 같이 왼쪽 항목에서 "주식/종목정보/전종목 기본정보"를 들어가면 조회 당시 상장되어 있는 모든 종목에 대한 기본정보를 볼 수 있으며, 해당 항목에 들어가면 엑셀(Excel)이나 csv 파일로 다운로드받을 수 있습니다.

엑셀파일 불러오기

코딩 프로그램이 저장되어 있는 디렉터리에 있는 엑셀 파일을 읽고 필요한 내용을 불러옵니다.

In

```
import pandas as pd  # pandas
```

In

```
stock_list = pd.read_excel('stock_list.xlsx')
stock_list.head()      # 맨 앞의 5개 데이터를 불러옵니다.
```

Out

	표준코드	단축코드	한글 종목명	한글 종목약명	영문 종목명	상장일	시장구분	증권구분	소속부	주식종류	액면가	상장주식수
0	KR7098120009	098120	(주)마이크로컨텍솔루션	마이크로컨텍솔	Micro Contact Solution Co.,Ltd.	2008/09/23	KOSDAQ	주권	벤처기업부	보통주	500	8312766
1	KR7131100000	131100	(주)스카이이앤엠	스카이이앤엠	SKY E&M Co., Ltd.	2011/06/14	KOSDAQ	주권	관리종목(소속부없음)	보통주	500	11642629
2	KR7009520008	009520	(주)포스코엠텍	포스코엠텍	POSCO M-TECH CO.,LTD.	1997/11/10	KOSDAQ	주권	우량기업부	보통주	500	41642703
3	KR7095570008	095570	AJ네트웍스보통주	AJ네트웍스	AJ Networks Co.,Ltd.	2015/08/21	KOSPI	주권	NaN	보통주	1000	46822295
4	KR7006840003	006840	AK홀딩스보통주	AK홀딩스	AK Holdings, Inc.	1999/08/11	KOSPI	주권	NaN	보통주	5000	13247561

증권거래소에서 거래되는 주식에 대한 정보를 얻기 위해서는 먼저 단축코드가 필요합니다.

In

```
df = stock_list[['한글 종목명', '단축코드']]  # 원하는 칼럼만 불러옵니다.
df.tail()                                # 맨 마지막 데이터 5개를 불러옵니다.
```

Out

	한글 종목명	단축코드
2603	흥국화재해상보험2우선주(신형)	000547
2604	흥국화재해상보험보통주	000540
2605	흥아해운보통주	003280
2606	희림종합건축사사무소	037440
2607	힘스	238490

이제 삼성전자 보통주의 단축코드를 확인해 봅시다. 삼성전자의 단축코드는 '005930'임을 확인할 수 있습니다.

In

```
df[df["한글 종목명"].isin(["삼성전자보통주"])]
# 데이터 중 한글 종목명이 삼성전자 보통주인 데이터를 불러옵니다.
```

Out

	한글 종목명	단축코드
836	삼성전자보통주	005930

오픈 API로 불러오기

공공데이터포털에서 KRX 상장종목을 검색해보면 "금융위원회_KRX상장종목정보" 데이터가 오픈 API를 통해서 제공되고 있다는 것을 확인할 수 있습니다. 활용신청을 하면 해당 데이터를 오픈 API를 통해 수집할 수 있습니다.

다음으로 "금융위원회_KRX상장종목정보"의 개발계정을 살펴보면 오픈 API의 사용 방법이 나와 있습니다.

인증키 설정을 누른 다음 복사한 본인의 인증키를 복사합니다. 아울러 KRX에 상장된 종목을 추출하기 위한 변수를 입력합니다. 대표적으로 '한 페이지 결과 수(numOfRows)'에 본인이 원하는 숫자(예: 100)를 넣습니다.

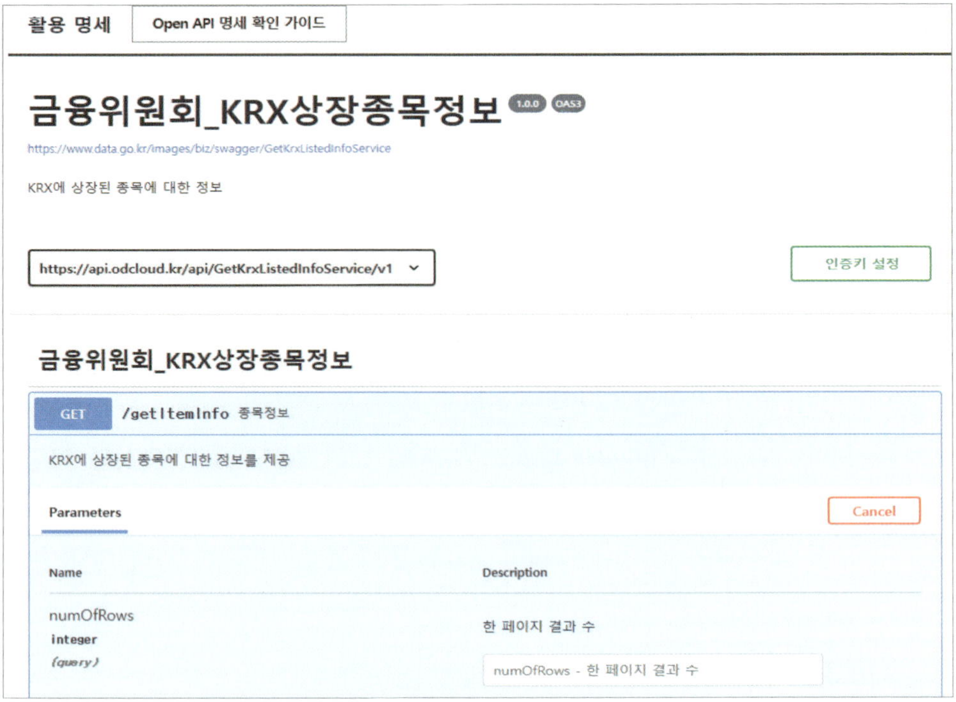

KRX에 상장된 종목을 추출하기 위한 변수를 입력하고 'OpenAPI 호출'을 누르면 데이터 추출을 위한 URL이 생성되었음을 확인할 수 있습니다. 파이썬에서 이렇게 생성된 URL을 이용하여 데이터를 추출할 수 있습니다.

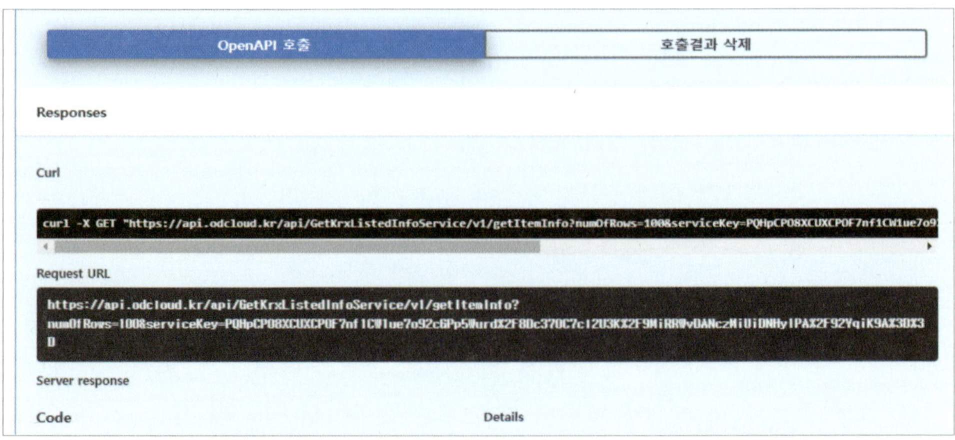

다음 코딩 내용은 2022년 6월 24일에 상장되어 있는 주식종목에 대한 정보를 오픈 API를 이용하여 추출하는 내용입니다. 2022년 6월 24일을 기준으로 2,482개의 주식종목이 상장되어 있는 것을 확인할 수 있습니다.

In
```
import numpy as np
import pandas as pd
from urllib.request import urlopen
from bs4 import BeautifulSoup
```

In
```
ServiceKey = "본인의 key"

numOfRows=3000          # 3,000개 이내의 데이터 추출
baseDate = 20220624  # 2022년 6월 24일 기준 데이터 추출
```

In
```
url = "https://api.odcloud.kr/api/GetKrxListedInfoService/v1/getItemInfo?numOfRows="
      +str(numOfRows)+"&basDt="+str(baseDate)+"&serviceKey="+str(ServiceKey)

result = urlopen(url)
stock = BeautifulSoup(result, 'lxml-xml')
te=stock.find_all("item")
```

In
```
data = []

for i in range(len(te)):

    date = te[i].basDt.string.strip()
    market = te[i].mrktCtg.string.strip()

    name = te[i].itmsNm.string.strip()
    fullName = te[i].corpNm.string.strip()

    code = te[i].srtnCd.string.strip()
    fullCode = te[i].isinCd.string.strip()
    bubinCode = te[i].crno.string.strip()

    total = [date, market, name, fullName, code, fullCode, bubinCode]
    data.append(total)
```

In
```
temp = pd.DataFrame(data, columns= ["date", "market", "name", "fullName", "code",
       "fullCode", "bubinCode"])
```

In

```
temp.tail()
```

Out

	date	market	name	fullName	code	fullCode	bubinCode
2478	2022-06-24	KOSPI	코람코더원리츠	(주)코람코더원위탁관리부동산투자회사	A417310	KR7417310000	1101115837294
2479	2022-06-24	KOSDAQ	하나금융22호스팩	하나금융22호기업인수목적 주식회사	A418170	KR7418170007	1101118164959
2480	2022-06-24	KOSDAQ	신영스팩7호	신영해피투모로우제7호기업인수목적 주식회사	A419270	KR7419270004	1101118173760
2481	2022-06-24	KOSDAQ	교보12호스팩	교보12호기업인수목적 주식회사	A421800	KR7421800004	1101118199592
2482	2022-06-24	KOSDAQ	케이비제21호스팩	케이비제21호기업인수목적 주식회사	A424140	KR7424140002	1101118228987

데이터 분석

3.7 오픈 API로 주가 데이터 가져오기

주가 데이터는 "한국거래소/정보데이터시스템", "네이버/증권", "공공데이터포털" 등에서 구할 수 있습니다. 여기서는 "FinanceDataReader" 파이썬 패키지를 이용하여 주가 데이터를 구하는 방법을 이용합니다. 해당 패키지에 대한 사용법은 웹(https://github.com/FinanceData/FinanceDataReader/wiki/)에서 확인할 수 있습니다. 먼저 "FinanceDataReader" 패키지를 주피터 노트북에 설치합니다.

In

```
!pip install finance-datareader    # FinanceDataReader 패키지 설치
```

In

```
%matplotlib inline                 # matplotlib
import matplotlib.pyplot as plt    # matplotlib

import pandas as pd                # pandas
import FinanceDataReader as fdr    # FinanceDataReader
fdr.__version__                    # FinanceDataReader 버전 확인
```

Out

```
'0.9.31'
```

삼성전자 주가 데이터 불러오기

삼성전자 주가 데이터 수집하기 위해서는 삼성전자의 코드(005930)와 출력이 시작되는 시기(예를 들어 2010년 1월 1일)를 입력해야 합니다.

In

```
df = fdr.DataReader('005930', '2010-01-01')  # 삼성전자보통주의 주가를 2010-1-1일부터 현재까지 수집
df.head(3)                                   # 맨 앞의 3개 데이터를 출력
```

Out

Date	Open	High	Low	Close	Volume	Change
2010-01-04	16060	16180	16000	16180	239271	0.012516
2010-01-05	16520	16580	16300	16440	559219	0.016069
2010-01-06	16580	16820	16520	16820	459755	0.023114

데이터 분석을 위해 해당 데이터에 삼성전자의 코드(005930)를 입력합니다.

In

```
df['Code'] = '005930'  # 삼성전자보통주 코드 추가
df.tail(3)             # 맨 마지막 데이터 3개 출력
```

Out

Date	Open	High	Low	Close	Volume	Change	Code
2021-12-14	76500	77200	76200	77000	10976660	0.002604	005930
2021-12-15	76400	77600	76300	77600	9584939	0.007792	005930
2021-12-16	78500	78500	77400	77700	10054258	0.001289	005930

종가를 가지고 그래프를 그립니다.

In

```
df['Close'].plot()
plt.grid()
plt.show()
```

Out

오픈 API로 불러오기

공공데이터포털에서 주식을 검색해보면 "금융위원회_주식시세정보" 데이터가 오픈 API를 통해서 제공되고 있다는 것을 확인할 수 있습니다. 이전과 마찬가지로 활용신청을 통해 해당 데이터를 오픈 API를 통해 수집할 수 있습니다.

"금융위원회_주식시세정보"의 개발계정 상세보기를 확인하면 오픈 API의 사용방법이 나와 있습니다.

인증키 설정을 누른 다음 복사한 본인의 인증키를 복사합니다. 아울러 KRX에 상장된 종목을 추출하기 위한 변수를 입력합니다. 예를 들어 주식 종목 코드(srtnCd), 한 페이지 결과수(numOfRows), 시작일자(beginBasDt), 종료일자(endBasDt)를 입력합니다.

KRX에 상장된 종목을 추출하기 위한 변수를 입력하고 'OpenAPI 호출'을 누르면 데이터 추출을 위한 URL이 생성되었음을 확인할 수 있습니다. 파이썬에서 이렇게 생성된 URL을 이용하여 데이터를 추출할 수 있습니다.

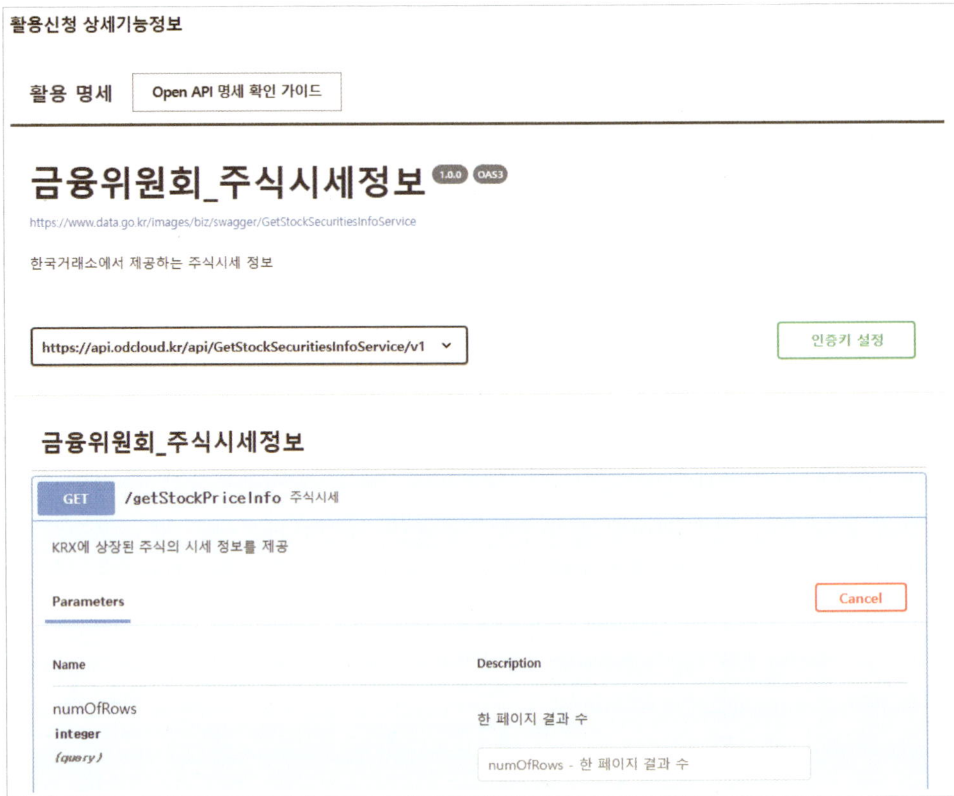
활용신청 상세기능정보
활용 명세
Open API 명세 확인 가이드
금융위원회_주식시세정보
1.0.0
OAS3
https://www.data.go.kr/images/biz/swagger/GetStockSecuritiesInfoService
한국거래소에서 제공하는 주식시세 정보
https://api.odcloud.kr/api/GetStockSecuritiesInfoService/v1
인증키 설정
금융위원회_주식시세정보
GET
/getStockPriceInfo 주식시세
KRX에 상장된 주식의 시세 정보를 제공
Parameters
Cancel
Name
Description
numOfRows
integer
(query)
한 페이지 결과 수
numOfRows - 한 페이지 결과 수

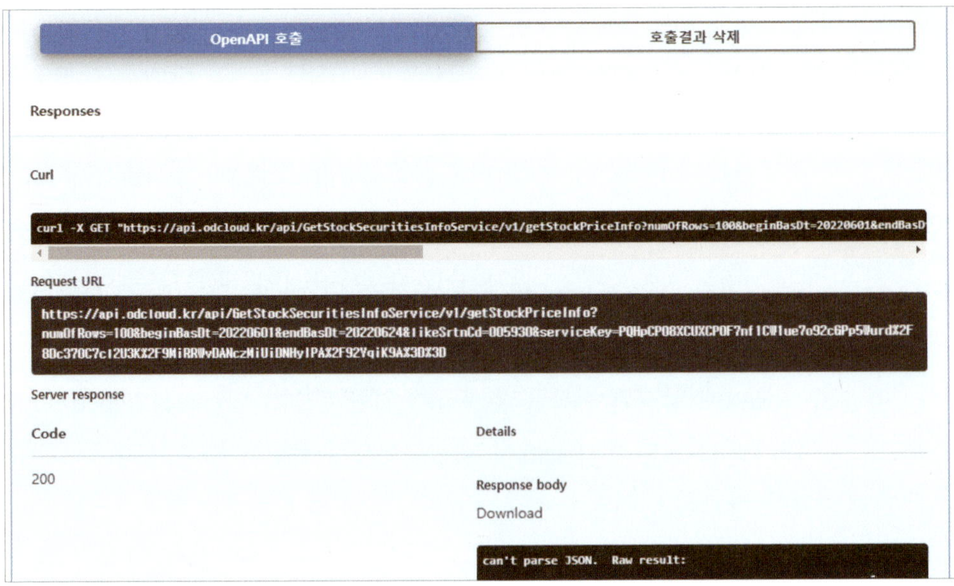
OpenAPI 호출
호출결과 삭제
Responses
Curl
curl -X GET "https://api.odcloud.kr/api/GetStockSecuritiesInfoService/v1/getStockPriceInfo?numOfRows=100&beginBasDt=20220601&endBasD
Request URL
https://api.odcloud.kr/api/GetStockSecuritiesInfoService/v1/getStockPriceInfo?
numOfRows=100&beginBasDt=20220601&endBasDt=20220624&likeSrtnCd=005930&serviceKey=PQHpCP08XCUXCP0F7nf1CWlue7o92c6Pp5WurdX2F
8Dc370C7c12U3KX2F9MiRRWvDANczMiUiDNHyIPAX2F92YqiK9AX3DX3D
Server response
Code
Details
200
Response body
Download
can't parse JSON. Raw result:

다음 코딩 내용은 2022년 1월 1일부터 2022년 6월 25일까지의 삼성전자의 주가 데이터를 오픈 API를 이용하여 추출하는 내용입니다.

In
```
import numpy as np
import pandas as pd
from urllib.request import urlopen
from bs4 import BeautifulSoup
```

In
```
ServiceKey = "본인의 key"
stockCode = '005930'  # 삼성전자 코드
numOfRows=10000       # 10,000개 이내의 데이터 추출
beginDay=20220101     # 데이터 추출 시작 시기
endDay=20220625       # 데이터 추출 종료 시기
```

In
```
url="https://api.odcloud.kr/api/GetStockSecuritiesInfoService/v1/getStockPriceInfo?numOf
Rows="+str(numOfRows)+"&beginBasDt="+str(beginDay)+"&endBasDt="+str(endDay)+
    "&likeSrtnCd="+str(stockCode)+"&serviceKey="+str(ServiceKey)
result = urlopen(url)
stock = BeautifulSoup(result, 'lxml-xml')
te=stock.find_all("item")
```

In
```
data = []                                          # 빈 리스트
for i in range(len(te)):
    date = te[i].basDt.string.strip()
    market = te[i].mrktCtg.string.strip()
    close = te[i].clpr.string.strip()
    start = te[i].mkp.string.strip()
    high = te[i].hipr.string.strip()
    low = te[i].lopr.string.strip()
    stockCode = te[i].srtnCd.string.strip()
    stockName = te[i].itmsNm.string.strip()
    quantity = te[i].trqu.string.strip()           # 거래량
    amount = te[i].trPrc.string.strip()            # 거래대금
    totShare = te[i].lstgStCnt.string.strip()      # 상장주식수
    totAmount = te[i].mrktTotAmt.string            # 시가총액
    total = [date, stockCode, stockName, market, close, start, high, low, quantity,
            amount, totShare, totAmount]
    data.append(total)
```

In
```
temp = pd.DataFrame(data, columns= ["date", "stockCode", "stockName", "market", "close",
      "start", "high", "low", "quantity", "amount", "totShare", "totAmount"])
```

In

```
temp.tail()
```

Out

	date	stockCode	stockName	market	close	start	high	low	quantity	amount	totShare	totAmount
0	20220624	005930	삼성전자	KOSPI	58400	57900	59100	57700	23256103	1359292776100	5969782550	348635300920000
1	20220623	005930	삼성전자	KOSPI	57400	57700	58000	56800	28338608	1627019443340	5969782550	342665518370000
2	20220622	005930	삼성전자	KOSPI	57600	59000	59100	57600	23334687	1360076149300	5969782550	343859474880000
3	20220621	005930	삼성전자	KOSPI	58500	58700	59200	58200	25148109	1474998298400	5969782550	349232279175000
4	20220620	005930	삼성전자	KOSPI	58700	59800	59900	58100	34111306	1997076972175	5969782550	350426235685000

In

```
temp.to_csv('samsung_price.csv')  # csv 형식으로 데이터 저장
```

데이터 분석

3.8 주가 캔들 그래프 그리기

앞 장에서 저장한 삼성전자 주가의 데이터를 불러와서 캔들(candle) 차트를 그려 보도록 합니다. 캔들 차트는 차트의 모양이 양초처럼 생겨서 캔들 차트라고 합니다. 캔들 차드는 고가(high price), 저가(low price), 시가(open price), 종가(close price)를 이용하여 그래프를 그립니다. 고가와 저가는 하루 중에 최소가격과 최저가격을 각각 의미하고, 시가는 주식시장 개장 때 맨 처음 이루어진 거래가격을 말하며, 종가

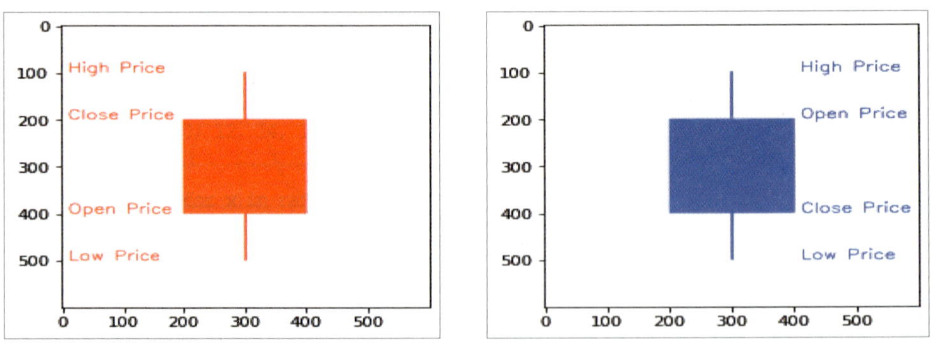

그림 2 캔들 차트

는 주식시장의 장 마감 때 종료된 거래가격을 말합니다. 캔들 차트는 색깔이 두 가지입니다. 빨간색은 양봉이라고 하고 파란색은 음봉이라고 합니다. 우리나라의 경우 빨간색은 전날의 종가보다 주가가 상승했을 때를 의미하고, 파란색은 전날 종가보다 주가가 하락했을 때를 의미합니다.

앞 장에서 저장한 삼성전자 주가의 데이터를 불러와서 캔들 차트를 그려보도록 합니다. 오픈 API를 이용하여 수집한 삼성주가 데이터를 불러옵니다. 데이터를 불어온 다음 데이터의 형식을 확인합니다. 정수형으로 저장되어 있는 'data' 변수를 날짜 양식으로 바꾸어 줍니다.

In

```
df = pd.read_csv('samsung_price.csv', index_col=[0])
df.head(3)
```

Out

	date	stockCode	stockName	market	open	close	high	low	volume	amount	totShare	totAmount
0	20220624	5930	삼성전자	KOSPI	57900	58400	59100	57700	23256103	1359292776100	5969782550	348635300920000
1	20220623	5930	삼성전자	KOSPI	57700	57400	58000	56800	28338608	1627019443340	5969782550	342665518370000
2	20220622	5930	삼성전자	KOSPI	59000	57600	59100	57600	23334687	1360076149300	5969782550	343859474880000

In

```
df.info()
```

Out

```
<class 'pandas.core.frame.DataFrame'>
Int64Index: 117 entries, 0 to 116
Data columns (total 12 columns):
 #   Column     Non-Null Count  Dtype
---  ------     --------------  -----
 0   date       117 non-null    int64
 1   stockCode  117 non-null    int64
 2   stockName  117 non-null    object
 3   market     117 non-null    object
 4   open       117 non-null    int64
 5   close      117 non-null    int64
 6   high       117 non-null    int64
 7   low        117 non-null    int64
 8   volume     117 non-null    int64
 9   amount     117 non-null    int64
 10  totShare   117 non-null    int64
 11  totAmount  117 non-null    int64
dtypes: int64(10), object(2)
memory usage: 11.9+ KB
```

In
```
df['date']=pd.to_datetime(df['date'], format='%Y%m%d')  # 타임 데이터 변환
```

데이터의 단위를 조정합니다. 거래량은 만주 단위로 금액은 조원 단위로 바꾸어 줍니다.

In
```
df['volume']=df['volume'].astype(int)/10000                        # 만주
df['totShare']=df['totShare'].astype(float)/10000                  # 만주
df['amount']=df['amount'].astype(float)/1000000000000              # 조원
df['totAmount']=df['totAmount'].astype(float)/1000000000000  # 조원
df.tail(3)
```

Out

	date	stockCode	stockName	market	open	close	high	low	volume	amount	totShare	totAmount
114	20220105	5930	삼성전자	KOSPI	78800	77400	79000	76400	2547.0640	1.967842	596978.255	462.061169
115	20220104	5930	삼성전자	KOSPI	78800	78700	79200	78300	1242.7416	0.977991	596978.255	469.821887
116	20220103	5930	삼성전자	KOSPI	79400	78600	79800	78200	1350.2112	1.066007	596978.255	469.224908

캔들 차트는 ploty 패키지를 사용합니다.

In
```
import plotly.graph_objects as go
import plotly.subplots as ms
```

In
```
fig = go.Figure(data=[go.Candlestick(x=df.index,
                open=df['open'],
                high=df['high'],
                low=df['low'],
                close=df['close'],
                increasing_line_color = 'red',
                decreasing_line_color = 'blue')])
fig.update_layout(xaxis_rangeslider_visible=False)
fig.update_layout(autosize=False,width=800,height=400,
                  margin=dict(l=50,r=50,b=10,t=10,pad=1),
                  paper_bgcolor="LightSteelBlue",)
fig.show()
```

Out

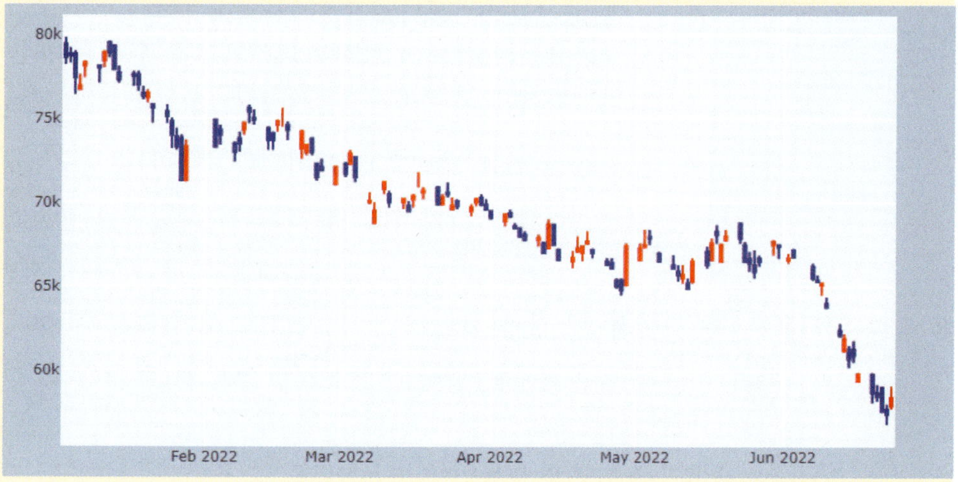

캔들 차트와 거래량을 표시하는 막대그래프와 동시에 그래프를 그립니다.

In

```
# 캔들 차트 객체 생성
candle = go.Candlestick(
    x=df.index,
    open=df['open'],
    high=df['high'],
    low=df['low'],
    close=df['close'],
    increasing_line_color = 'red',  # 상승봉 스타일링
    decreasing_line_color = 'blue'  # 하락봉 스타일링
)

# 바 차트(거래량) 객체 생성
volume_bar = go.Bar(x=df.index, y=df['volume'])

fig = ms.make_subplots(rows=2, cols=1, shared_xaxes=True, vertical_spacing=0.02)
fig.add_trace(candle, row=1, col=1)
fig.add_trace(volume_bar, row=2, col=1)

fig.update_layout(autosize=False,width=800,height=400,
                  yaxis1_title='주가(원)',
```

```
                yaxis2_title='거래량(만주)',
                xaxis1_rangeslider_visible=False,
                xaxis2_rangeslider_visible=False,
                        margin=dict(l=50,r=50,b=10,t=10,pad=1),
                        paper_bgcolor="LightSteelBlue",)
fig.show()
```

Out

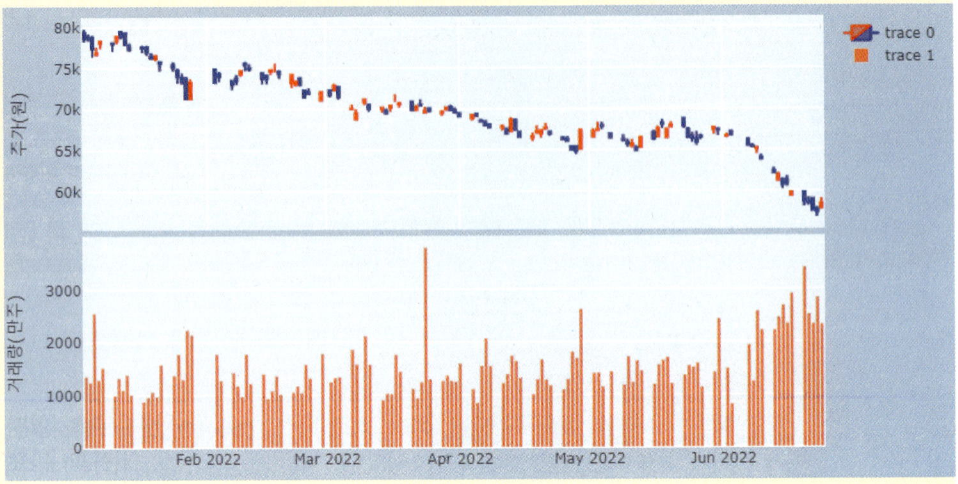

분석 과제 관심 있는 주가 데이터 입수 및 이동평균선 그리기

1. 오픈 API를 이용하여 본인이 관심 있는 주식에 대한 최소 10년 이상 일별 데이터를 수집합니다.

2. 본인이 입수한 주가 데이터의 종가를 기준으로 선 그래프를 그립니다.

3. 본인이 입수한 주가 데이터의 캔들 그래프를 그립니다.

4. 이동평균의 의미를 설명하고 종가 기준 3일, 10일, 20일, 100일 이동평균선을 그립니다.

Chapter

4

분포

주가수익률 분포

개념

데이터 분석

분석 과제

개념

4.1 이항분포

일상생활에서 상승/하락, 성공/실패, 합격/불합격, 삶/죽음과 같이 결과가 두 가지로 나뉘는 경우가 많이 있습니다. 이처럼 성공과 실패와 같이 결과가 두 가지로 나타나는 시행(trial)을 베르누이 시행(Bernoulli trial)이라고 합니다. 베르누이 시행에서 성공에 1, 실패에 0을 대응시키는 확률변수를 베르누이 확률변수(random variable)라고 합니다.

Note 확률변수

확률변수는 일정한 확률을 가지고 발생하는 사건에 수치가 부여된 변수입니다. 이를 보다 수학적으로 표현해보면 '**표본공간을 정의역으로 하고 실수 전체 집합을 공역으로 하는 함수**'입니다. 예를 들어 하나의 동전을 2번 던지는 시행을 하면 표본공간은 {(H,T), (T,H), (T,T), (H,H)}와 같이 나옵니다. 이를 수로 표현해봅시다. 수로 표현할 기준을 "앞면이 나오는 개수"로 정해봅시다. 이 경우 대응하는 실수의 값은 {1,1,0,2}입니다.

이항분포

베르누이 시행을 n번 반복할 때, 매번 성공확률이 p라고 합시다. 성공의 총 회수를 X라고 하면 $X = X_1 + X_2 + \cdots + X_n$으로 표현할 수 있습니다. X_1은 첫 번째 베르누이 시행이고 X_1이 성공이면 1을, 실패하면 0을 갖습니다. 예를 들어, 10번 베르누이 시행을 실시하고 성공이 5회일 때 확률변수는 5를 갖습니다. 이때 X는 이항분포(binomial distribution)를 따르는 이항확률변수라고 하고 기호로는 $X \sim B(n,p)$로 표시합니다. 이때 이항분포의 시행 횟수는 n이고 각각의 베르누이 시행은 여타 시행에 영향을 받지 않는 없는 독립이며 성공확률은 p로 동일합니다.

이항공식

이항분포에서 확률은 이항공식을 이용하여 구합니다. n번의 시행 중 k번 성공할 확률을 구하는 이항공식은 다음과 같습니다. 여기서 n은 시행 횟수, k는 성공 횟수, p는 성공확률입니다. 이때 매번의 시행은 상호독립이고 성공확률(p)은 매 시행마다 동일하다고 가정합니다. 이항공식은 다음과 같습니다.

$$P(X=k) = \frac{n!}{k!(n-k)!}p^k \cdot (1-p)^{n-k}$$

예를 들어, 주사위를 5번 던졌을 때 1이 2번 나올 확률은 얼마인지를 알아봅시다. 주사위를 1번 던질 때 1이 나오면 성공, 1이 나오지 않으면 실패라고 볼 수 있습니다. 즉, 1을 기준으로 성공과 실패로 나눕니다. 성공 횟수를 X라고 하면 X는 $X \sim B(5, 1/6)$의 이항분포를 따릅니다. X가 가능한 값은 0, 1, 2, 3, 4, 5를 가지며 각각의 확률을 $P(X=1)$, $P(X=2)$, …, $P(X=5)$라고 표시합니다. 이항공식을 사용하여 주사위를 5번 던졌을 때 1이 2번 나올 확률 $P(X=2)$는 다음과 같습니다.

$$P(X=2) = \frac{5!}{2!3!}(\frac{1}{6})^2 \cdot (\frac{5}{6})^3 \approx 16.1\%$$

Note 이항계수 구하기

이항공식의 첫 번째 부분이 이항계수입니다. 이항계수를 구하는 방법을 알아봅시다.

$$\frac{n!}{k!(n-k)!}$$

a, b, c를 나열하는 방법은 총 6가지(abc, acb, bac, bca, cab, cba)입니다. 이는 첫 번째 원소는 첫째 자리, 둘째 자리, 셋째 자리 모두 올 수 있습니다(n번 선택 가능). 두 번째 원소는 첫 번째 선택된 원소와 달라야 하므로 2가지 선택이 있습니다(n−1). 세 번째 자리에 들어올 수 있는 경우의 수는 1입니다. 3×2×1=3!. 만약 **b와 c의 순서를 고려하**

지 않은 경우에는 다음과 같이 3가지가 경우의 수가 있습니다(abc, acb, bac, bca, cab, cba). 따라서 총 6가지 경우에서 동일한 경우를 나누어 줍니다. 이를 수식으로 써보면 다음과 같습니다. 이항계수는 분자의 숫자와 분모에 있는 숫자들의 합으로 표현됩니다.

$$\frac{3\times2\times1}{(2\times1)\times1}=\frac{3!}{2!\times1!}=3$$

Note 이항공식을 이용한 확률 구하기

숫자 붉은 카드(R) 1장, 푸른 카드(B) 6장이 들어 있는 상자에서 다섯 번 복원추출할 때 순서에 상관없이 붉은 카드(R)를 2번 뽑고 푸른 카드(B)를 3번 뽑을 확률을 생각해 봅시다.

1. 복원추출로 붉은 카드를 2번, 푸른 카드가 3번 나올 모든 가능한 경우를 찾아냅니다.

RRBBB 처음 두 번은 붉은 카드, 나머지 세 번은 푸른 카드를 뽑은 경우
BRRBB 처음 푸른 카드, 두 번째, 세 번째는 붉은 카드, 나머지는 푸른 카드

두 개의 R과 3개의 B를 한 줄로 나열하는 경우의 수는 다음과 같습니다.

$$\frac{5\times4\times3\times2\times1}{(2\times1)\times(3\times2\times1)}=\frac{5!}{2!\times3!}=10$$

2. 각 경우의 확률을 구해 봅시다.
예를 들어, RRBBB가 나올 확률은 $\frac{1}{6}\times\frac{1}{6}\times\frac{5}{6}\times\frac{5}{6}\times\frac{5}{6}=\left(\frac{1}{6}\right)^2\left(\frac{5}{6}\right)^3$ 입니다.

3. 덧셈 법칙을 이용하여 구한 모든 확률을 더합니다.

$$\frac{5!}{2!3!}\left(\frac{1}{6}\right)^2\cdot\left(\frac{5}{6}\right)^3\approx16.1\%$$

이항확률변수의 평균과 분산

지금까지 이항분포의 확률을 구하는 방법을 살펴보았습니다. 이번에는 X가 이항분포(binomial distribution)를 따르는 이항확률변수라고 할 때 이항확률변수(X)의 평균과 분산을 구해 봅시다. 먼저 이항확률변수는 베르누이 확률변수(X_1)의 평균과 분산을 구하면 되는데, 성공할 확률을 p라고 할 때 X_1의 평균과 분산은 다음과 같습니다.

$$P(X_1 = x) = p^x(1-p)^{(1-x)},\ x = 0, 1$$

$$E(X_1) = \sum_x xP(X_1 = x) = 0 \times (1-p) + 1 \times p = p$$

$$\begin{aligned} Var(X_1) &= E(X_1 - E(X_1))^2 = \sum_x (x-p)^2 P(X_1 = x) \\ &= (0-p)^2(1-p) + (1-p)^2 p = p(1-p) \end{aligned}$$

동일한 분포를 따르는 이항확률 변수 X_1, X_2, $\cdots$, X_n의 성공확률이 p로 동일할 경우 X의 평균과 분산을 구해보면 다음과 같습니다.

$$E(X) = E(X_1 + X_2 + \cdots + X_n) = nE(X_1) = np$$

$$Var(X) = Var(X_1 + X_2 + \cdots + X_n) = n\,Var(X_1) = np(1-p)$$

개념

4.2 대수의 법칙

동전의 앞면과 뒷면이 평평하다고 할 때, 동전을 던질 때 앞면이 나올 횟수는 항상 던진 횟수의 절반이 아닙니다. 동전을 10번 던졌을 때 앞면이 5번 나올 수도 있지만 4번이 나올 수 있고 6번, 7번이 나올 수 있습니다. 여기서 동전의 앞면인 비율인

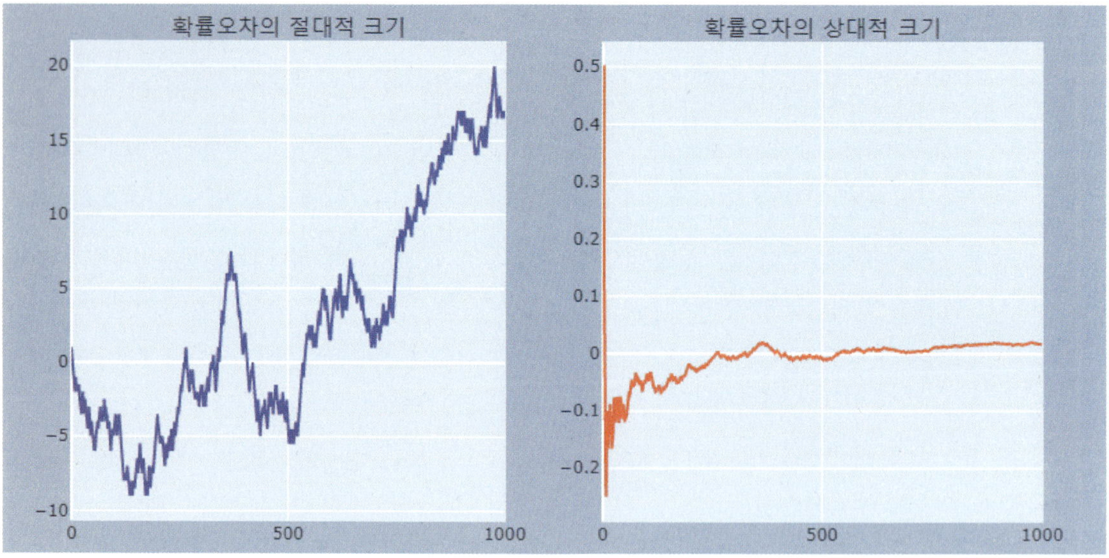

그림 1 시행 횟수와 확률오차의 절대적 크기와 상대적 크기

동전을 던진 횟수의 절반과 실제 앞면이 나온 횟수와의 차이를 확률오차라고 합니다.

동전을 던질 때 앞면이 나오는 횟수 = 던진 횟수의 절반 + 확률 오차

이때 앞면이 많이 나왔다고 해서 이후의 시행에서 앞면이 나올 확률이 감소하는 것이 아니며 시행 횟수가 증가할수록 확률오차(stochastic error)의 절대적 크기는 증가합니다. 하지만 시행 횟수가 증가할수록 시행 횟수에 대비한 확률오차의 상대적 크기는 감소합니다. 이것을 대수의 법칙(평균의 법칙)이라고 합니다. 〈그림 1〉은 동전을 1,000번 던졌을 때 앞면이 나오는 횟수에 따른 확률오차의 절대적 크기와 상대적 크기를 나타낸 것입니다.

확률 과정

우리는 동전 던지기에서 실제 앞면이 나오는 횟수와 그 기대 횟수와의 차이를 확

률오차라고 불렀습니다. 이러한 확률오차는 우연이라는 요소에 의해 결정되며, 이러한 우연이 발생하는 과정을 확률과정(stochastic process)이라 부릅니다.

확률과정을 상자모형으로 이해해 봅시다. 상자모형은 상자에서 숫자를 무작위로 추출하는 모형입니다. 상자모형에서 상자, 상자에서 추출, 상자에서 뽑힌 카드는 무엇을 의미하는지 살펴봅시다. 상자는 모집단으로 볼 수 있으며, 상자 안 카드의 분포는 모집단의 분포입니다. 상자 안 카드의 평균은 모평균(μ), 표준편차는 모표준편차(σ)이며, 추출한 카드로 추출한 카드의 평균은 표본평균($\overline{X}$), 표준편차는 표본표준편차(S)로 이해할 수 있습니다.

상자모형을 만들 때는 ① 상자 안에 어떤 카드가 들어가야 하는지, ② 각 숫자 카드가 몇 장씩 들어가야 하는지, ③ 상자로부터 몇 회 추출해야 하는지에 대한 정보를 고려해야 합니다. 예를 들어, 동전을 던져 앞면이냐 뒷면이냐에 따라 천원을 잃고 따는 게임을 10번 시행하는 게임을 고려해 봅시다. 이 게임은 상자모형으로 표현해보면 상자 안에는 +1,000, −1,000인 숫자가 각각 1장씩 들어가며, 이러한 상자에서 해당 숫자를 10번 복원추출하는 모형입니다.

개념

4.3 기댓값과 표준오차

기댓값

우연, 즉 확률과정에 의해 결정되는 숫자는 하나의 값 주위로 분포합니다. 그 값은 분포의 중심이 되는 값이며, 이를 기댓값(expected value)이라고 합니다. 실현된 값과 기댓값과의 차이가 나는 정도를 표준오차(standard error)에 의해 측정됩니다. 예를 들어, 앞면과 뒷면이 평평한 동전을 100번 던져 앞면이 59번 나왔다고 할 때,

이때의 기댓값은 50이므로 확률오차는 +9입니다. 표준오차는 확률오차의 표준적인 크기를 제공해줍니다.

상자모형을 통해 기댓값과 표준편차의 개념을 살펴봅시다. 1이 한 장, 2가 세 장 들어 있는 상자로부터 100회 무작위 복원추출할 때의 기댓값을 구해 봅시다. 상자에 카드의 수는 총 4장이므로 1이 뽑힐 확률은 1/4, 2가 뽑힐 확률은 3/4입니다. 따라서 100회 추출하면 1이 뽑힐 횟수가 25회, 2가 뽑힐 횟수는 75회라고 예상할 수 있습니다. 따라서 100회 추출해서 나온 숫자의 합은 $1 \times 25 + 2 \times 75 = 175$라고 예상할 수 있습니다. 이 값이 바로 기댓값입니다. 이와는 다른 방법으로 합의 기댓값을 구하는 공식은 다음과 같습니다.

$$\text{합의 기댓값} = \text{추출 횟수} \times \text{상자의 평균}$$

위 예의 경우 추출 횟수는 100이고 상자의 평균은 $1 \times 1/4 + 2 \times 3/4 = 1.75$입니다. 따라서 합의 기댓값은 $100 \times 1.75 = 175$입니다.

표준오차

이전에서 살펴본 것과 같이 1이 한 장, 2가 세 장 들어 있는 상자로부터 100회 무작위 복원추출할 때의 기댓값은 175임을 살펴보았습니다. 하지만 실제 추출한 숫자의 합은 기댓값과 다른 값일 가능성이 큽니다.

$$\text{추출한 숫자의 합} = \text{합의 기댓값} + \text{확률 오차}$$

이러한 확률오차의 크기를 표준적으로 측정한다고 할 때, 이를 표준오차(Standard error, SE)라고 합니다. 상자로부터 무작위 복원추출할 때 합의 표준오차는 다음과 같이 구합니다. 추출 횟수에 제곱근을 씌워서 계산하기 때문에 제곱근법칙(square root law)이라고도 부릅니다.

$$\text{합의 표준오차} = \text{상자의 표준편차} \times \sqrt{\text{추출 횟수}}$$

상자의 표준편차는 상자 안에 들어 있는 숫자의 다른 정도를 나타냅니다. 상자로부터 카드를 뽑을 때 추출 횟수를 늘리면 어떤 숫자가 뽑힐지 알 수 없기 때문에 합의 표준오차는 증가하지만, 그 증가속도가 추출 횟수만큼 증가하지 않고 $\sqrt{\text{추출 횟수}}$에 비례하여 증가합니다.

1이 한 장, 2가 세 장 들어 있는 상자의 표준편차는 $\sqrt{p(1-p)}$ 입니다. p는 상자에서 1일 나올 확률(p)이며 ($1-p$)는 2가 나올 확률입니다. 따라서 1이 한 장, 2가 세 장 들어 있는 상자로부터 100회 무작위 복원추출할 때 합의 표준오차는 $\sqrt{100} \times \sqrt{0.25(1-0.25)} = 4.33$입니다.

Note 이항확률변수의 확률오차

이항확률변수 $X \sim B(n, p)$의 확률오차를 구해 봅시다. 이때 이항확률변수 X는 성공확률이 p로 일정한 베르누이 시행을 n번 독립적으로 반복할 때 일어나는 성공의 횟수입니다. X의 기댓값과 분산은 다음과 같습니다.

$$E(X) = np,\ Var(X) = np(1-p)$$

1과 0이 들어 있는 상자의 표준편차를 구해 봅시다. 1이 뽑힐 확률을 p라고 하면, 0이 뽑힐 확률은 $1-p$입니다. 이 상자로부터 한 장의 카드를 뽑을 때 이 카드에 적힌 숫자를 X_1이라고 할 때 상자의 표준편차와 X의 표준오차를 다음과 같이 구할 수 있습니다.

$$\begin{aligned}\text{상자의 표준편차} &= \sqrt{VAR(X_1)} = \sqrt{E(X_1) - E^2(X_1)} \\ &= \sqrt{[1 \cdot p + 0 \cdot (1-p)] - [1 \cdot p + 0 \cdot (1-p)]^2} \\ &= \sqrt{p - p^2} = \sqrt{p(1-p)}\end{aligned}$$

따라서 X의 표준오차 $= \sqrt{n} \times \sqrt{p(1-p)}$

개념

4.4 히스토그램과 정규분포곡선

동전 던지기에서 앞면이 나올 확률 구하기

동전 던지기를 반복할 때 앞면이 나오는 확률은 평균의 법칙에 의해 점차 50%에 가까워집니다. 동전 던지기에서 앞면이 나올 확률을 이항분포로 설명하면 다음과 같습니다. 예를 들어, 동전을 세 번 던지는 경우 앞면이 나오는 횟수는 다음과 같은 이항분포를 따릅니다.

$$\text{동전을 세 번 던졌을 때 앞면이 나오는 횟수} \sim B(3,\ 1/2)$$

동전을 세 번 던질 때 모든 경우의 수는 $8(2^3=8)$이며, 이항공식을 이용하여 동전의 앞면이 나올 경우의 수를 다음과 같이 구할 수 있습니다.

$$\text{앞면이 0번 나올 경우의 수} = \frac{3!}{0!(3-0)!} = \frac{3!}{3!} = 1$$
$$\text{앞면이 1번 나올 경우의 수} = \frac{3!}{1!(3-1)!} = \frac{3!}{2!} = 3$$
$$\text{앞면이 2번 나올 경우의 수} = \frac{3!}{2!(3-2)!} = \frac{3!}{2!} = 3$$
$$\text{앞면이 3번 나올 경우의 수} = \frac{3!}{3!(3-3)!} = \frac{3!}{3!} = 1$$

표 1 동전을 세 번 던졌을 때 앞면이 나오는 확률

앞면이 나오는 횟수	앞면이 나오는 경우의 수	동전이 앞면이 나오는 확률
0	1	1/8
1	3	3/8
2	3	3/8
3	1	1/8

동전을 100번 던졌을 때 정확히 앞면이 50번 나올 확률을 구해보도록 합시다. 동전을 100번 던졌을 때 나오는 모든 경우의 수는 $2^{100} = 1.27 \times 10^{30}$으로 매우 큰 수입니다. 이중 앞면이 500번 나올 경우의 수는 다음과 같습니다.

$$\text{앞면이 50번 나올 경우의 수} = \frac{100!}{50! \cdot (100-50)!} = \frac{100!}{50! \cdot 50!} \approx 1.01 \times 10^{29}$$

따라서 동전을 100번 던져서 앞면이 정확히 50번 나올 확률은 $\frac{1.01 \times 10^{29}}{1.27 \times 10^{30}} \approx 0.08 = 8\%$입니다. 하지만 이처럼 동전을 100번 던져서 앞면이 50번 나올 확률을 계산하는 것은 불편하고 복잡합니다. 동전을 많이 던지는 경우 앞면이 나오는 횟수 또는 앞면이 나오는 비율의 분포가 정규분포를 띠게 된다는 사실을 확인하면, 동전을 100번 던졌을 때 앞면이 50번 나올 확률을 보다 손쉽게 구할 수 있습니다.

경험적 히스토그램과 확률 히스토그램

상자에서 숫자를 추출하여 합의 분포를 히스토그램으로 그린다고 해 봅시다. 경험적 히스토그램(empirical histogram)은 경험적 자료, 즉 관측한 자료를 이용하여 그린 히스토그램으로 자료를 구간별로 분류하고 구간별 도수를 계산한 뒤 도수를 밀도단위로 바꾸어 밀도단위 히스토그램을 나타낸 것입니다. 하지만 경험적 히스토그램은 시행 횟수가 적으면 합의 분포가 정규분포곡선에 잘 들어맞지 않습니다. 이러한 약점을 보완하기 위해서 확률 히스토그램(probability histogram)을 고안해볼 수 있습니다. 확률 히스토그램은 상자의 내용물 및 추출 횟수로부터의 합이 가질 수 있는 값을 확률로 계산하여 히스토그램으로 나타낸 것입니다.

〈그림 2〉는 동전을 100번 던져서 앞면이 나오는 비율을 구하는 실험을 각각 100번, 1,000번, 10,000번, 1,000,000번 시행했을 때 앞면이 나오는 비율의 히스토그램을 보여주고 있습니다. 동전 100번 던지는 실험을 1,000,000번 시행했을 때 히스토그램은 정규분포곡선의 모양을 띠고 있는 것을 확인할 수 있습니다. 이처럼 시행 횟

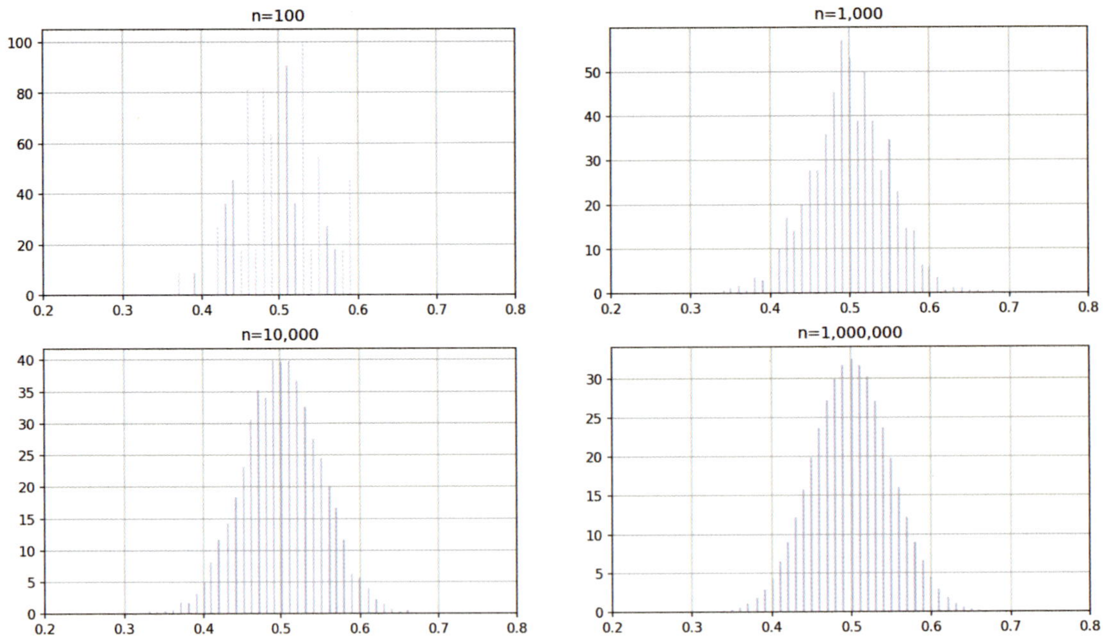

그림 2 n이 커질수록 확률 히스토그램이 정규분포로 되어 가는 과정

수(n)가 증가함에 따라 합이나 평균의 확률 히스토그램은 정규분포곡선으로 수렴해 갑니다. 이를 중심극한정리(central limit theorem)라고 합니다.

정규분포로의 근사

동전 던지기의 시행 횟수가 증가함에 따라 앞면이 나오는 횟수의 확률 히스토그램은 중심극한정리에 따라 정규분포곡선과 그 모양이 비슷해집니다. 따라서 시행 횟수가 클 때 동전의 앞면이 나올 횟수에 관한 확률을 정규분포곡선을 이용하여 구할 수 있습니다.

동전을 100번 던져서 앞면이 50번 나올 확률을 정규분포곡선을 이용하여 구해봅시다. 동전을 100번 던졌을 때 앞면이 나올 기댓값은 50입니다. 이 경우의 확률오차를 구하기 위해 상자에 앞면이 나오면 1, 뒷면이 나오면 0이 적힌 카드가 나오는 상자모형을 고려할 수 있습니다. 이 상자의 표준편차($\sqrt{p(1-p)}$)는 0.5이고 표준오차($\sqrt{100} \times 0.5$)는 5입니다.

$$\text{합의 표준오차} = \text{상자의 표준편차} \times \sqrt{\text{추출 횟수}}$$

중심극한정리에 따라 확률 히스토그램과 정규분포곡선은 거의 일치하므로 기댓값 50, 표준오차 5에 해당하는 정규분포곡선을 이용하여 동전을 100번 던져 앞면이 50번 나올 확률과 같을 구해보도록 합니다. 정규분포곡선은 연속형 곡선이므로 앞면이 50번이 나올 경우는 정규분포곡선에서는 49.5에서 50.5까지 해당됩니다. 이를 표준정규분포단위로 바꾸면 동일한 확률이 나오는 구간은 −0.1에서 +0.1까지의 구간이 됩니다. 표준정규분포곡선에서 해당 범위의 면적은 7.97%입니다.

$$\frac{49.5-50}{5} = -0.1,\ \frac{50.5-50}{5} = 0.1$$

정규분포곡선의 성질을 이용하면 보다 복잡한 확률도 쉽게 계산할 수 있습니다. 동전을 100번 던졌을 때 앞면이 45 이상 55 이하로 나올 확률을 이항분포로 계

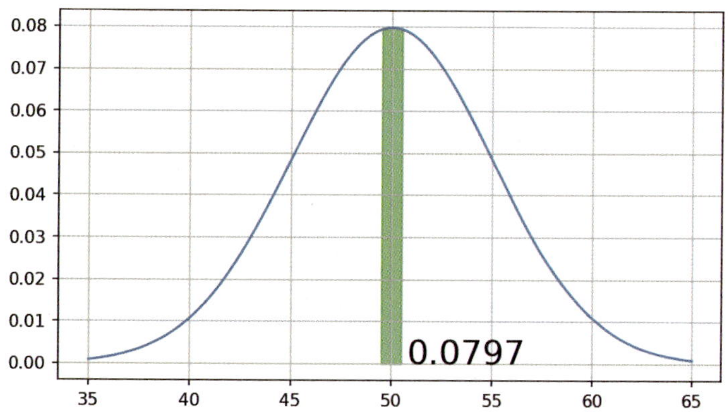

그림 3 정규분포로 표현한 동전을 100번 던져서 앞면이 50번 나올 확률

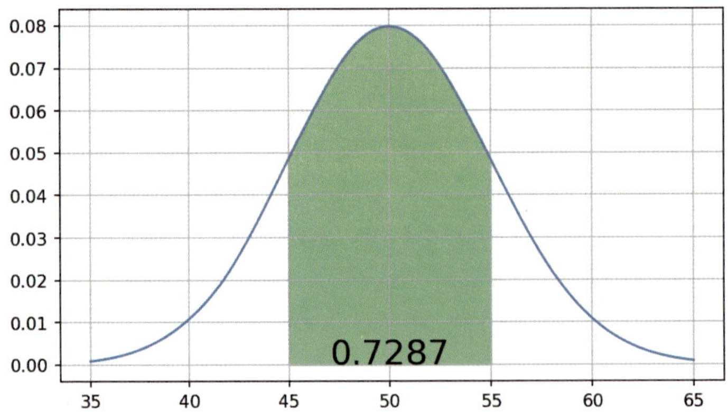

그림 4 정규분포로 표현한 동전을 100번 던져서 앞면이 45번 이상 55 이하 나올 확률

산하면 매우 번거롭습니다. 이를 정규분포곡선의 성질을 이용하여 확률을 구해보도록 합시다. 45 이상 55 이하로 나올 경우를 표준정규분포 단위로 바꾸면 −1.1에서 +1.1이며, 이때의 표준정규분포곡선 아래의 면적은 0.728입니다. 따라서 동전을 100번 던졌을 때 앞면이 44.5 이상 55.5 이하로 나올 확률은 72.87%입니다.

$$\frac{44.5-50}{5}=-1.1,\ \frac{55.5-50}{5}=1.1$$

Note 정규분포곡선

모집단의 분포를 나타내는 수학적인 모형으로 표현하는 이상적인 히스토그램입니다. 주어진 값(x)에서 확률을 나타내는 정규분포의 확률밀도함수(probability density function)는 수학적으로 다음과 같습니다.

$$f(x)=\frac{1}{\sqrt{2\pi\sigma}}e^{-\frac{(x-\mu)^2}{2\sigma^2}},-\infty < x < \infty, e=2.71828\cdots$$

이때 μ는 모평균, σ는 모표준편차입니다. 특히, 평균이 0이고 표준편차가 1인 정규분포를 표준정규분포(standard normal distribution)라고 하고, Z ~ N(0,1)로 표시합니다. 표준정규분포의 확률밀도함수는 다음과 같습니다.

$$f(z) = \frac{1}{\sqrt{2\pi}} e^{-\frac{z^2}{2}}, -\infty < z < \infty, e = 2.71828\cdots$$

Note 정규분포곡선 아래의 면적 구하기

정규분포곡선 아래 면적은 확률을 나타내므로 정규분포곡선이 종모양의 좌우대칭인 성질을 이용하여 정규분포곡선의 아래 면적을 쉽게 구할 수 있습니다. 정규분포곡선의 중심으로부터 -1σ에서 -1σ까지 면적은 전체 면적의 약 68%, -2σ에서 -2σ까지 면적은 전체 면적의 약 95%, -3σ에서 -3σ까지 면적은 전체 면적의 약 99.7%입니다.

정규분포곡선의 응용 범위

확률 히스토그램을 정규분포로 근사시키는 것을 균형 잡힌 동전 던지기를 통해 살펴보았습니다. 하지만 상자 안의 분포가 균형 잡히지 않더라도 추출 횟수만 충분히 크면 추출된 숫자의 합은 정규분포곡선으로 잘 근사됩니다. 상자로부터 무작위 복원추출할 때 추출 횟수가 증가함에 따라 합 또는 평균의 확률 히스토그램은 정규분포곡선으로 수렴해 나가는 현상도 중심극한정리로 설명할 수 있습니다. 중심극한정리는 상자의 내용물이 균형 잡혔는지 여부와 관계없이 성립합니다. 다만 상자의 내용물 분포가 정규분포곡선과 비슷하면 비슷할수록 추출 횟수가 적어도 정규분포로 잘 근사됩니다. 확률 히스토그램이 정규분포를 따르면 그 전체 모양은 기댓값과 표준오차만으로 알 수 있습니다.

1, 2, 10 카드가 1장씩 들어 있는 상자에서 무작위 복원추출할 때 평균을 구해 봅시다. 〈그림 5〉는 상자에서 각각 10번, 25번, 50번, 300번 무작위 복원추출한 평균값을 각각 50,000번 시행한 히스토그램입니다. 상자 내용물이 비대칭 경우라도 복원추출하는 횟수가 커질수록 정규분포곡선으로 수렴해가는 것을 볼 수 있습니다.

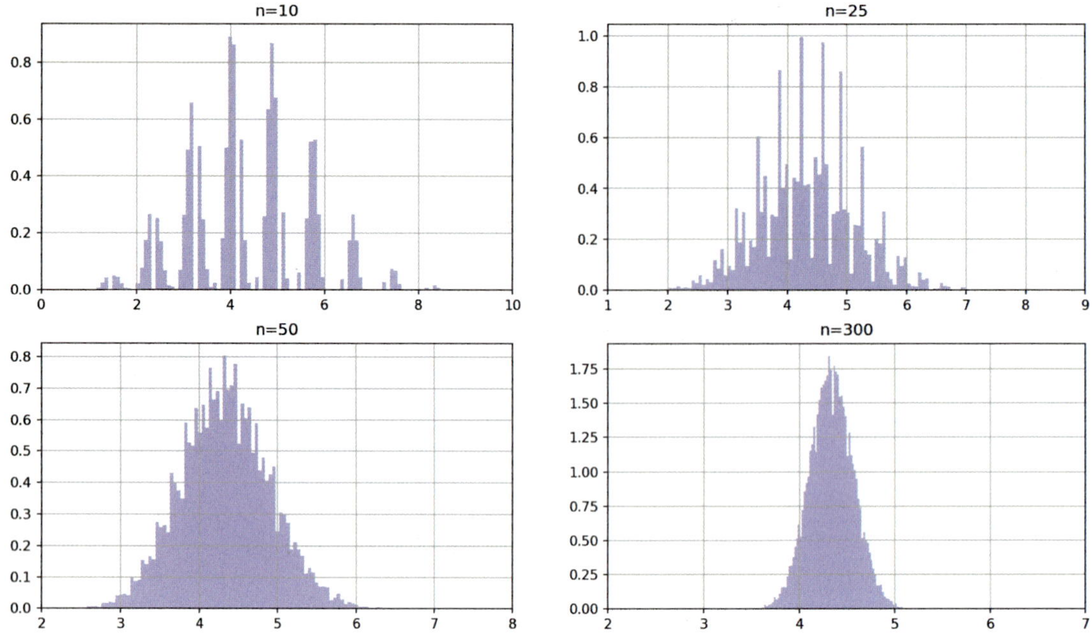

그림 5 상자의 내용물이 비대칭일 경우 평균의 확률 히스토그램

부트스트랩핑(bootstrapping)

추출 횟수가 적을 때 표본 합 또는 표본평균의 확률 히스토그램을 정규분포로 근사시키는 것은 위험합니다. 표본의 크기가 작은 경우 원래의 표본으로부터 약 1,000회 정도 복원추출로 표본을 추출하여 1,000개의 표본평균을 구합니다. 이렇게 구한 표본평균의 분포를 확률 히스토그램에 대한 근사치로 이용할 수 있습니다. 이러한 과정을 부트스트랩핑이라고 합니다.

이처럼 표본크기가 작은 경우 해당 표본을 정규분포로 근사하여 표본평균과 표본표준편차를 이용하는 것보다 부트스트랩핑을 이용하는 것이 근사의 정확도가 높은 것으로 알려져 있습니다.

데이터 분석

4.5 주가수익률 분포

주가수익률

주가수익률은 매도금액에서 매입금액을 뺀 매매차익에 배당과 같이 투자 기간 동안 발생한 현금흐름을 차감한 다음 매입금액으로 나누고 100을 곱해서 %로 환산해서 구합니다.

$$\text{수익률}(r_i) = \frac{\text{매도금액} - \text{매입금액} \pm \text{보유기간중현금흐름}}{\text{매입금액}} \times 100$$

분석에 필요한 패키지

In

```
%matplotlib inline                    # matplotlib
import matplotlib.pyplot as plt  # matplotlib

import pandas as pd                   # pandas
import FinanceDataReader as fdr  # FinanceDataReader
```

삼성전자 주가 불러오기

FianceDataReader를 이용하여 삼성전자 주가 데이터를 수집하도록 합니다.

In

```
df = fdr.DataReader('005930', '2010-01-01')  # 삼성전자 주식을 2010년 1월 1일부터 현재까지 수집
df.head(3)                                    # 맨 앞의 3개 데이터 출력
```

Out

Date	Open	High	Low	Close	Volume	Change
2010-01-04	16060	16180	16000	16180	239271	0.012516
2010-01-05	16520	16580	16300	16440	559219	0.016069
2010-01-06	16580	16820	16520	16820	459755	0.023114

삼성전자의 일별 수익률을 구하고 이에 대한 요약통계량을 보입니다. 일별 평균 수익률은 0.055%입니다.

In

```
r = (df['Close'].pct_change())*100  # 일별 수익률 구하기
type(r)                             # r의 type 확인
r.describe()                        # 일별 수익률에 대한 요약통계량
```

Out

```
count    3085.000000
mean        0.055200
std         1.690960
min        -8.035714
25%        -0.973236
50%         0.000000
75%         0.997783
max        10.470588
Name: Close, dtype: float64
```

삼성전자의 일별 수익률 그래프를 그립니다.

In

```
fig, ax = plt.subplots(figsize=(20,6))  # 일별 수익률 그래프 그리기
ax.plot(r, linestyle='', marker='o', alpha=.7, ms=3)
ax.vlines(r.index, 0, r.values, lw=0.2)
ax.set_ylabel('returns(%)', fontsize=12)
ax.set_xlabel('date', fontsize=12)
ax.grid(True)
plt.show()
```

Out

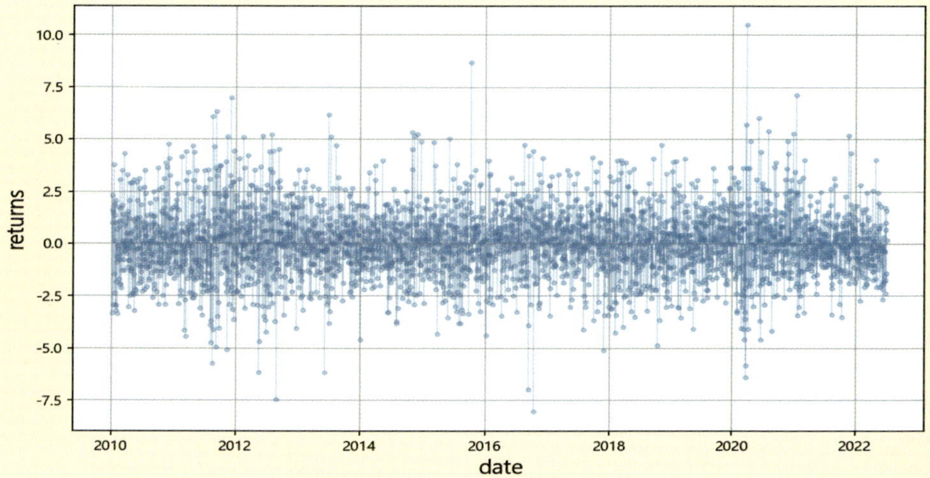

삼성전자의 일별 수익률을 히스토그램으로 그립니다.

In
```
fig, ax = plt.subplots(figsize=(15,6))
ax.hist(r, alpha=0.3, bins=200)
ax.grid(True)
ax.set_xlim((-10, 10))
plt.show()
```

Out

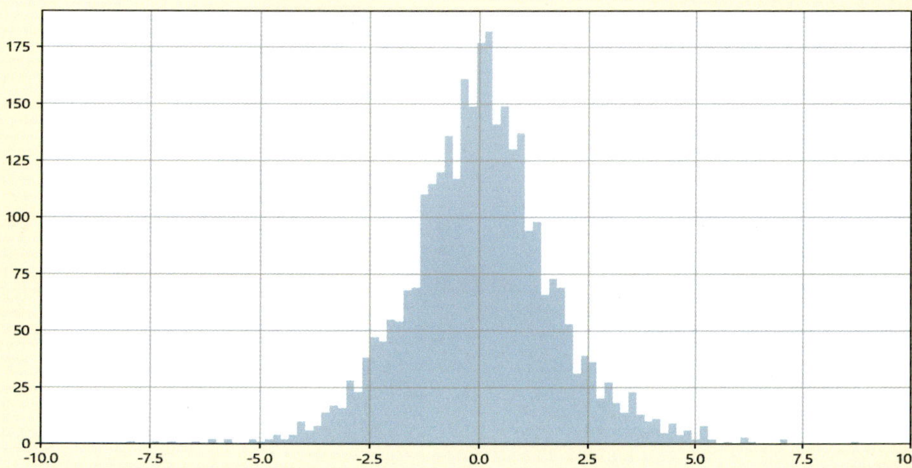

실제 일별 수익률데이터와 동일한 평균과 분산을 가지고 있는 가상의 데이터인 정규분포를 생성하여, 실제데이터와 비교하는 히스토그램으로 그립니다. 실제 수익률데이터가 정규분포와 유사한 모습을 보이고 있지만, 꼬리가 정규분포보다 더 두꺼운 모습을 보이고 있습니다.

In

```
mu = r.mean()
s = r.std()
data = np.random.randn(n) * s + muf
```

In

```
fig, ax = plt.subplots(figsize=(10,6))
ax.hist([r], alpha=0.3, bins=100,density=True, color='blue', label = '실제데이터')
ax.hist([data], alpha=0.3, bins=100,density=True, color='red',label = '정규분포')
ax.set_xlim((-10, 10))
ax.grid(True)
plt.legend()
plt.show()
```

Out

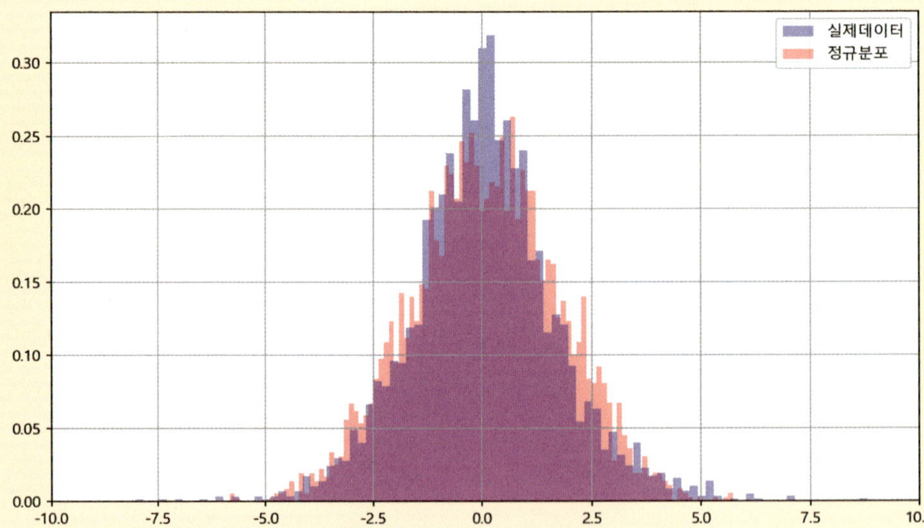

데이터 분석

4.6 주가 등락을 이항분포로 설명하기

주가가 오르거나 내릴 확률을 이항분포로 알아보기로 합니다. 삼성전자의 1년간의 일별 주식수익률을 이용하여 주가가 상승한 날과 하락한 날의 비율을 이용하여 이항분포 모형을 설정합니다. 이러한 이항분포 모형을 이용하여 삼성전자의 주가가 앞으로 5일 중 3일 올라갈 확률을 구해 봅니다.

In
```
df1 = df.loc[ '2021-01-01':'2021-12-31']        # 2021년 1년간 거래 내역
df2 = df1.copy()
df2['ret']  = (df2['Close'].pct_change())*100  # 일별 수익률 계산
df3 = df2['ret']
r = df3.dropna()
len(r)                                          # 1년 거래일 수
```

Out
```
244
```

2021년 주식이 거래된 244일 중에서 삼성전자의 주가가 상승한 날은 110일이고, 2021년 중 삼성전자의 주가가 상승한 비율은 44.5%입니다.

In
```
positive = 0
n = len(r)

for i in range(n):
    if r[i] > 0 :
        positive = positive + 1
negative = n - positive

p_rate = positive / n
```

In
```
positive  # 1년 중 주가가 상승한 일수
```

Out
```
110
```

In
```
p_rate  # 1년 중 주가 상승한 비율
```
Out
```
0.44534412955465585
```

삼성전자 주가가 5일 중 3일이 오를 확률을 구해보도록 합시다. 다음날 주가가 오를지 내릴지를 베르누이 확률변수로 표현할 수 있고 이를 이항분포로 설명할 수 있습니다. 주식가격이 오르는 날 수를 X라고 하면, $X=X_1+X_2+X_3+X_4+X_5$로 표현할 수 있고, $X \sim B(5,0.445)$입니다. 따라서 5일 중 주식가격이 3일 오를 확률은 다음과 같이 27.2%를 확인해 볼 수 있습니다.

$$P(X=3) = \frac{5!}{3!(5-3)!}(0.445)^3 \cdot (1-0.445)^2 \approx 27.2\%$$

이를 코드로 표현하면 다음과 같습니다.

In
```
import math

a = math.factorial(5)
b = math.factorial(3) *math.factorial(2)
c = ((p_rate)**3) * ((1-p_rate) **2)
number = a/b

prob = number * c
prob
```
Out
```
0.2717280195392497
```

합의 표준오차

앞에서 살펴본 바와 같이 2021년 중 삼성전자의 주가가 244일 거래일 중 110일 상승하는 것으로 나타났습니다. 그렇다면 삼성전자의 주가가 1년 중 오를 변동성(확률오차)을 구해보도록 합시다. 이는 다음과 같이 삼성전자의 주가가 오르는 날의 표준오차로 나타낼 수 있습니다.

$$\text{합의 표준오차} = \text{상자의 표준편차} \times \sqrt{\text{추출 횟수}}$$

합의 표준오차를 알기 위해서는 먼저 상자모형을 설정하고 상자의 표준편차를 구해야 합니다. 상자 안에 1이 445장, 0이 555장 있다고 합시다. 이때 상자의 표준편차는 0.4964입니다.

$$\begin{aligned}\text{상자의 표준편차} &= \sqrt{VAR(X_1)} = \sqrt{E(X_1) - E^2(X_1)} \\ &= \sqrt{[1 \cdot 0.445 + 0 \cdot (1-0.445)] - [1 \cdot 445 + 0 \cdot (1-0.445)]^2} \\ &= \sqrt{0.445 - 0.445^2} = \sqrt{0.445(1-0.445)} \approx 0.4964\end{aligned}$$

따라서 합의 표준오차는 약 8일($0.4964 \times \sqrt{244} \approx 7.8$)입니다. 즉, 삼성전자 주가의 경우 1년 중 110일 주변으로 약 8일 전후로 오른다고 할 수 있습니다. 이를 코드로 표현하면 다음과 같습니다.

In
```
se = np.sqrt(p_rate * (1-p_rate)) * np.sqrt(n)
se
```

Out
```
7.817109440195909
```

비율의 표준오차

삼성전자 주가가 2021년 거래일 중에서 오를 확률은 44.5%입니다. 이때 삼성전자의 주가가 오를 비율의 변동성(확률오차)을 아래 공식을 이용하여 구해보도록 합니다.

$$\text{평균의 표준오차} = \text{상자의 표준편차} \,/\, \sqrt{\text{추출 횟수}}$$

상자의 표준오차는 0.4964이고, 1년 중 거래 일자는 244일입니다. 따라서 평균의 표준오차는 약 3.2%($0.4964 / \sqrt{244} \approx 3.2\%$)입니다. 즉, 삼성전자의 주가는 1년 중 약 44.5% 비율 주변으로 약 3% 전후로 오른다고 할 수 있습니다. 이를 코드로 표현하면 다음과 같습니다.

In
```
se2 = np.sqrt(p_rate * (1-p_rate))  /  np.sqrt(n)
se2 * 100
```

Out
```
3.1623591858737727
```

데이터 분석

4.7 주식투자 시 최대 예상손실액 구하기

삼성전자 주식에 1억 원을 투자하여 6개월(125영업일 가정) 보유할 경우 발생 가능한 최대 손실액(95% VaR)을 구해 봅시다. VaR(Value at riks)는 위험관리를 위해 만들어진 개념입니다. 정상적인 시장여건하에서 일정 기간 동안 발생할 수 있는 '최대 손실금액'을 의미합니다. 예를 들어, 신뢰수준 95%, 보유기간 6개월에서 산출된 VaR가 1억 원이라고 한다면, 이는 해당 자산의 가치 변동으로 인해 6개월 동안 발생할 수 있는 손실금액이 1억 원을 넘지 않을 확률이 95%, 1억 원을 초과할 확률이 5%라는 의미로 해석할 수 있습니다.

삼성전자의 과거 10년간의 일별 수익률 표본으로부터 6개월(125개)의 일별 수익률을 무작위 복원추출하여 부트스랩 표본 평균수익을 구합니다. 이러한 과정을 1,000번 반복하면 1,000개의 평균수익률을 구하여 확률 히스토그램을 구합니다. 이러한 확률 히스토그램의 상위 95%(하위 5%)에 해당하는 수익률에 1억 원을 곱한 금액이 95% 유의수준에서 최대 예상 손실액이 됩니다.

삼성전자의 로그수익률을 구합니다. 로그수익률은 연속복리수익률을 의미합니다. 일반적인 수익률의 경우 플러스 수익률은 무한대의 범위를 갖는 반면, 마이너스

수익률은 -100%까지 범위를 갖게 됩니다. 로그수익률의 경우 특정 기간에 로그수익률은 매기의 로그수익률을 더하는 것과 같습니다. 이러한 특징을 이용하기 위해 로그수익률을 사용합니다.

In
```
df['ret'] = (np.log(df.Close) - np.log(df.Close.shift(1)))    # 로그수익률
df1 = df.loc[ '2012-01-01':'2021-12-31']                       # 10년간 거래 내역
df2 = df1.dropna()
df2 = df2['ret']
len(df2)
```

Out
```
2463
```

10년간 거래 내역에 해당하는 2,463개의 일별 로그수익률에서 125개의 로그수익률을 무작위 복원추출하여 합산 로그수익률을 구합니다. 이러한 과정을 1,000번 반복합니다.

In
```
sum_boots = []

days = 125  # 투자 일수
n = 1000    # 반복실행 횟수

for i in range(n):
    sample = np.random.choice(df2, size=days, replace=True)
    sample_sum = sample.sum()
    sum_boots.append(sample_sum)
len(sum_boots)
```

Out
```
1000
```

1,000개의 로그수익률을 히스토그램을 그리면 다음과 같습니다.

In
```
fig, ax = plt.subplots(figsize=(8,5))
ax.hist(sum_boots, alpha=0.3, bins=100)
ax.grid(True)
ax.set_xlim((-1, 1))
plt.show()
```

Out

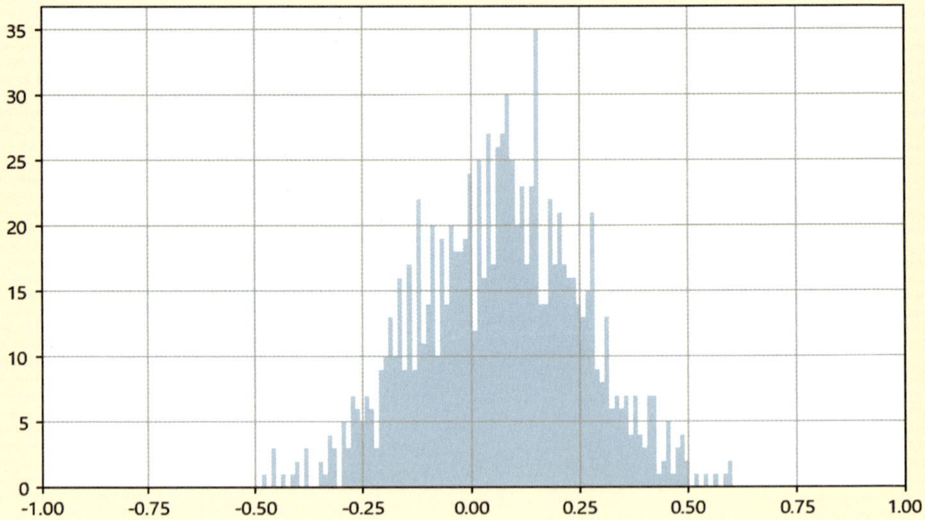

1억 원을 투자하여 6개월 보유했을 때 95% VaR로 계산한 최대 예상손실액은 2,149만 원입니다.

In

```
ret = np.array(sum_boots)
ret5 = np.percentile(ret, 5)
Ret5 = np.exp(ret5) - 1  # 로그수익률을 일반수익률로 변환
Ret5
```

Out

```
-0.21489995203354062        # 하위 5% 일반수익률
```

In

```
VaR95= Ret5*100000000
VaR95
```

Out

```
-21489995.20335406
```

Note 수익률과 로그수익률

이자를 n번 균분지급하며, 지급된 이자 또한 모두 재투자되는 복리상품을 생각해 봅시다.

$$R_t + 1 = \left(1 + \frac{r_t}{n}\right)^n, \; r_t\text{: 복리이자, } R_t\text{: 수익률}$$
$$R_t = \left(1 + \frac{r_t}{n}\right)^n - 1$$

만약, n을 무한대로 쪼개서 이자를 균등분할하면,

$$R_t = \lim_{n \to \infty}\left(1 + \frac{r_t}{n}\right)^n - 1 = e^{r_t} - 1$$
$$e^{r_t} = R_t + 1$$

여기서 양변에 로그를 취하면,

$$r_t = \ln\left(\frac{p_t - p_{t-1}}{p_{t-1}} + 1\right) = \ln\left(\frac{p_t - p_{t-1} + p_{t-1}}{p_{t-1}}\right) = \ln\left(\frac{p_t}{p_{t-1}}\right) = \ln(p_t) - \ln(p_{t-1})$$

입니다. 즉, 로그수익률은 무한 복리 약정이자율입니다. 주식수익률은 (+)는 무한대인 반면, 한계는 −100%입니다. 로그수익률은 (+), (−) 모두 무한대입니다.

특정 기간의 로그수익률은 각각의 수익률은 더하면 됩니다.

$$\ln\left(\frac{p_2}{p_0}\right) = \ln\left(\frac{p_2}{p_1}\frac{p_1}{p_0}\right) = \ln\left(\frac{p_2}{p_1}\right) + \ln\left(\frac{p_1}{p_0}\right) \equiv r_2 + r_1$$

로그수익률(r_t)을 일반수익률(r)로 다음과 같이 변환할 수 있습니다.

$$r_t = \ln\left(\frac{p_t}{p_{t-1}}\right)$$

여기서 양변에 지수를 취하면, 다음과 같습니다.

$$e^{r_t} = e^{\ln\left(\frac{p_t}{p_{t-1}}\right)} = \frac{p_t}{p_{t-1}}$$
$$\frac{p_t}{p_{t-1}} = e^{r_t}$$
$$\frac{p_t - p_{t-1}}{p_{t-1}} = e^{r_t} - 1$$
$$r = e^{r_t} - 1$$

분석 과제 특정 주식투자 시 최대 예상손실액 구하기

1. 오픈 API를 이용하여 본인이 관심 있는 주식 또는 ETF 상품에 대한 데이터를 최근까지 3년 이상 일별 데이터를 수집하고 맨 앞 5개 데이터를 보입니다.

2. 일별 로그수익률을 구하고 이를 히스토그램으로 나타냅니다.

3. 최근 1년 거래내역을 추출합니다.

4. 최근 1년 거래내역 중 주가가 오른 비율을 구합니다.

5. 해당 주식이 10일 중 7일 오를 확률을 이항분포를 이용하여 구합니다.

6. 해당 주식이 1년 중 며칠 오르는지와 그 변동성을 보입니다.

   (예) 해당 주식은 1년 중 평균 145일을 주변으로 약 8일 전후로 오릅니다.

7. 해당 주식이 1년 중 몇 % 오르는지와 그 변동성을 보입니다.

   (예) 해당 주식은 1년 중 평균 58.9%를 주변으로 약 3% 전후로 오릅니다.

8. 부트스트랩핑 방법을 이용하여 해당 주식을 앞으로 125일 동안 투자할 경우 예상 수익률 분포를 히스토그램으로 나타냅니다.

   (참고) 거래일 수: 125일, 반복 시행 수: 1,000번

9. 주식 2억을 가지고 해당 주식으로 125일 거래할 경우 95% VaR로 계산한 최대 손실액을 구합니다.

Chapter

5

표본추출

가구 평균 소득에 대한 신뢰구간

개념

5.1 모집단과 표본

경제를 분석할 때 관심 있는 주제에 부합되는 모든 자료를 조사하기는 불가능합니다. 따라서 대부분 표본을 추출하여 분석합니다. 분석의 대상이 되는 전체가 모집단(population)이고 통계처리의 대상이 되는 부분집단이 표본(sample)입니다. 모집단의 특성을 수치로 나타낸 것을 모수(parameter)라 하고, 표본으로부터 계산할 수 있는 값을 통계량(statistic)이라 합니다. 통계량은 사전적 의미의 확률변수이고 통계량이 사후적으로 실현된 값이 통계치입니다. 표본에서 알아낸 정보를 바탕으로 모집단의 특성을 알아내는 과정을 추론(inference)이라 합니다.

모집단의 특성인 모수는 알 수 없으므로 표본으로부터 구한 통계량을 이용하여 모수를 추정(estimate)하거나 통계량이 모수를 어느 정도 반영하고 있는지 검정(test)합니다. 표본에 따라 모든 통계치가 달라지므로 모집단의 특정을 잘 반영하는 표본을 추출하는 것이 중요합니다. 표본으로부터 모수를 추정하려면 표본이 모집단을 대표해야 합니다. 표본만 봐서는 표본이 모집단을 제대로 대표하는지를 판단하기 어려우므로 표본추출과정에서 표본이 모집단과 어떠한 체계적인 차이를 드러내는지를 잘 살펴보아야 합니다.

표본이 모집단을 대표하려면 표본 추출에 있어서 왜곡이 없어야 합니다. 표본과 집단과의 체계적인 차이를 편의(bias)라고 합니다. 가장 대표적인 편의가 표본추출편의(sample selection bias)입니다. 표본추출편의는 표본이 모집단을 확률적으로 대표하지 못하는 것입니다. 예를 들어, 우리나라 성인의 소득을 조사한다고 할 때 표본대상을 대기업 종사자로 하는 경우에는 표본이 모집단을 대표하지 못해 표본추출편의가 발생합니다.

개념

5.2 확률오차와 표준오차

체계적인 편의(bias)가 없더라고 추정치와 모집단의 참값을 다르게 하는 것이 확률오차입니다. 추정치는 참값으로부터 확률오차만큼 벗어납니다. 예를 들어 상자 안에 0과 1, 카드가 있을 때 표본은 상자로부터 무작위로 추출한 카드입니다. 표본에서 1의 비율은 모집단에서의 1의 비율에서 확률오차를 더한 값입니다.

확률오차의 크기는 표준오차를 이용하여 측정합니다. 예를 들어, 표본평균의 표준오차는 표본평균이 해당 기댓값으로부터 어느 정도나 떨어져 있는지 알려줍니다. 따라서 표준오차는 표본합, 표본평균, 표본비율에 따라 각기 다른 표준오차를 가집니다.

한 대학의 신입생이 3,874명이고 여기서 남학생의 구성비가 56%라고 가정해 봅시다. 대학본부에서 면담을 통해 신입생의 희망 진로에 대해 알아보고자 할 때 모든 신입생을 면담하기가 어려워서 100명의 표본을 컴퓨터의 난수발생기(random number generator)를 통해 추출하고자 할 때 표본으로 추출된 학생 중 남학생비중은 확률오차로 인해 56%와는 다르게 됩니다. 3,874명 중 100명을 뽑을 경우의 수는 ${}_{3874}C_{100} = \frac{3874!}{100! \cdot 3774!}$ 가지의 서로 다른 표본이 존재합니다. 각기 다른 표본에서 남학생이 차지하는 비율에 대한 기댓값은 56%이지만 실제 나오는 숫자는 확률오차 때문에 이와는 다를 것입니다. 대수의 법칙에 따라 합의 표준오차와 비율의 표준오차는 아래와 같이 구할 수 있습니다.

$$\text{합의 표준오차} = \text{상자의 표준편차} \times \sqrt{\text{표본크기}}$$
$$\text{비율의 표준오차} = \text{상자의 표준편차} \div \sqrt{\text{표본크기}}$$

상자모형을 이용하여 합의 표준오차와 비율의 표준오차를 각각 계산해 봅시다. 상자 안에는 1(남학생)과 0(여학생) 카드가 각각 2,170장, 1,704장으로 구성된 모집단에서 무작위로 100개를 추출한다고 했을 때 이때 상자의 표준편차($\sqrt{0.56 \times 0.44}$)는 0.496입니다. 이를 이용하면 100개를 뽑았을 때 합의 표준오차($0.496 \times \sqrt{100}$)는 4.96이고 비율의 표준오차($0.496/\sqrt{100}$)는 0.0496입니다. 따라서 상자에서 100개의 카드를 뽑았을 때 1이 나오는 개수의 기댓값은 56개이며 확률오차는 약 5입니다. 즉, 추출 대부분이 56±5개 사이에서 나온다는 의미입니다.

한편, 1이 나오는 비율에 대한 기댓값은 0.56%이며 이때의 확률오차는 0.0496입니다. 즉, 1이 나오는 비율은 0.56±0.0496 사이에서 집중되어 있다는 의미입니다.

Note 두 종류의 카드만 있는 상자의 표준편차

상자에 a, b와 같이 두 종류의 카드만 있고($b > a$), 큰 수인 b의 비율이 p이고 a의 비율이 $1-p$라고 가정합시다($0 \le p \le 1$). 이 상자로부터 한 장의 카드를 뽑을 때, 카드에 적힌 숫자를 X_1이라고 하면, 이때 상자의 표준편차는 X_1의 표준편차와 같습니다.

$$\begin{aligned}\text{상자의 표준편차} &= \sqrt{Var(X_1)} = \sqrt{E(X_1^2) - E^2(X_1)} \\ &= \sqrt{b^2p + a^2(1-p) - (bp + a(1-p))^2} \\ &= \sqrt{(b^2 + a^2 - 2ab)p(1-p)} = (b-a)\sqrt{p(1-p)} \\ &= (\text{큰 수} - \text{작은 수})\sqrt{\text{큰수의 비율}(1 - \text{작은수의 비율})}\end{aligned}$$

표본추출과 확률오차

표본크기가 많아지면 표본비율의 표준오차가 적어집니다. 서울의 한 선거구의 유권자가 10만 명이라고 가정해 봅시다. 이 선거구에서 유권자 100명을 무작위로 추출하여 조사해보니 표본 내 특정 후보에 대한 지지율이 53%라고 할 때, 이 후보자의 당선이 거의 확실한지 알아보도록 합시다. 유권자마다 한 장씩 총 10만 장이 들어 있는 상자모형을 고려해 봅시다. 특정 후보를 지지하면 1, 지지하지 않으면 0이라고 하면, 이 상자의 표준편차 ($\sqrt{0.53 \times 0.47}$)는 0.499이고 표본지지율의 표준오차 ($0.499/\sqrt{100}$)는 0.0499로 약 5%입니다. 해당 특정 후보의 지지율의 범위는 48%에서 58% 사이(53%±5%)입니다. 해당 지지율의 범위에 50% 미만 구간이 포함되어 있어서 당선을 장담할 수 없습니다. 이번에는 유권자 2,500명을 추출하여 조사해본 결과 특정 후보에 대한 지지율이 52%라고 할 때, 이 후보의 당선 가능성은 어떠한지 살펴봅시다. 상자의 표준편차($\sqrt{0.52 \times 0.48}$)는 0.4996이므로 표본에 대한 지지율의 표준오차($0.4995/\sqrt{2500}$)는 0.01로 약 1%입니다. 따라서 해당 후보의 지지율의 범위는 51%에서 53% 사이(52%±1%)로 모든 구간에서 50%를 초과하고 있으므로 당선이 거의 확실하다고 볼 수 있습니다. 이처럼 평균의 법칙에 이해 표본크기가 커지면 표본비율의 확률오차는 감소하여 표본비율이 점차 모비율로 수렴하게 됩니다.

개념

5.3 신뢰도와 신뢰구간

유권자 10만 명인 선거구에서 2,500명에 대한 무작위 설문조사를 통해 특정 후보에 대한 지지율이 52%이고 표본지지율의 표준오차(Standard Error, SE)는 약 1%로 추정된다고 할 때 모집단에서 지지율을 추정할 수 있습니다. 표준오차 1%는 확률오차를 의미합니다. 따라서 모집단에서 지지율은 52%±1%라고 여길 수 있습니다.

정규분포곡선을 활용해서 표준오차 1%의 의미를 해석해보도록 합니다. 이전에서도 살펴보았지만, 정규분포곡선에서 52%±1SE(51%~53%)에 해당하는 정규분포곡선의 아래 면적의 합은 68%입니다. 따라서 정규분포곡선의 수학적인 성질을 이용하여 표준오차가 가지는 의미를 수치적으로 이해할 수 있습니다. 52%±2SE(50%~54%)는 정규분포곡선 아래 면적의 95%를 차지하고 있습니다. 이 경우 "표본비율로 모비율을 추정할 때 모비율에 대한 약 95%의 신뢰도를 가진 신뢰구간(confidence interval)은 50%에서 54%이다"라고 합니다. 이를 다르게 표현하자면 특정 후보에 대한 지지율이 (50%, 54%)의 구간에 있을 것으로 95% 신뢰한다는 의미입니다. 52%±3SE(49%~54%)는 정규분포곡선 아래 면적으로 99.7%를 차지하고 있으므로 "특정 후보의 지지율이 (49%~54%)에 있을 것으로 99.7% 신뢰한다"라고 표현하거나 "99.7% 신뢰도를 가진 신뢰구간은 (49%~54%)이다"라고 표현합니다.

신뢰도는 '대략' 얼마의 의미입니다. '대략'이라고 표현한 이유는 두 가지로 설명할 수 있습니다. 첫째, 표준오차를 구할 때 모비율을 사용한 것이 아니라 표본비율을 사용하였기 때문입니다. 둘째, 표본비율의 확률 히스토그램 대신에 정규분포곡선을 이용하였기 때문입니다. 표본비율의 분포를 정규분포로 근사시키려면 표본이 커야 합니다.

신뢰구간의 해석

표본을 통해서 모비율과 추정하고 이를 바탕으로 신뢰구간을 구합니다. 표본이 바뀔 때마다 신뢰구간도 바뀝니다. 95% 신뢰구간의 의미는 우리가 표본을 100번 추

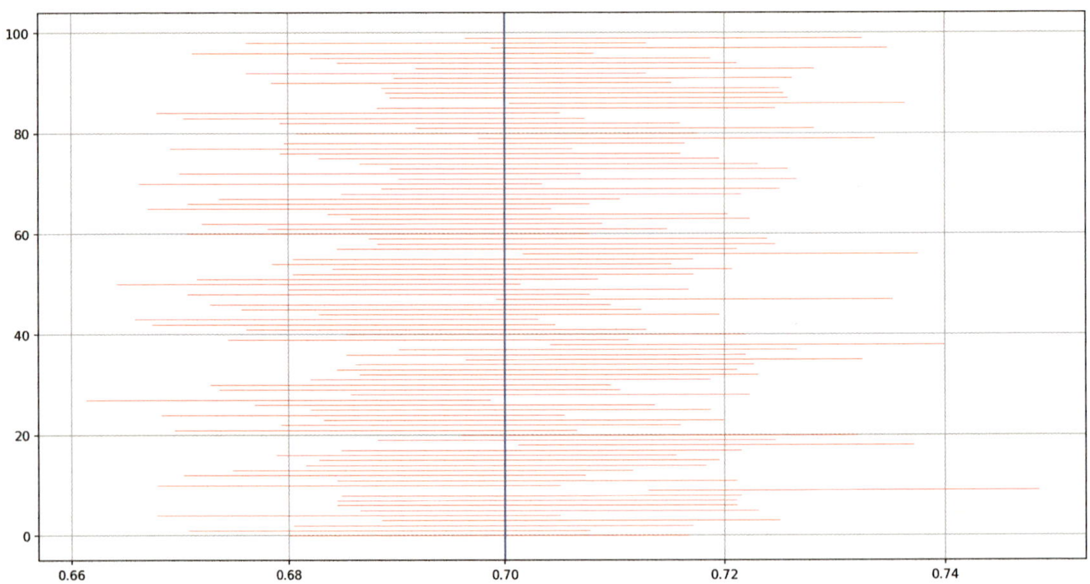

그림 1 신뢰구간이 모비율을 포함하고 있는 비율

출할 경우 모비율이 우리가 추정한 100개의 신뢰구간 안에 95번 들어가 있고, 5번은 신뢰구간 밖에 들어 있다는 의미입니다.

상자 안에 붉은 카드와 푸른 카드가 들어 있으며, 붉은 카드의 비율은 70%입니다. 〈그림 1〉은 상자 안의 붉은색 카드의 비율을 구하기 위해 2,500장의 카드를 무작위 복원추출하여 붉은 카드의 비율에 대한 95% 신뢰구간을 구한 것입니다. 이러한 시행을 100번 시행하여 100개의 신뢰구간을 구해보면 다음 그림과 같이 약 95개의 신뢰구간은 모비율 70%를 포함하고 있으며 약 5개의 신뢰구간은 모비율 70%를 포함하고 있지 않음을 알 수 있습니다.

개념

5.4 표본평균의 정확성

표본평균의 기댓값과 표준오차

모집단에서 표본을 무작위 추출을 했을 때 추출할 때마다 표본의 내용이 달라지고 이에 따라 표본평균도 달라집니다. 이렇게 구한 표본평균을 믿을 수 있는지에 대한 질문은 표본평균이 모평균(상자의 평균)과의 차이가 얼마인지와 같은 질문입니다. 확률오차는 표준오차 방식으로 계산되기 때문에 결국 표준오차를 이용하여 표본평균이 얼마나 믿을 수 있는지를 판단해야 합니다. 상자모형에서 표본평균의 기댓값은 상자의 평균이고 표본평균의 표준오차는 표본표준편차와 표본크기를 이용하여 다음과 같이 구합니다.

$$\begin{aligned}\text{표본평균의 표준오차} &= \text{모표준편차}(\sigma) \,/\, \sqrt{\text{표본크기}} \\ &\approx \text{표본표준편차}(SD) \,/\, \sqrt{\text{표본크기}}\end{aligned}$$

Note 표본평균의 표준오차

$$\sigma_{\overline{X}}^2 = V(\overline{X}) = Var\left(\frac{X_1 + X_2 + \cdots + X_n}{n}\right)$$
$$= \frac{1}{n^2} V(X_1 + X_2 + \cdots + X_n), \because V(nX) = n^2 V(X)$$
$$= \frac{1}{n^2} \{ V(X_1) + V(X_2) + \cdots + V(X_n) \}, \because V(X+Y) = V(X) + V(Y)$$
$$= \frac{1}{n^2} \{ \sigma^2 + \sigma^2 + \cdots + \sigma^2 \} = \frac{1}{n^2} \times n\,\sigma^2 = \frac{\sigma^2}{n}$$

따라서 . $\sigma_{\overline{X}} = \dfrac{\sigma}{\sqrt{n}}$

예를 들어 3부터 9까지 카드가 1장씩 들어 있는 상자로부터 25회 무작위 복원추출하는 경우 표본평균의 기댓값과 표준오차를 구해보도록 합니다. 상자의 평균은 6이고 상자의 표준편차는 2이므로 표본평균의 표준오차는 $2/\sqrt{25} = 0.4$ 입니다. 따라서 표본평균은 6±0.4로 표시됩니다.

표본평균으로부터 모평균 추정하고 신뢰구간 구하기

상자 안의 카드에 대한 정보가 없을 때, 표본평균으로부터 상자의 평균을 추정하고자 합니다. 이를 통계적 추론(statistical inference) 또는 추론이라고 합니다. 표본평균으로부터 모평균을 얼마나 정확하게 추정하는지, 얼마나 신뢰할 수 있는지는 확률오차를 가지고 판단합니다. 확률오차가 적으면 표본평균의 정확성과 신뢰도가 높아집니다. 하지만 확률오차의 값은 표본마다 다르고 얼마가 될지 정확히 알 수 없습니다. 따라서 확률오차의 대략적인 크기를 표준오차로 측정합니다.

예를 들어, 어느 도시에 살고 있는 가구의 연평균 소득을 알고자 합니다. 해당 도시에서 표본추출한 10,000가구의 평균 소득이 4,500만 원, 표준편차가 4,000만 원일 때 해당 도시 가구의 평균 가구소득을 추정하고 95% 수준의 신뢰구간을 구해 봅시다. 추출한 가구의 표준편차가 4,000만 원이므로 표본평균의 표준오차는 40만 원($4,000 / \sqrt{10,000}$)입니다. 따라서 해당 도시 가구의 평균 소득은 4,500±40만 원입니다. 모평균에 대한 95% 신뢰구간은 기댓값±2×표준오차에 해당하는 구간인 4,500±80만 원입니다.

신뢰구간을 쓸 때 정규분포곡선의 성질을 이용하는 이유는 중심극한정리 때문입니다. 중심극한정리를 적용하면 개별관측치의 히스토그램이 정규분포곡선과 다르더라도 표본평균의 확률 히스토그램은 표본크기가 커지면 그 모양이 정규분포곡선과 유사해집니다.

다음 〈그림 2〉는 어느 도시의 총자산 분포를 보이고 있습니다. 해당 도시의 모집단 분포는 자산의 분포는 평균 4.1억 원, 최소는 100만 원, 최대는 151억 원입니다. 모집단의 분포는 오른쪽의 긴 꼬리 모양을 보이고 있습니다. 이러한 모집에서 1,000가구를 표본추출하여 그린 표본의 분포는 모집단의 분포와 비슷한 모양을 보이고 있

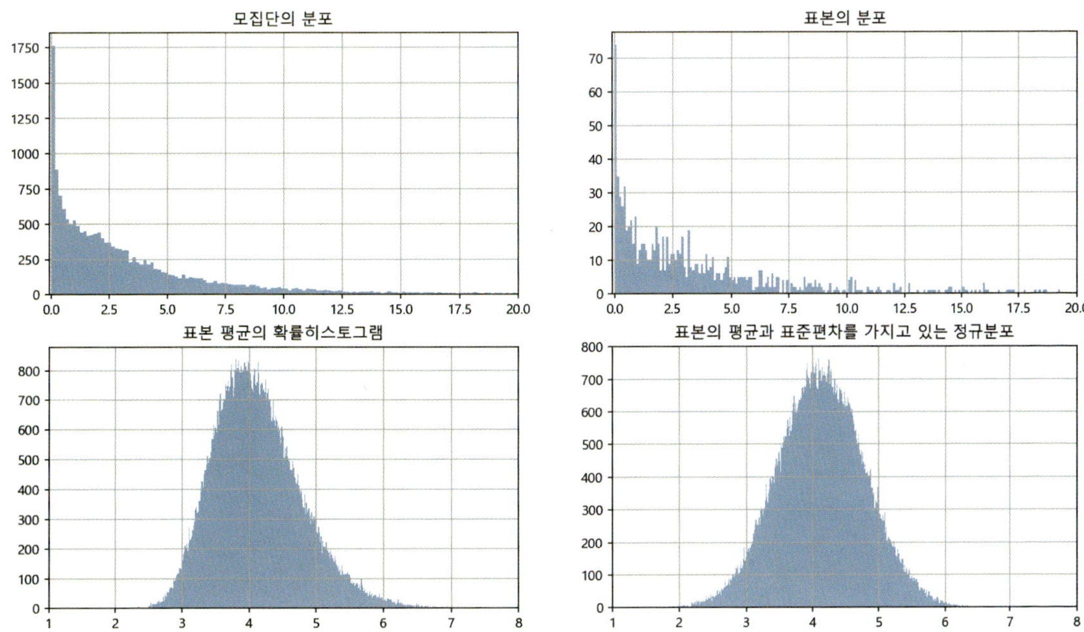

그림 2 모집단의 분포, 표본의 분포, 표본평균의 확률 히스토그램

습니다. 이러한 표본을 100,000번 반복하여 평균을 구한 표본평균의 분포는 〈그림 2〉의 오른쪽 아래 그림과 같습니다. 모집단의 분포와 표본의 분포는 각 가구의 자산 분포로서 정규분포와는 다른 모양을 보이고 있으나, 표본평균의 확률 히스토그램은 정규분포곡선과 비슷한 모습을 보이고 있습니다.

데이터 분석

5.5 파이썬: 조건문

5장의 실습에 필요한 조건문과 numpy 패키지에서 주로 사용되는 array문을 살펴보기로 합시다.

분석에 필요한 패키지

In

```
import numpy as np
```

if 조건문

조건문은 특정 조건을 만족할 때 실행되도록 하는 문법입니다. 파이썬에서 if 조건문의 형식은 다음과 같습니다.

```
if 조건1:
    조건1을 만족할 때 실행 코드
elif 조건2:
    조건2를 만족할 때 실행 코드
```

else:
    조건1과 조건2를 만족하지 않을 때 실행 코드

if 조건문에서 if문은 한 번만 사용하지만 elif 문은 여러 번 반복해서 사용할 수 있습니다. 어떤 조건에도 해당되지 않을 때는 else를 사용합니다. elif와 else 문을 사용하지 않고 if문만 사용해도 됩니다. if문 조건에는 비교연산자, 논리연산자, 멤버연산자를 사용할 수 있습니다. 해당 연산 결과가 True일 때 조건이 실행됩니다.

다음 코드는 비교연산자를 사용하여 두 숫자를 비교한 결과를 출력하는 내용입니다.

In
```
x = 3
y = 5
```

In
```
if x > y:  # x와 y를 비교하여 해당 내용을 출력합니다.
    print('x가 y보다 큽니다.')
elif x < y:
    print('x가 y보다 작습니다.')
else:
    print('x와 y는 같습니다.')
```

Out
```
x가 y보다 작습니다.
```

다음 코드는 멤버연산자를 사용하여 연산 결과를 출력하는 내용입니다.

In
```
data = [2,4,6,8]
```

In
```
3 in data
```

Out
```
False
```

In
```
4 in data
```

Out
```
True
```

Note 다양한 연산자

① 비교연산자는 부등호(<, >=, <, <=), 같음(==), 같지 않음(!=)으로 이루어져 있습니다.

② 논리연산자는 and, or, not 연산자를 사용하는 연산자입니다.

논리연산자	파이썬에서 사용법	설명
and	A and B	A와 B가 모두 참이면 참
or	A or B	A와 B 중 하나라도 참이면 참
not	not A	A가 참이면 거짓, A가 거짓이면 참

③ 멤버연산자는 **in 앞에 있는 값이 in 뒤에 있는 반복 가능한 객체에 있는지 확인**하여 True와 False를 정합니다.

이번에는 numpy array의 주요 기능을 살펴보도록 하겠습니다.

numpy array

리스트를 행과 열로 표시되는 array 형식으로 바꾸고 행과 열의 수를 shape 명령어로 확인합니다.

In
```
x = np.array([[1, 2, 3], [4, 5, 6]], np.int32)  # 리스트를 array 형식으로 변환
x
```

Out
```
array([[1, 2, 3],
       [4, 5, 6]])
```

In
```
x.shape  # x의 행과 열의 개수 확인
```

Out
```
(2, 3)
```

indexing

In
```
x[1,2]  # x의 두 번째 행과 3번째의 열의 값을 반환
```

Out	6

```
In   y=x[:, 1]  # x의 두 번째 열의 값을 반환
     y
```

```
Out  array([2, 5])
```

change

```
In   y[0]
```

```
Out  2
```

```
In   y[0] = 9  # y의 첫 번째 원소를 9로 바꿉니다.
     y
```

```
Out  array([9, 5])
```

```
In   n = 5
     interval = np.zeros((n, 3))  # 행이 5열이 3인 0 매트릭스를 생성합니다.
     interval
```

```
Out  array([[0., 0., 0.],
            [0., 0., 0.],
            [0., 0., 0.],
            [0., 0., 0.],
            [0., 0., 0.]])
```

```
In   interval.shape
```

```
Out  (5, 3)
```

```
In   interval[0][1] = 2
     interval  # 첫 번째 열, 두 번째 행을 2로 대체합니다.
```

```
Out  array([[0., 2., 0.],
            [0., 0., 0.],
            [0., 0., 0.],
            [0., 0., 0.],
            [0., 0., 0.]])
```

데이터 분석

5.6 가계금융복지조사 데이터 수집

통계청(https://kostat.go.kr/portal/korea/index.action)에서는 마이크로데이터를 제공하고 있습니다. 해당 사이트는 통계청과 정부 각 부처, 지자체, 연구기관 등이 생산하는 마이크로데이터를 통합하여 제공하고 있습니다.

MDIS 이용을 위한 회원가입 및 로그인

마이크로데이터 서비스를 이용하기 위해서는 통계청 사이트에 회원가입 및 로그인을 해야 합니다.

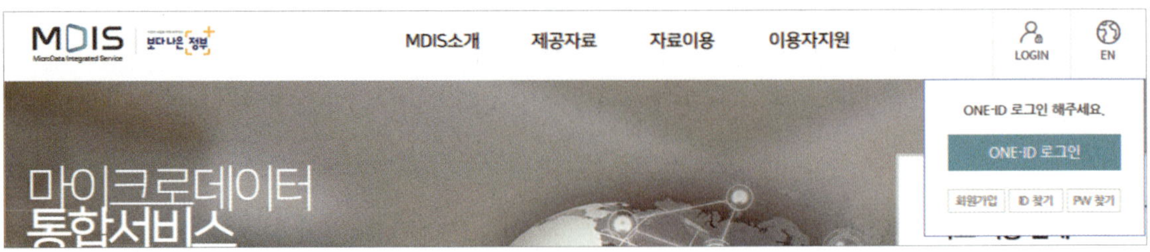

MDIS 다운로드 서비스 이용

2020년 기준 가계금융복지조사 데이터를 다운로드받기 위해서는 "다운로드 서비스/소득소비자산/가계금융복지조사/가구마스트(제공)/2020년도"를 클릭합니다.

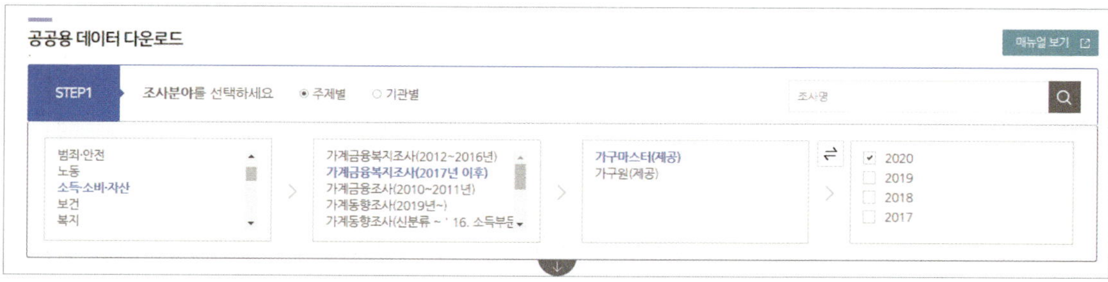

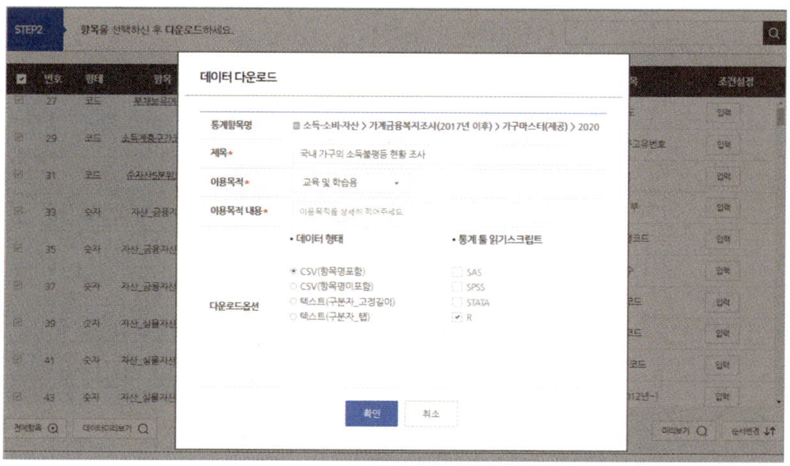

다운로드받을 데이터의 형태와 해당 데이터를 입수할 때 필요한 '통계 툴 읽기 스크립트'를 선택합니다. 파이썬에서는 읽기 스크립트를 제공하지 않기 때문에 R로 선택합니다.

일정 시간이 지난 다음 다운로드된 데이터를 저장합니다.

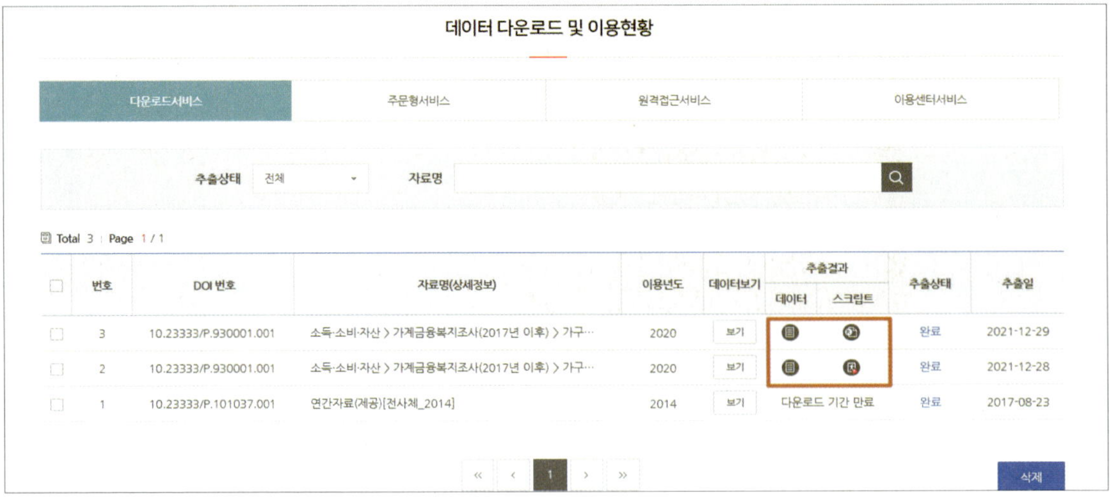

다운로드받은 데이터 저장

다운로드받은 가계금융복지조사 데이터를 판다스를 이용하여 읽은 다음, 열을 보여줍니다.

In
```
data = "C:\HSCHUNG\DB\KOREA\KOSIS\F01_가계금융복지조사\Y2020\DATA\HOUSEHOLD2020.csv"
df = pd.read_csv(data, encoding='CP949')  # CP949는 한글데이터를 깨지지 않고 읽을 수 있게 함
df.columns
```

Out
```
Index(['기준년도', 'MD제공용_가구고유번호', '가중값', '수도권여부', '가구주_성별코드', '가구원수', '노인가구코드', '조손가구코드', '한부모가구코드', '다문화가구(2012년~)', ... '원리금상환기인가계지출감소항목코드', 부채상환가능시기코드', '가구주_은퇴여부', '가구주_미은퇴_은퇴연령', '가구주_미은퇴_최소생활비', '가구주_미은퇴_적정생활비', '가구주_미은퇴_노후준비상황코드', '가구주_은퇴실제연령', '가구주_은퇴_적정생활비충당여부', '가구주은퇴_생활비재원마련코드(2014년~)'], dtype='object', length=153)
```

분석에 필요한 데이터 칼럼을 지정하여 읽은 다음, 분석의 편의를 위해 한글로 된 변수명을 영문으로 바꾸어 줍니다. 아울러 데이터의 저장형식을 확인합니다.

다. 모집단에서 500명을 표본추출하여 구한 소득의 95% 신뢰도를 가진 신뢰구간이 모평균을 약 95%를 포함하고 있음을 보여 신뢰구간의 의미를 이해해 봅시다.

신뢰구간

모집단이 18,063명인 소도시 시민 중 500명을 추출하여 평균과 표준편차를 구한 다음, 이를 바탕으로 95% 신뢰구간을 구해 봅시다. 이러한 과정을 100번 시행하여 95% 유의수준에서 신뢰구간의 상한과 하한을 구합니다. 이렇게 구한 신뢰구간이 모평균을 포함하고 있을 확률이 95%고, 신뢰구간이 모평균을 포함하지 않을 경우는 약 5%인 5개 내외입니다.

In

```
df = pd.read_csv("household_2020a.csv")
income = df['income_d'].dropna()
n = 1000

interval=np.zeros((n,2))  # lower bound, higher bound

for i in range(n):
    sample = np.random.choice(income, size=500, replace=True)
    se = np.std(sample) / np.sqrt(len(sample))
    mn = np.mean(sample)
    lb = mn - 2*se
    hb = mn + 2*se
    interval[i-1][0] = lb
    interval[i-1][1] = hb

df1 = pd.DataFrame(data=interval, columns=["lb","hb"])
df1['mean'] = np.mean(income)
df1
```

Out

	lb	hb	mean
995	4104.561686	4770.738314	4482.522531
996	4131.045502	4756.994498	4482.522531
997	4013.367986	4694.960014	4482.522531
998	3935.211749	4591.352251	4482.522531
999	4275.401744	4957.914256	4482.522531

In

```
df1['test_l'] = np.where(( df1['mean'] < df1['lb']), 1, 0)
df1['test_h'] = np.where(( df1['mean'] > df1['hb']), 1, 0)
df1['test_t'] = df1['test_l'] + df1['test_h']
df1.head()
```

Out

	lb	hb	mean	test_l	test_h	test_t
0	4017.042224	5082.009776	4482.522531	0	0	0
1	3998.687459	4704.500541	4482.522531	0	0	0
2	4290.468431	5018.199569	4482.522531	0	0	0
3	4215.498198	4847.637802	4482.522531	0	0	0
4	4126.910144	4835.285856	4482.522531	0	0	0

실제 다음과 같이 파이썬을 이용하여 분석해 본 결과 100번의 시행 중 신뢰구간이 모평균을 포함하지 않은 경우가 4번으로 나타났습니다.

In

```
df1['test_t'].sum()
```

Out

```
4
```

모평균과 95% 수준의 신뢰구간을 그래프로 나타내면 다음과 같습니다.

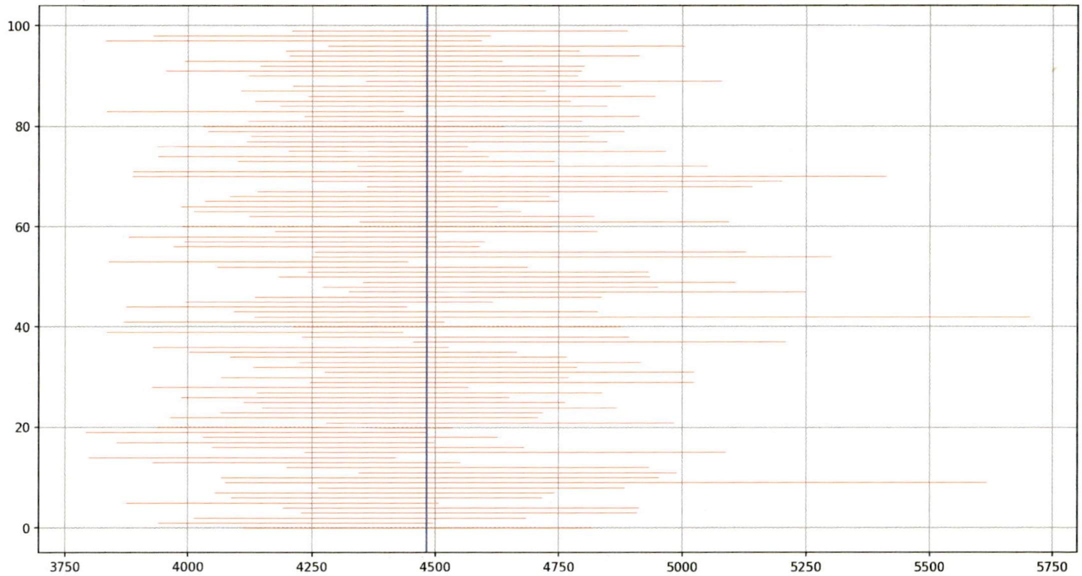

그림 3 가구 평균 소득에 대한 신뢰구간

분석 과제 최근 가계금융복지조사 분석하기

1. 통계청 마이크로데이터 사이트에 들어가서 회원가입을 하고, 최근 가계금융복지조사를 다운로드받아 파이썬 데이터프레임 형식으로 불러옵니다.

2. 불러온 데이터프레임 형식의 데이터에서 조사연도, 경상소득_보완 데이터만 추출하여 맨 앞 5개 데이터만 보입니다.

3. 데이터에서 조사연도는 year, 경상소득_보완은 income으로 이름을 바꾸고 결측치를 제거한 후 맨 앞 5개 데이터만 보입니다.

4. 해당연도 우리나라 가구의 평균 소득과 평균 소득의 95% 신뢰구간을 보입니다.

   (예) 202*년 우리나라 가구의 평균 소득은 **만 원이고 95% 신뢰구간은 **만 원에서 **만 원까지입니다.

5. 해당 데이터로부터 300가구를 무작위로 추출하여 평균 소득과 95% 신뢰구간을 보입니다.

6. 해당 데이터로부터 300가구 무작위 추출을 1,000회 반복하여 1,000개의 신뢰구간을 구하고, 모평균(조사연도 전체 평균)이 신뢰구간이 벗어날 확률을 구합니다.

7. 본인이 이해한 신뢰구간의 의미를 설명합니다.

Chapter

6

차이 검정

가구주 직업별 소득 차이 검정

개념

6.1 동일 집단 간 차이 검정

6.2 두 집단 간 차이 검정

6.3 세 개 이상 집단 간 차이 검정

데이터 분석

6.4 동일가구 소득 차이 검정

6.5 30대 1인 가구주 성별에 따른 소득 차이 검정

6.6 성별, 직업군별 소득 차이 검정

분석 과제

개념

6.1 동일 집단 간 차이 검정

유의성 검정

유의성 검정(significant test)은 통계에서 나타나는 현상이 우연인지 아니면 실질적인지를 밝혀내는 통계적 방법입니다. 예를 들어 봅시다. 한 연구자가 가구의 소득이 전년에 비해 크게 증가하였다고 주장한 반면 다른 연구자는 전년과 금년의 가구소득 증가가 있다면, 이는 우연에 의한 것이고 실질적인 소득의 증가는 없다고 주장한다고 가정해 봅시다. 그리고 이러한 주장을 매년 발표되는 가계금융복지조사를 통해 확인해보도록 합니다. 가계금융복지조사를 통해 동일 가구의 2년 치 소득을 모집단으로 간주합니다. 모집단에 속한 가구의 2년 소득을 살펴본 후 가구별로 그 차이를 다음과 같이 계산합니다.

차이 = 가구의 금년 소득 – 가구의 작년 소득

가구의 소득증가가 우연에 의한 것인지 아닌지를 파악하기 위해서 동일 가구를 대상으로 2년에 걸쳐 소득을 조사하였습니다. 13,910가구의 2년에 걸친 소득의 차이를 계산한 결과 동일 가구의 소득이 평균 167만 원 증가하였으며 동일 가구의 소득 차이의 표준편차는 2,606만 원으로 나타났습니다. 동일 가구의 소득 차이의 평균이 양수이므로 동일 가구의 소득이 전년보다 평균적으로 증가한 것입니다. 이러한 자료를 바탕으로 우리는 가구의 소득증가가 우연인지 아닌지 어떻게 판단할 수 있을까요?

귀무가설과 대립가설

이러한 상황을 상자모형으로 설명해보기로 합니다. 이 상자 안에는 동일한 가구의 2년에 걸친 소득의 차이가 적혀있는 종이가 들어 있다고 가정해 봅시다. 여기서 13,910개의 종이를 뽑아 평균을 내면 그 값은 167만 원이고 표준편차가 2,606만 원입니다.

표본조사를 통해 금년도 가구소득이 증가하였다는 것을 알았습니다. 하지만 이를 우연으로 볼 것인지, 아니면 실질적인 차이로 볼 것인지에 대한 논쟁이 있을 수 있습니다. 차이가 우연이라고 하는 주장을 귀무가설(null hypothesis), 차이가 실질적이라고 하는 주장을 대립가설(alternative hypothesis)이라고 합니다. 이러한 증명 방법은 모순에 의한 논증법입니다. 이 방법은 일단 귀무가설이 맞다고 인정하는 것입니다. 그다음 우리가 가지고 있는 통계량에 의해 그러한 귀무가설이 발생할 확률이 거의 없다고 하는 모순에 도달하면 귀무가설을 기각하게 됩니다.

귀무가설(歸無假設, null hypothesis): 상자의 평균이 0이다.
대립가설(對立假設, alternative hypothesis): 상자의 평균이 양수이다.

검정통계량과 유의수준

앞에서 설정한 귀무가설을 검정하기 위해서는 검정통계량이 필요합니다. 검정통계량은 자료에서 얻은 통계치와 귀무가설하에서 기대되는 값과의 차이를 측정하고, 이러한 차이를 표준오차로 나누어 준 값으로 계산합니다. 즉, 귀무가설이 맞다고 가정했을 때 그 차이를 표준오차 단위로 계산한 것이 검정통계량입니다. 이렇게 구한 검정통계량을 z−통계량(z−statistic)이라고 부르고 보통 z로 표시합니다. z 값은 표준정규분포를 따릅니다. 이와 같이 z 값을 이용한 검정을 z−검정(z−test)이라고 합니다. z 값이 크면 자료에서 얻은 통계치와 귀무가설이 주장하는 값과의 차이가 크다는 의미로 귀무가설이 받아들여질 가능성이 적다는 것을 의미합니다.

$$z = \frac{\text{통계량} - \text{기대값}}{\text{통계량의 표준오차}}$$

앞에서 살펴본 예에서 z 값을 구해보도록 합시다.

통계량과 기대값의 차이 = 통계량 – 기대값 = 167 − 0 = 167

통계량이 표준오차 = 표본표준편차 / $\sqrt{\text{표본크기}}$ = 2,607/ $\sqrt{13{,}910}$ = 22

$$z\ \text{값} = \frac{167\text{만 원} - 0\text{만 원}}{22\text{만 원}} = 7.6$$

표준정규분포에서 z 값이 7.6보다 클 확률은 0%입니다. 가구의 소득 차이가 우연에 의해 발행할 가능성이 0%라는 의미입니다. 이 확률을 관측된 유의수준(observed significance level) 또는 p값(p−value)이라고 합니다. 그렇다면 왜 표준정규분포에서 z 값이 7.6보다 클 확률(오른쪽 면적)을 구하는 것일까요? 이는 관측치의 평균이 더욱 극단적일 경우의 확률도 고려하기 위함입니다. 귀무가설이 옳다고 가정한 경우 표본을 통해서 구한 값이 더 극단적일 경우의 확률을 모두 더해도 5%가 되지 않으면 귀무가설이 옳다고 볼 수 없는 것입니다. 극단적인 확률을 모두 더해서 5%보다 적

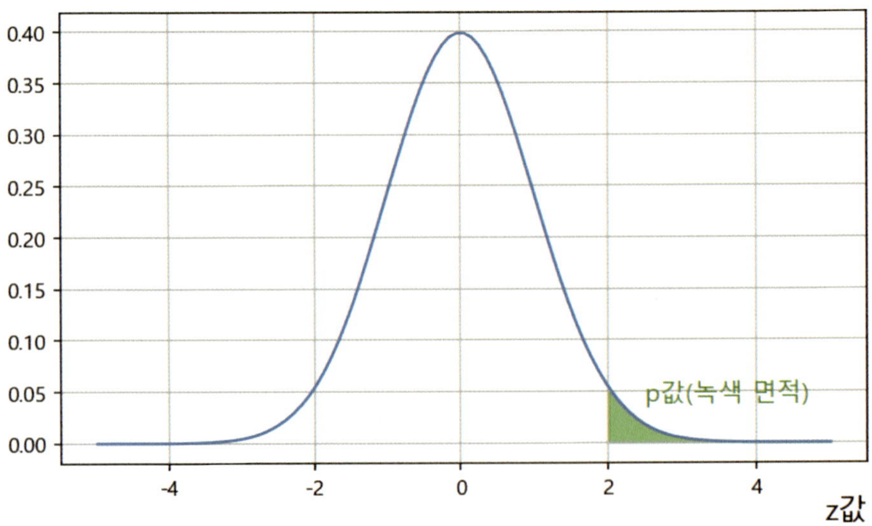

그림 1 표준정규분포에서 z 값에 따른 p값

으면 극단적으로 나올 확률이 그만큼 적다는 이야기입니다. 즉, 귀무가설이 맞다면 동일한 연구를 100번 할 때 오직 5번만 지금 얻은 z 값과 비슷하거나 또는 그 이상의 극단적인 값을 얻을 수 있기 때문에 귀무가설은 억지이고 따라서 귀무가설을 기각해야 하는 것입니다. 따라서 유의수준 p값은 지금 관측한 값만큼 또는 그 이상으로 극단적인 관측치를 얻을 확률입니다. 이 확률은 귀무가설이 옳다는 가정하에서 계산되므로 p값이 작을수록 귀무가설에 반하는 증거가 그만큼 커지는 것입니다.

귀무가설을 기각할지, 귀무가설을 기각하지 못할지 판단하는 기준이 필요합니다. 이러한 판단의 기준이 되는 p값을 유의수준(significance level)이라고 하고, α로 표시합니다. p값이 유의수준보다 작거나 같으면 귀무가설을 기각하고, 그렇지 않으면 귀무가설을 기각하지 못합니다. 귀무가설을 기각하는 경우 우리는 결과가 통계적으로 유의하다(statistically significant)고 말합니다. 예를 들어, 유의수준을 5%로 정할 경우 p값이 5%보다 적을 경우 5% 유의수준에서 귀무가설을 기각한다고 말합니다.

이와 같이 통계학에서는 "두 현상에는 차이가 없다"라는 것을 가설로 설정하고 이를 기각하는 방법을 주로 사용합니다. 어떤 차이가 우연에 의해 발생했을 가능성이 매우 적다는 것을 보임으로써 그 차이가 실질적이라는 것을 보이는 방법입니다.

제1종 오류와 제2종 오류

가설을 검정하는 데 오류가 발생할 수 있습니다. 귀무가설이 맞는데 이를 기각할 오류를 제1종 오류(type Ⅰ error)라고 합니다. 앞에서 살펴본 p값이 제1종 오류입니다. 유의수준이 5%라는 의미는 제1종 오류를 5% 이내로 묶어둔다는 의미입니다. 귀무가설이 틀렸는데 이를 기각하지 못하는 오류는 제2종 오류(type Ⅱ error)입니다.

그러면 1종 오류를 어느 정도 설정해야 할까요? 이는 유의수준을 어떻게 정할 것인가에 대한 질문입니다. 1%, 5%, 10%를 두어도 되지만 보통 5%를 두고 있습니다. 기준을 잡기 어려우면 p값을 보여주고 각자 판단하게 하는 것도 방법입니다. 형사사건을 예를 들어봅시다. 검사는 유죄라고 주장하고 변호사는 무죄라고 주장합니다.

판사는 증거에 입각하여 판결을 내려야 합니다. 즉, 판사 입장에서 귀무가설은 "피의자가 무죄다"라는 것입니다. 이때 제1종 오류는 무죄인데 유죄라고 판결을 내리는 경우이고 제2종 오류는 유죄인데 무죄라고 판결을 내리는 경우입니다. 판사 입장에는 제1종 오류를 최소화시키기 위해서 보수적으로 판단할 수밖에 없습니다. 따라서 판사는 검사에게 피의자가 무죄가 아니라는 반증의 책임을 지우고 있습니다. 이 경우 제1종오류인 유의수준은 1%보다도 훨씬 낮은 값이 적절합니다. 병원에서의 암 검진을 예를 들어봅시다. 의사는 검진을 통해 암을 진단합니다. 의사 입장에서 귀무가설은 "환자에게 암세포가 없다"입니다. 대립가설은 환자에게 암세포가 있으니 정밀 암 검진을 받거나 필요한 조치를 취하는 것입니다. 의사 입장에서 제1종 오류는 암세포가 없는데 정밀 암 검진을 권유하거나 필요한 조치를 취하는 것이고, 제2종 오류는 암세포가 있는데 아무런 조치 없이 환자를 돌려보는 것입니다. 이 경우 의사 입장에서는 제2종 오류의 피해가 큽니다. 따라서 의사는 암세포가 없는데 환자에게 암세포가 있다고 판정하는 유의수준을 10%보다 훨씬 높게 잡아서 2종 오류를 줄이는 것이 최선의 선택입니다.

표 1 제1종 오류와 제2종 오류

	귀무가설이 맞는 상황	대립가설이 맞는 상황
귀무가설을 기각함	**제1종 오류**	옳은 결정
귀무가설을 기각 안 함	옳은 결정	**제2종 오류**

t–검정

표본크기가 크면 정규분포곡선을 이용하여 p값을 구하고 z–검정을 쓰지만, 표본크기가 적을 경우 t–분포를 이용하여 p값을 구하고 이를 바탕으로 검정합니다. 이를 t–검정이라고 합니다. t–분포에서는 측정횟수를 반영한 자유도에 따라 t–분포곡선이 달라집니다. t–분포곡선은 정규분포곡선과 비슷하나 꼬리 부분이 더 두껍습니다.

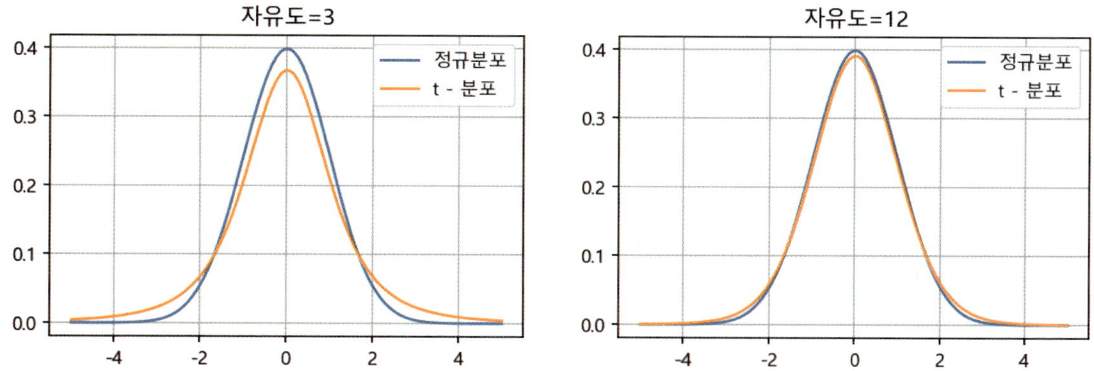

그림 2 표준정규분포와 t–분포 그림

하지만 자유도가 커질수록, 즉, 시행횟수가 많을수록 t–분포곡선은 정규분포곡선과 가까워집니다.

$$\text{자유도} = \text{측정횟수}(n) - 1$$

개념

6.2 두 집단 간 차이 검정

세상에는 많은 경우 두 집단으로 나눌 수 있고, 이 두 집단 간 차이가 궁금한 경우가 많습니다. 예를 들어 남자와 여자, 기혼과 미혼, 기능직과 사무직 간의 소득 등의 차이가 우연인지 아니면 실질적인지를 파악할 필요가 있는 경우가 있습니다. 두 집단 간 평균의 차이가 실질적인지를 검정하기 위해서는 두 집단별로 평균을 구한 뒤 그 차이와 그 차이에 대한 표준오차를 계산합니다. 마지막으로 그 차이가 표준오차 단위로 얼마나 되는지를 살펴봅니다.

예를 들어봅시다. 두 상자 A, B가 있습니다. 상자 A, B의 평균에 차이가 있는지 알아보기 위해 상자 A는 400번 무작위 복원추출하고 상자 B에서 100번 무작위 복원추출한 평균과 표준편차가 다음과 같을 때 상자 A, 상자 B의 평균이 차이가 나는지를 살펴보도록 합니다.

상자(A): 평균 110, 표준편차 60

상자(B): 평균 90, 표준편차 40

상자 A의 표준오차 $= 60/\sqrt{400} = 3$

상자 B의 표준오차 $= 40/\sqrt{100} = 4$

상자 A와 상자 B의 차이 $= 110-90 = 20$

상자 A와 상자 B의 차이에 대한 표준오차 $= \sqrt{3^2+4^2} = 5$

귀무가설에 따르면 두 상자의 평균이 같습니다. 따라서 기대된 차이는 0이고 실제 차이는 20입니다. 복수표본 z-통계량(two-sample z-statistic)은 두 집단 간 관측된 차이가 우연에 의한 것인지 실질적인 것인지 판단하는 지표가 됩니다.

$$z = \frac{\text{관측된 차이}-\text{기대된 차이}}{\text{관측된 차이의 표준오차}} = \frac{20-0}{5} = 4$$

z 값이 4보다 큰 구간에 해당하는 표준정규분포곡선의 면적의 합, 즉 확률은 0.001입니다. 이는 차이가 우연으로 간주하기는 너무 크다는 것을 의미하므로 두 상자의 평균은 차이가 없다는 귀무가설을 기각합니다.

개념

6.3 세 개 이상 집단 간 차이 검정

세 개 이상 집단의 차이 검정

가구주의 소득이 늘었는지, 줄었는지를 판단할 때 소득이 늘었을 때와 줄었을 때와 같이 두 개의 범주만이 존재합니다. 범주의 수가 두 개보다 많으면 z-검정이나 t-검정 대신 χ^2-검정(카이제곱 검정)을 사용합니다. 예를 들어, 주사위를 던지는 게임을 가정해 봅시다. 주사위 게임 전에 게임에 사용될 주사위 6면이 균형이 잘 잡힌 주사위인지 살펴볼 필요가 있습니다. 주사위를 60회 던진 결과가 아래와 같을 때 해당 주사위가 균형이 잘 잡힌 주사위인가를 판단해보도록 합니다.

표 2 주사위를 60회 던졌을 때 관측된 도수와 기대도수

주사위값	관측된 도수	기대도수
1	11	10
2	15	10
3	11	10
4	6	10
5	8	10
6	9	10
합계	60	60

주사위 게임을 하기 위해서는 균형이 잡힌 주사위를 가지고 있어야 합니다. 위의 예에서는 주사위값 2가 15로 다른 주사위 면보다 관측된 값이 많습니다. 하지만 여러 주사위 값 중에서 한두 개가 이상하다고 해서 전체가 이상하다고 결론짓기는 어렵기 때문에 각각 관측된 도수와 기대도수의 차이를 한꺼번에 모아서 전반적인 차이를 재는 척도가 필요합니다. 각 행별로 관측된 도수와 기대도수와의 차이에 제곱하고 이를 기대도수로 나눈 뒤 합쳐서 구한 값이 χ^2 분포를 따르고 있으므로 이를 χ^2-

통계량이라고 합니다.

$$\chi^2 = \sum \frac{(\text{관측된 도수} - \text{기대도수})^2}{\text{기대도수}}$$

앞에서 살펴본 사례의 χ^2–통계량을 구해보도록 합니다.

$$\chi^2 = \frac{(11-10)^2}{10} + \frac{(15-10)^2}{10} + \frac{(11-10)^2}{10} + \frac{(6-10)^2}{10} + \frac{(8-10)^2}{10} + \frac{(9-10)^2}{10} = 4.8$$

χ^2–통계량은 관측된 도수와 기대도수와의 차이가 클수록 커집니다. 하지만 계산된 χ^2–통계량을 보고 주사위가 균형이 잡혔는지 판단하기 위해서는 균형 잡힌 주사위를 충분히 던졌을 때 해당 χ^2–통계량이 나올 확률을 구해야 합니다. 예를 들어, 균형 잡힌 주사위를 60번 던지는 실험을 1,000번 던져 1,000개의 χ^2–통계량을 구하여 이를 히스토그램으로 정리한 후 오른쪽 5% 면적에 해당하는 χ^2–통계량을 구하여 해당 통계량과 비교하여 판단합니다. 이를 정리한 값이 χ^2–통계량 표입니다.

χ^2–통계량 4.8이 큰지 작은지를 알기 위해서는 χ^2–통계량 표에서 χ^2 값이 8.2보다 크거나 같은 비율이 몇 퍼센트나 되는지 살펴보면 됩니다. 4.87은 자유도 5에서 5%인 χ^2–통계량은 11.07보다 작으므로 5% 유의수준에서 관측된 도수와 기대도수의 차이가 0이라는 귀무가설을 기각하지 못합니다. 따라서 해당 주사위는 사용할 수 있습니다.

이때 자유도는 전체 면의 개수에서 1을 빼준 5입니다. 주사위를 60번 던지는 사례

표 3 χ^2 분포의 일부

자유도	50%	10%	5%	1%
4	3.36	7.78	9.49	13.28
5	4.35	9.24	11.07	15.99
6	5.35	10.65	12.59	16.80

의 경우 주사위의 5개 면이 나온 수를 알게 되면 나머지 면이 나오는 개수는 저절로 알게 됩니다. 따라서 이 경우 자유로운 행의 수는 5입니다.

$$자유도 = 전체\ 항목의\ 개수 - 1$$

다음 〈그림 3〉은 자유도에 따른 χ^2 분포를 보이고 있습니다. 자유도가 커질수록 좌우 대칭 형태의 모습을 보이고 있습니다.

Note z–검정, t–검정, χ^2–검정

z–검정, t–검정: 1부터 6까지 숫자가 적힌 카드가 들어 있는 상자에서 복원추출하여 상자의 평균이 3.5라는 가설을 검정할 때 사용합니다.

χ^2–검정: 각 카드가 나올 확률이 1/6이라는 가설을 검정할 때 사용합니다.

Note χ^2 분포와 표준정규분포(z)와의 관계

표준정규분포를 따르고 서로 독립인 m개의 확률변수 Z_1, … Z_m을 제곱하여 더하면, 그 합은 자유도가 m인 χ^2 분포를 따릅니다.

$$\chi^2 = Z_1^2 + Z_2^2 + \cdots + Z_m^2 \sim \chi^2(m)$$

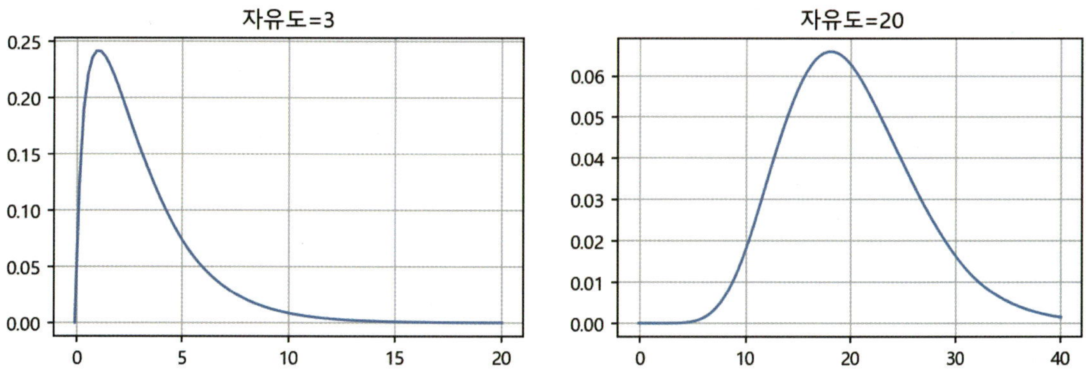

그림 3 자유도에 따른 χ^2 분포

확률적 독립에 대한 검정

χ^2–통계량은 확률변수들이 서로 독립인지를 검정할 때도 사용됩니다. 2020년 가계금융복지조사에서 나타난 가구주의 성별이 직업과 독립인지 아닌지 검정해 봅시다.

표 4 가계금융복지조사 직업분류 코드

코드	직업
1	관리자
2	전문가 및 관련 종사자
3	사무종사자
4	서비스종사자
5	판매종사자
6	농림어업 숙련 종사자
7	기능원 및 관련 기능종사자
8	장치, 기계조작 및 조립종사자
9	단순노무 종사자
A	군인

〈표 4〉에 대해서 대부분 남성으로 이루어진 군인을 제외한 직업별 남녀의 도수는 다음과 같습니다.

표 5 성별 직업의 결합분포(도수)

	1	2	3	4	5	6	7	8	9	계
남자	316	1,623	1,644	558	882	1,020	1,379	1,832	1,318	10,572
여자	12	420	315	601	323	197	76	87	586	2,617
계	328	2,043	1,959	1,159	1,205	1,217	1,455	1,919	1,904	13,189

〈표 5〉는 2개의 행과 9개의 열로 구성된 2×9 분할표입니다. 다음으로 〈표 5〉를 이용하여 성별로 직업별 비율을 계산하면 다음과 같습니다.

표 6 성별, 직업의 조건부분포(비율)

	1	2	3	4	5	6	7	8	9	계
남자	3.0	15.4	15.6	5.3	8.3	9.6	13.0	17.3	12.5	100.0
여자	0.5	16.0	12.0	23.0	12.3	7.5	2.9	3.3	22.4	100.0

〈표 6〉에서 볼 수 있듯이 남녀 간의 직업의 비율이 서로 다름을 알 수 있습니다. 남성의 경우 관리자(1), 기능원 및 관련 기능종사자(7), 장치, 기계조작 및 조립종사자(8)의 비율이 높은 반면, 여성의 경우 서비스종사자(4), 판매종사자(5), 단순노무종사자(9)의 비율이 높습니다. 남성의 경우 관리직 및 기능직 비중이 높고 여성의 경우 서비스 및 판매직의 비율이 높은 것이 여성의 교육 및 사회진출 기회가 남성에 비해 상대적으로 적다고 해석할 수 있습니다. 또 다른 시각에서 보면 단지 우연에 의해 위와 같은 관측이 나왔다는 해석도 가능합니다. 관찰된 남녀 간의 차이가 우연에 의해 생겼거나 사회경제적 원인에 의해 나타났는지를 알아보기 위해서는 χ^2-검정을 통한 유의성 검정이 필요합니다.

표본이 모집단으로부터 무작위로 추출되었다고 가정해보면 추출된 표본은 모집단의 비율과 같아야 합니다. 귀무가설은 남녀 간 관측된 비율의 차이는 단지 표본추출 과정에서의 우연이라고 여깁니다. 반면 대립가설은 두 특징 사이에 어떤 실질적인 관계가 있다고 봅니다. 대립가설에 따르면 표본에서 관측된 남녀 간의 차이는 모집단에서의 실제 차이를 반영합니다.

귀무가설에서 χ^2-통계량을 구하기 위해서는 관측된 도수와 기대도수를 비교해야 합니다. 예를 들어, 남자이면서 관리직(1)의 기대도수를 구해보도록 합니다. 가구주가 남자일 확률은 80.1%(10,572/13,189)이고 관리직일 확률은 2.5%(328/13,189)이므로 가구주가 남자이고 관리직일 확률은 1.99%(0.801×0.025)이고 가구주가 남자이고 관리직일 기대도수는 263명입니다. 이와 같은 방식으로 성별 직업분류별 기대도수를 구할 수 있습니다.

표 7 관측도수와 기대도수

		1	2	3	4	5	6	7	8	9
관측 도수	남자	316	1,623	1,644	558	882	1,020	1,379	1,832	1,318
	여자	12	420	315	601	323	197	76	87	586
기대 도수	남자	263	1,638	1,570	929	966	976	1,166	1,538	1,526
	여자	65	405	389	230	239	241	289	381	378

위의 기대도수는 성별과 직업군이 독립이라는 귀무가설하에서 구한 것입니다. 관측도수와 기대도수의 차이를 이용하여 아래와 같이 χ^2–통계량을 구할 수 있습니다.

$$\chi^2 = \frac{(316-263)^2}{263} + \frac{(12-65)^2}{65} + \cdots + \frac{(1{,}318-1{,}526)^2}{1{,}526} + \frac{(586-378)^2}{378}$$
$$= 1{,}487.2$$

$m \times n$ 분할표에서 독립성을 검정할 때 자유도는 $(m-1)\times(n-1)$이 됩니다. 따라서 χ^2–통계량이 1,487.2이고 자유도가 8일 때 p값은 0입니다. 따라서 성별과 직업과는 서로 독립이라는 귀무가설은 기각됩니다.

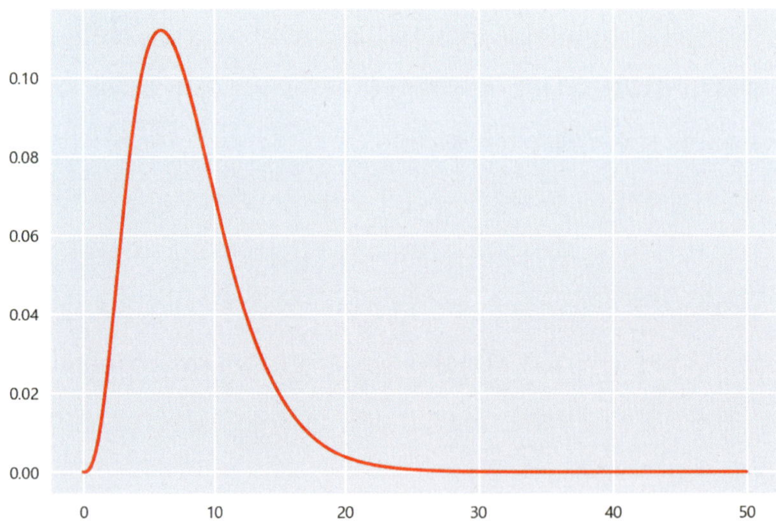

그림 4 자유도가 8인 χ^2–분포곡선

데이터 분석

6.4 동일 가구 소득 차이 검정

가계금융복지조사의 2019년 자료와 2020년 자료를 이용하여 동일가구의 소득이 차이가 있는지를 검정해보도록 합니다.

필요한 패키지

먼저, 파이썬 그래프에 한글을 표시하기 위해서는 별도의 코딩이 필요합니다.

In
```
import pandas as pd
import numpy as np
```

In
```
%matplotlib inline
import seaborn as sns
import matplotlib.pyplot as plt
from matplotlib import rcParams
from matplotlib import font_manager, rc

# 그래프에 한글을 표시하기 위해 필요
rcParams['axes.unicode_minus'] = False
#plt.rcParams['font.family'] = 'Malgun Gothic'
font_name = font_manager.FontProperties(fname="c:/Windows/Fonts/malgun.ttf").get_name()
rc('font', family=font_name)
```

가계금융복지조사 2019년과 2020년 데이터를 읽어서 필요한 변수를 선택합니다. 가계금융복지조사 데이터는 가구별 식별코드(id)가 있어서 가구별 경제상태 변화에 대한 추적이 가능합니다. 2019년 데이터와 2020년 데이터에서 분석에 필요한 연도, 가구주 식별코드, 소득, 나이, 성별 코드를 추출합니다.

In

```
df10 = pd.read_csv("household_2019a.csv")
df20 = pd.read_csv("household_2020a.csv")
df11 = df10[['year', 'id', 'income']]
df21 = df20[['year', 'id', 'age', 'sex', 'income']]
```

2019년과 2020년 데이터를 가구주 식별코드를 기준으로 통합합니다. 두 데이터의 'id'가 공통으로 들어 있는 경우 통합은 'inner'라는 방법을 사용합니다. 데이터를 통합한 결과 가계금융복지조사데이터 중 13,909가구의 2019년과 2020년 소득을 확인할 수 있습니다.

In

```
df = pd.merge(df11, df21, on="id", how="inner")  # 2019, 2020년 데이터를 가구주 id로 통합
df.tail(3)
```

Out

	year_x	id	income_x	year_y	age	sex	income_y
13907	2019	994800261	35030	2020	57	1	15098
13908	2019	994800291	6983	2020	53	2	9114
13909	2019	995800261	10307	2020	44	1	7857

가구주의 식별번호를 기준으로 2020년 소득과 2019년 소득의 차이를 구합니다.

In

```
df1 = df.set_index('id')
df2 = df1[['sex', 'age', 'income_x', 'income_y']]
df2.rename(columns = {'income_x':'income2019', 'income_y':'income2020'}, inplace=True)
df2['diff'] = df2['income2020'] - df2['income2019']
df2.tail(3)
```

Out

	sex	age	income2019	income2020	diff
id					
994800261	1	57	35030	15098	-19932
994800291	2	53	6983	9114	2131
995800261	1	44	10307	7857	-2450

가구의 2019년, 2020년 소득 분포를 확률 히스토그램으로 보입니다.

In

```
import seaborn as sns
plt.rcParams["figure.figsize"] = (12,4)
plt.rcParams['axes.grid'] = True

fig, axs = plt.subplots(1, 2)

axs[0].set_title("가구별 2020년과 2019년 소득 차이")
sns.kdeplot(df3['diff'], shade=False, clip=(-7500, 7500), ax=axs[0])
axs[0].set_xlabel('만원')

axs[1].set_title("가구별 2020년과 2019년 소득 분포")
sns.kdeplot(df3['income2019'], shade=False, clip=(-1000, 20000), label="2019",
ax=axs[1])
sns.kdeplot(df3['income2020'], shade=False, clip=(-1000, 20000), label="2020",
ax=axs[1])
axs[1].set_xlabel('만원')

plt.legend(loc="upper right")
plt.show()
```

Out

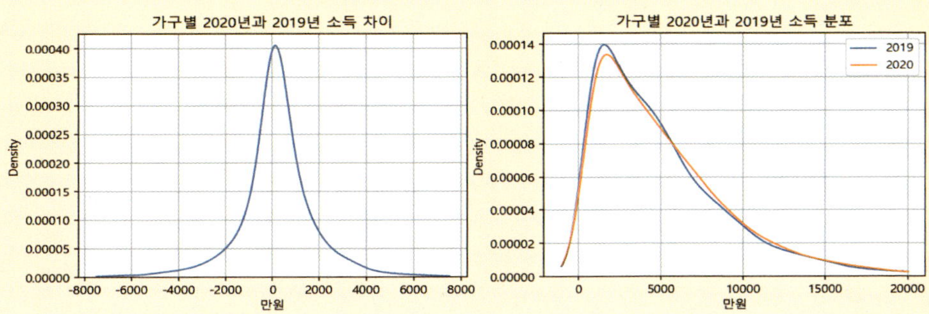

2019년과 2020년 소득 차이가 있는지에 대한 유의성 점검을 z-통계량을 구합니다. 통계량은 211.8, 기댓값 0, 통계량의 표준오차 24.9, z-통계량은 8.5입니다.

$$z\text{ (또는 } t \text{ 통계량)} = \frac{\text{통계량} - \text{기대값}}{\text{통계량의 표준오차}}$$

In
```
df3 = df2.copy()
mn = df3['diff'].mean()          # 211.8만 원
std = df3['diff'].std()          # 2,935.3만 원
n = len(df3)                     # 13,910 가구수
se = std/np.sqrt(n)              # 24.9만 원
z = mn/se
z.round(1)
```
Out
```
8.5
```

표준정규분포에서 z 값이 8.5보다 클 확률은 0%입니다. 따라서 귀무가설을 기각합니다.

귀무가설: 동일 가구의 2020년 소득과 2019년 소득 차이는 없다.
대립가설: 동일 가구의 2020년 소득은 2019년 소득보다 증가하였다.

In
```
import scipy as sp
import scipy.stats

rv = sp.stats.norm(loc=0, scale=1)  # 평균 0, 표준편차 1, 표준정규분포
np.round(1-rv.cdf(z), 2)            # z 값이 8.5보다 클 확률
```
Out
```
0.0
```

데이터 분석

6.5 30대 1인 가구주 성별에 따른 소득 차이 검정

가계금융복지조사 2020년 자료를 이용하여 30대 1인 가구주 성별에 따른 소득 차이가 있는지 살펴보기로 합니다.

In

```
df = pd.read_csv("household_2020a.csv")
df1 = df.loc[df['number'].isin([1])  & (df['age']>30) & (df['age'] < 40) ]  # 30대 1인 가구 선택
df2 = df1[['sex', 'number', 'age','income']]
df2.tail(3)
```

Out

	sex	number	age	income
17599	2	1	37	5896
17696	1	1	37	1370
18014	2	1	34	5382

30대 1인 가구주의 소득 분포를 남자와 여자로 구분하여 보입니다.

In

```
import seaborn as sns
df21 = df2.loc[df2['sex'].isin([1])]  # 남자
df22 = df2.loc[df2['sex'].isin([2])]  # 여자
sns.kdeplot(df21['income'], shade=True, label='남자', clip=(-1000, 20000))
sns.kdeplot(df22['income'], shade=True, label='여자', clip=(-1000, 20000))
plt.xlabel('만원')
plt.legend()
plt.grid(True)
plt.show()
```

Out

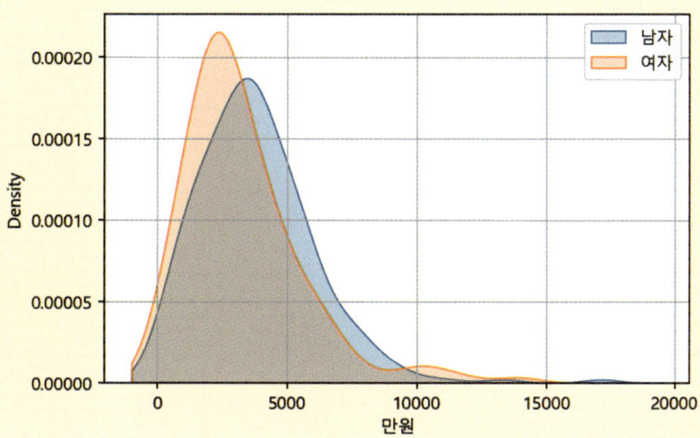

z-통계량 구하기

30대 남자 1인 가구주와 여자 1인 가구주의 2020년 소득에 차이가 있는지에 대한 유의성 점검을 위해 z-통계량을 구합니다. 관측된 통계량은 229.3만 원, 기댓값 0원, 통계량의 표준오차 227.3만 원, z-통계량은 2.46입니다.

$$z\ (\text{또는 } t \text{ 통계량}) = \frac{\text{통계량} - \text{기대값}}{\text{통계량의 표준오차}}$$

In

```
df3 = df2[['income']].groupby(df2['sex']).agg(['mean','std','count'])
df3
```

Out

	income		
	mean	std	count
sex			
1	3828.284360	2334.489291	211
2	3268.992481	2321.622345	133

In

```
mean = df3[('income',  'mean')]
mean_df  =mean[1] -  mean[2]
np.round(mean_df,2)
```

Out

```
559.29
```

In

```
std = df3[('income',  'std')]
count = df3[('income',  'count')]
se1 = std[1]/sqrt(count[1])
se2 = std[1]/sqrt(count[1])
tot_se = np.sqrt(se1**2 + se2**2)
np.round(tot_se,2)
```

Out

```
227.28
```

In

```
z = mean_df/tot_se
round(z, 2)  # z값
```

Out

```
2.46
```

표준정규분포에서 z 값이 2.46보다 클 확률은 1%입니다. 따라서 5%의 유의수준에서 귀무가설을 기각합니다.

> **귀무가설**: 30대 남성 1인 가구의 소득과 30대 여성 1인 가구와의 소득의 차이는 없다.
> **대립가설**: 30대 남성 1인 가구의 소득이 30대 여성 1인 가구의 소득보다 많다.

In

```
import scipy as sp
import scipy.stats

rv = sp.stats.norm(loc=0, scale=1)  # 평균 0, 표준편차 1, 표준정규분포
np.round(1-rv.cdf(z), 2)
```

Out

```
0.01
```

데이터 분석

6.6 성별, 직업군별 소득 차이 검정

분석에 이용한 패키지

In

```
import pandas as pd
import numpy as np
%matplotlib inline
import matplotlib.pyplot as plt

from scipy.stats import chi2
import scipy.stats as stats
import random
```

χ^2–분포 이해하기

주사위 던지기 실험을 통해 χ^2–분포를 이해해 봅시다. 주사위를 60번 던졌을 때 각 면이 다음과 같이 나왔을 때 해당 주사위가 균형이 잡힌 주사위인지 검정해 봅시다.

표 8 주사위를 60번 던졌을 때 각 면이 나올 관측도수와 기대도수

주사위 면	1	2	3	4	5	6
관측도수	11	15	11	6	8	9
기대도수	10	10	10	10	10	10

위 예의 χ^2–통계량은 4.8입니다.

$$\chi^2 = \sum \frac{(\text{관측된 도수} - \text{기대도수})^2}{\text{기대도수}}$$

$$\chi^2 = \frac{(11-10)^2}{10} + \frac{(15-10)^2}{10} + \frac{(11-10)^2}{10} + \frac{(6-10)^2}{10} + \frac{(8-10)^2}{10} + \frac{(9-10)^2}{10}$$
$$= 4.8$$

자유도 5에서 χ^2–분포에서 χ^2–통계량 4.8보다 클 확률은 44%입니다. 따라서 5% 유의수준에서 관측된 도수와 기대도수의 차이가 0이라는 귀무가설을 기각하지 못합니다. 따라서 해당 주사위는 사용해도 됩니다.

In
```
DoF = 5
p_value = 1- stats.chi2.cdf(4.8, DoF)
p_value
```

Out
```
0.44
```

모의실험으로 χ^2–분포 구하기

균형 잡힌 주사위를 60번 던졌을 때의 χ^2–분포를 살펴보고, χ^2–통계량 4.8이 χ^2–

분포의 어느 위치에 있는지 살펴보기로 합니다. 다음 함수(rolldie)는 균형 잡힌 주사위를 60번 던졌을 때 매 면이 나오는 숫자를 구합니다.

In
```
def rolldie():  # 주사위를 60번 던져 주사위 눈에 나오는 숫자 만드는 함수
    one = 0;two = 0;three = 0; four = 0; five = 0; six = 0

    for i in range(60):
        roll = random.choice([1,2,3,4,5,6])
        if roll == 1:
            one = one + 1
        elif roll == 2:
            two = two + 1
        elif roll == 3:
            three = three + 1
        elif roll == 4:
            four = four + 1
        elif roll == 5:
            five = five + 1
        elif roll == 6:
            six = six + 1

    return [one, two, three, four, five, six]
```

Out
```
[9, 11, 7, 15, 8, 10]  # 주사위를 60번 던지는 모의실험에서 각 면이 나온 숫자
```

다음 함수(simulate)는 균형 잡힌 주사위를 60번 던지는 경우 관측된 도수와 기대도수와의 차이를 이용하여 구한 χ^2-통계량을 구하는 내용입니다. 예를 들어, 해당 함수(simulate)를 10번 시행했을 때 10개의 χ^2-통계량이 구해집니다.

In
```
def simulate(n):  # 주사위를 60번 던졌을 때 측정치와 기댓값과의 차이에 대한 카이제곱 통계량
    chi2 = []
    for i in range(n):
        die = rolldie()
        distance = (((die[0] -10)**2)+((die[1] -10)**2)+((die[2] -10)**2)
                    +((die[3] -10)**2)+((die[4] -10)**2)+((die[5] -10)**2))/10
        chi2.append(distance)
    return(chi2)

simulate(10)
```

Out

```
[4.4, 7.4, 2.2, 9.8, 7.6, 5.6, 2.6, 4.6, 4.4, 4.6]
# 주사위를 60번 던지는 실험을 10번 했을 때 10개의 카이제곱 통계량
```

균형 잡힌 주사위를 60번 던지는 경우 관측된 도수와 기대도수와의 차이를 이용하여 구한 χ^2-통계량을 구하는 모의실험을 500,000번 시행하여 구한 500,000개의 χ^2-통계량의 분포를 히스토그램으로 나타냅니다.

In

```
fig, ax = plt.subplots(figsize=(10,6))
x = simulate(500000)  # 주사위를 60번 던지는 실험을 500,000번 했을 때의 카이제곱 통계량
ax.hist(x, alpha=0.7, bins=500)
ax.set_xlim(0, max(x))
ax.grid()
plt.show
```

Out

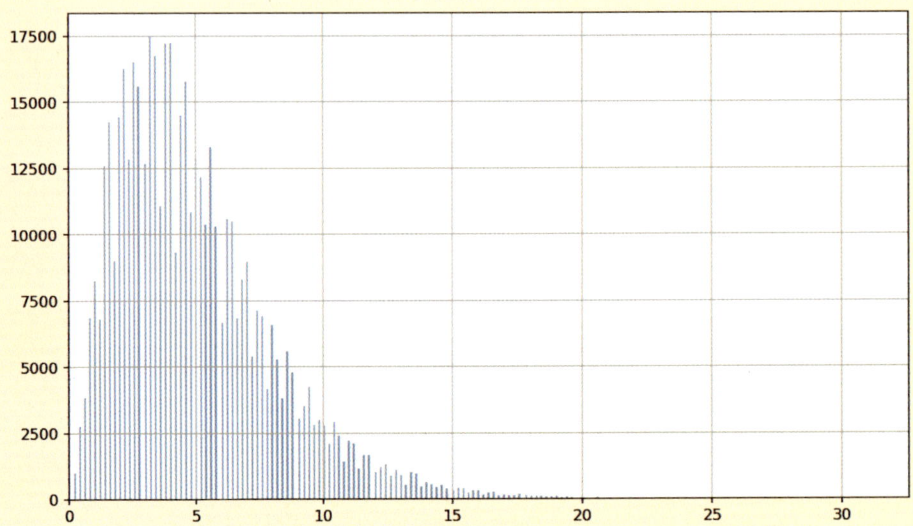

500,000번의 모의실험을 통해서 만든 χ^2-분포의 95% 유의수준에서 값이 11.0입니다. 따라서 χ^2 값이 11보다 크면 "주사위가 균형 잡혀 있다"라는 귀무가설을 기각합니다.

In
```
np.percentile(x, 95)
```
Out
```
11.0
```
In
```
DoF = 5  # 자유도 5, 자유도 = 항의 개수 - 1
stats.chi2.cdf(11.0, DoF)
```
Out
```
0.95
```

성별, 직업군별 소득 차이 검정

가계금융복지조사 2020년 자료를 이용하여 남녀 성별과 직업 종류가 독립인지 여부에 대한 가설검정을 하도록 합니다.

귀무가설: 남녀 간 직업의 차이는 독립이다. (남녀 간의 직업의 차이는 우연에 지나지 않는다)
대립가설: 남녀 간 차이가 직업에 영향을 미친다. (남녀 간의 직업의 차이는 실질적이다)

In
```
import pandas as pd
import numpy as np

pd.options.display.float_format = '{:,.1f}'.format  # 소수점 첫째 자리까지 출력
```

성별은 1:남성, 2:여성이고 직업별 코드는 다음과 같습니다.

코드	직업
1	관리자
2	전문가 및 관련 종사자
3	사무종사자
4	서비스종사자
5	판매종사자
6	농림어업 숙련종사자
7	기능원 및 관련 기능종사자
8	장치, 기계조작 및 조립종사자
9	단순노무 종사자
A	군인

이제 성별과 직업별 관측도수를 구합니다.

In
```
df = pd.read_csv("household_2020a.csv")
df1 = df[["sex", "job"]]  # 성별과 직업코드 추출
df1 = df1.dropna()
```

In
```
df2 = df1.drop(df1[(df1.job=="A")].index)                  # 대부분 남성인 군인 직업군 제외

cross_tab1 = pd.crosstab(df2.sex, df2.job, margins = True)  # 성별 관측도수
cross_tab1
```

Out

job	1	2	3	4	5	6	7	8	9	All
sex										
1	316	1623	1644	558	882	1020	1379	1832	1318	10572
2	12	420	315	601	323	197	76	87	586	2617
All	328	2043	1959	1159	1205	1217	1455	1919	1904	13189

추정되는 기대도수를 구하기 위해 총인원, 직업별 및 성별 인원을 구합니다.

In
```
tot = cross_tab1.iloc[-1, -1]  # 총인원 13,189

j_1 = cross_tab1.iloc[-1, 0]   # 직업코드 1의 총인원 328
j_2 = cross_tab1.iloc[-1, 1]
j_3 = cross_tab1.iloc[-1, 2]
j_4 = cross_tab1.iloc[-1, 3]
j_5 = cross_tab1.iloc[-1, 4]
j_6 = cross_tab1.iloc[-1, 5]
j_7 = cross_tab1.iloc[-1, 6]
j_8 = cross_tab1.iloc[-1, 7]
j_9 = cross_tab1.iloc[-1, 8]

s_1 = cross_tab1.iloc[0, -1]   # 남성 인원 10,572
s_2 = cross_tab1.iloc[1, -1]
```

총인원에서 직업코드별, 성별 비율을 바탕으로 기대도수를 구합니다.

In

```
p_j1 = j_1 / tot
p_j2 = j_2 / tot
p_j3 = j_3 / tot
p_j4 = j_4 / tot
p_j5 = j_5 / tot
p_j6 = j_6 / tot
p_j7 = j_7 / tot
p_j8 = j_8 / tot
p_j9 = j_9 / tot
p_s1 = s_1 / tot
p_s2 = s_2 / tot
```

In

```
cross_tab2 = pd.crosstab(df2.sex, df2.job, margins = True)
cross_tab2.iloc[0, 0] = tot * p_s1*p_j1
cross_tab2.iloc[0, 1] = tot * p_s1*p_j2
cross_tab2.iloc[0, 2] = tot * p_s1*p_j3
cross_tab2.iloc[0, 3] = tot * p_s1*p_j4
cross_tab2.iloc[0, 4] = tot * p_s1*p_j5
cross_tab2.iloc[0, 5] = tot * p_s1*p_j6
cross_tab2.iloc[0, 6] = tot * p_s1*p_j7
cross_tab2.iloc[0, 7] = tot * p_s1*p_j8
cross_tab2.iloc[0, 8] = tot * p_s1*p_j9
cross_tab2.iloc[0, 9] = sum(cross_tab2.iloc[0, 0:9])

cross_tab2.iloc[1, 0] = tot * p_s2*p_j1
cross_tab2.iloc[1, 1] = tot * p_s2*p_j2
cross_tab2.iloc[1, 2] = tot * p_s2*p_j3
cross_tab2.iloc[1, 3] = tot * p_s2*p_j4
cross_tab2.iloc[1, 4] = tot * p_s2*p_j5
cross_tab2.iloc[1, 5] = tot * p_s2*p_j6
cross_tab2.iloc[1, 6] = tot * p_s2*p_j7
cross_tab2.iloc[1, 7] = tot * p_s2*p_j8
cross_tab2.iloc[1, 8] = tot * p_s2*p_j9
cross_tab2.iloc[1, 9] = sum(cross_tab2.iloc[1, 0:9])

cross_tab2
```

Out

job	1	2	3	4	5	6	7	8	9	All
sex										
1	262.9	1,637.6	1,570.3	929.0	965.9	975.5	1,166.3	1,538.2	1,526.2	10572
2	65.1	405.4	388.7	230.0	239.1	241.5	288.7	380.8	377.8	2617
All	328.0	2,043.0	1,959.0	1,159.0	1,205.0	1,217.0	1,455.0	1,919.0	1,904.0	13189

관측도수와 기대도수의 차이를 구합니다.

In

```
cross_tab3 = pd.crosstab(df2.sex, df2.job, margins = True)

num_rows = cross_tab3.shape[0]
num_cols = cross_tab3.shape[1]

for i in range(num_rows):
    for j in range(num_cols):
        cross_tab3.iloc[i,j] = (cross_tab1.iloc[i, j] - cross_tab2.iloc[i, j])

cross_tab3
```

Out

job	1	2	3	4	5	6	7	8	9	All
sex										
1	53.1	-14.6	73.7	-371.0	-83.9	44.5	212.7	293.8	-208.2	0
2	-53.1	14.6	-73.7	371.0	83.9	-44.5	-212.7	-293.8	208.2	0
All	0.0	0.0	0.0	0.0	0.0	0.0	0.0	0.0	0.0	0

관측된 도수와 기대되는 도수의 차이가 우연인가 아니면 실질적인가를 판단하기 위하여 χ^2–통계량을 구합니다.

In

```
t00 = (cross_tab1.iloc[0, 0] - cross_tab2.iloc[0, 0]) ** 2 / cross_tab2.iloc[0, 0]

chi_square=[]

for i in range(num_rows):
    for j in range(num_cols):
        t = (cross_tab1.iloc[i, j] - cross_tab2.iloc[i, j]) ** 2 / cross_tab2.iloc[i, j]
        chi_square.append(t)
DoF = (num_rows-1)*(num_cols-1)
test_value = sum(chi_square)
round(test_value, 2)
```

Out

```
1487.24
```

해당 χ^2-통계량에 대한 p값을 구합니다. 구한 p값이 0으로 5%(0.05)보다 작으므로 5% 유의수준에서 귀무가설을 기각합니다. χ^2-분포표에서 χ^2-통계량이 1,487보다 큰 면적은 0입니다.

In
```
from scipy.stats import chi2
import scipy.stats as stats
import matplotlib.pyplot as plt

x = np.arange(0, 50, .05)
plt.plot(x, stats.chi2.pdf(x, df=DoF), color='r', lw=2)
plt.show()
```

Out

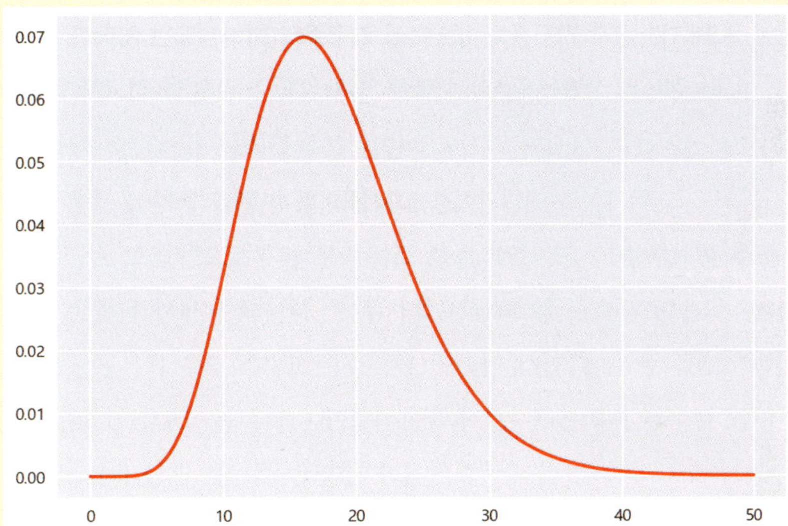

In
```
p_value =  1 - stats.chi2.cdf(test_value, DoF)
p_value
```

Out
```
0.0
```

분석 과제 30대 1인 가구주 성별과 교육연수 간 독립 검정

1. 최근 가계금융복지 조사데이터를 이용하여 30대 1인 가구주의 나이, 소득, 가구원 수, 가구주 교육정도를 추출하고 맨 앞 5개 데이터만 보입니다.

2. 데이터에서 조사연도를 year, 경상소득_보완 데이터를 income, 성별은 sex, 가구주 교육정도를 education으로 바꾸고 결측치를 제거한 후 맨 앞 5개 데이터만 보입니다.

※ 30대 1인 남자 가구주와 1인 여성 가구주의 학력정도는 차이가 나지 않는다는 가설(교육정도와 성별은 독립)에 대한 가설검정(χ^2–검정)을 하고자 합니다.

3. 귀무가설과 대립가설을 설정합니다.

4. 성별도 두 그룹별 교육코드와 관측도수표를 제시합니다.

5. 추정되는 기대도수표를 제시합니다.

6. 관측된 도수와 기대되는 도수와의 차이표를 구합니다.

7. 관측된 도수와 기대되는 도수와의 차이가 우연인지 아니면 실질적인지를 알아보기 위해 χ^2–검정을 실시하여 통계량 값과 p값을 구합니다.

8. 5% 유의수준에서 귀무가설 기각여부를 판단하고 본인의 의견을 적습니다.

Chapter 7

회귀분석

30대 1인 가구의 소득과 자산 간 관계

개념

데이터 분석

분석 과제

개념

7.1 상관관계

산포도와 상관관계

지금까지는 하나의 변수를 다루는 방법을 알아보았습니다. 하지만 경제에 있어서는 교육 기간과 임금, 통화증가율과 물가상승률과 같이 두 변수의 관계가 관심의 대상인 경우가 많습니다. 두 변수 간의 관계를 살펴보는 데에 두 변수 간 결합분포(joint distribution)를 보여주는 산포도(scatter plot)를 이용합니다. 일반적으로 설명변수는 x로 표시하고 가로축에 나타내고 피설명변수는 y로 표시하고 세로축에 나타냅니다. 아래 그림은 가계금융복지조사에서 나타난 가처분소득과 순자산과의 산포도입니다. 산포도에 나타난 각 점은 가구주의 가처분소득과 순자산으로 이루어진 한 개의 순서쌍을 표시합니다. 〈그림 1〉을 보면 x값이 증가할 때 y값이 증가하는 경향을 보이고 있습니다. 이 경우 두 변수 사이에는 양의 상관관계가 있다고 표현합니

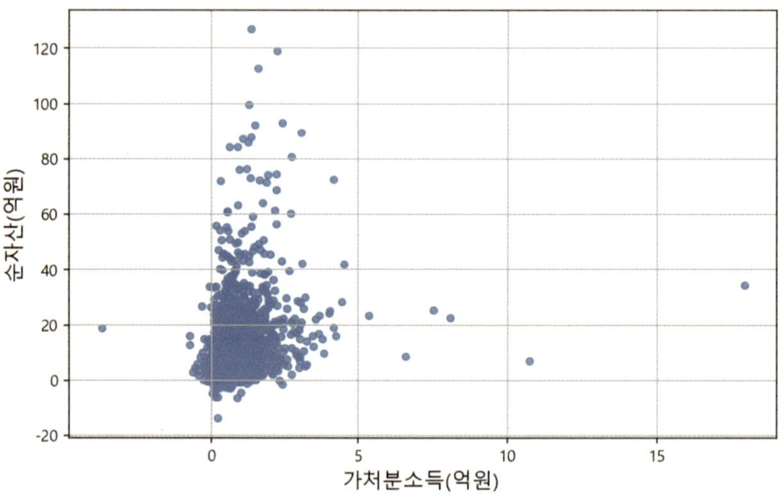

그림 1 가처분소득과 순자산 간의 산포도

다. 반대로 x값이 증가할 때 y값이 감소하면 두 변수 사이에 음의 상관관계가 있다고 표현합니다. 두 변수가 강한 상관관계를 가지면 한 변수의 값을 알면 다른 변수를 예측하는 데 큰 도움이 됩니다. 두 변수가 약한 상관관계를 가지게 되면 어느 한 변수에 대한 정보가 나머지 변수를 예측하는 데 도움이 되지 않습니다.

상관계수의 정의

산포도에 그려진 두 변수와의 상관관계를 숫자로 표현해보기로 합니다. x, y 두 변수로 이루어진 산포도의 모양은 x, y의 평균과 표준편차에 의해 결정됩니다. 두 변수의 평균과 표준편차를 이용하여 두 변수 간 선형관계의 방향과 강도를 숫자로 나타낸 것이 상관계수(correlation coefficient)입니다.

두 변수 X, Y에 대하여 n개의 관측치 (x_1, y_1), (x_2, y_2), $\cdots$, (x_n, y_n)가 주어져 있고 표본평균을 각각 $\bar{x}$와 $\bar{y}$, 표본표준편차를 각각 SD_x와 SD_y라고 할 때 상관계수(r)는 다음과 같이 구합니다.

$$r = \frac{\sum_{i=1}^{n}(x_i - \bar{x})(y_i - \bar{y})}{\sqrt{\sum_{i=1}^{n}(x_i - \bar{x})^2} \cdot \sqrt{\sum_{i=1}^{n}(y_i - \bar{y})^2}}$$

$$= \frac{\sum_{i=1}^{n}(x_i - \bar{x})(y_i - \bar{y})/(n-1)}{\sqrt{\sum_{i=1}^{n}(x_i - \bar{x})^2/(n-1)} \cdot \sqrt{\sum_{i=1}^{n}(y_i - \bar{y})^2/(n-1)}}$$

$$= \frac{cov(X, Y)}{SD_x \cdot SD_y}$$

공분산은 $cov(X, Y) = \sum_{i=1}^{n}(x_i - \bar{x})(y_i - \bar{y})/(n-1)$로 정의합니다. 공분산은 두 변수 간의 관계를 설명하기 위해 등장한 개념입니다. 이제 공분산의 의미를 살펴봅시다. x가 x의 평균보다 클 때 y가 y의 평균보다 크면 공분산은 양수인 반면, x가 x의 평균보다 클 때 y가 y의 평균보다 작으면 공분산은 음수입니다. 상관계수 식에서 분모에 나타나는 두 변수의 표준편차는 항상 양수임을 고려할 때 상관계수의 부호는 공분산에 의해 결정됩니다. 공분산과 상관계수의 부호가 같은데도 공분산을 두 변수의 표준편차로 나눈 상관계수를 이용하는 이유는 상관계수는 측정단위와 무관하게 정의되고, 상관계수가 −1과 1 사이로 한정되어 해석하기 유용하기 때문입니다.

상관계수의 의미

상관계수는 산포도에서 점들이 전체적으로 하나의 선 주위로 얼마나 밀집되어 있는지를 나타냅니다. 아래 〈그림 2〉는 양의 상관관계와 음의 상관관계를 보여주고 있습니다. 양의 상관계수는 0.88이고 음의 상관계수는 −0.97입니다. 음의 상관계수 −0.97이 양의 상관계수 0.88보다 뚜렷한 선형관계를 보이고 있습니다. 〈그림 3〉은 상관관계가 뚜렷하지 않은 산포도를 보여주고 있습니다. 상관계수가 낮을수록 뚜렷한 선형관계를 볼 수 없습니다.

상관계수를 다룰 때 유의할 점이 있습니다. 예를 들어, 두 변수 간 상관계수가 0.8인 경우 상관계수가 0.4인 경우보다 선형관계의 강도가 강하지만, 그 강도가 두 배만큼 강하다고 말할 수는 없습니다. 아울러 상관계수는 직선을 중심으로 퍼져있는 산포도에서 두 변수의 선형관계를 설명하는 데는 유용하지만, 극단치(outlier)가

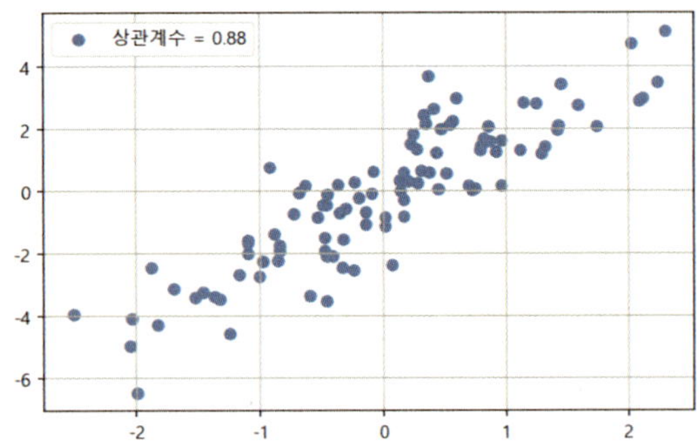

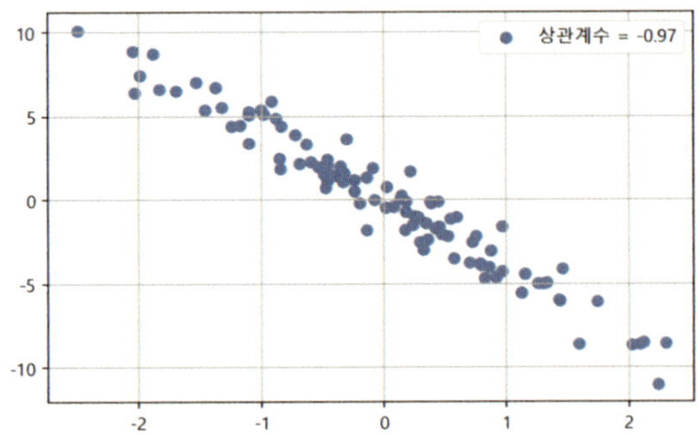

그림 2 상관계수가 뚜렷한 산포도

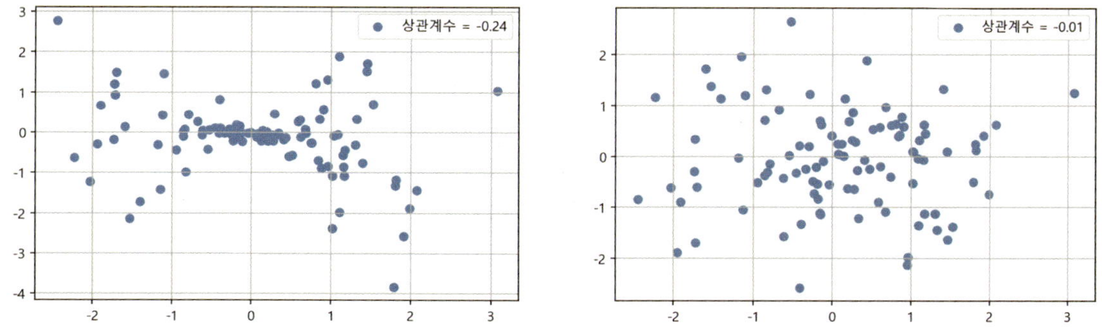

그림 3 상관관계가 뚜렷하지 않은 산포도

존재하거나 이차함수 등과 같은 비선형의 관계일 경우에는 상관계수가 두 변수의 선형관계를 적절하게 설명하지 못합니다. 하지만 두 변수 사이의 비선형관계도 적절하게 변수변환을 통해 선형관계를 근사시킬 수 있습니다. 예를 들어, 〈그림 4〉의 왼쪽 그림에서 비선형관계인 $y = e^{2x}$ 그래프에 로그를 취하면 오른쪽 그림과 같이 두 변수 사이를 선형관계로 표시할 수 있습니다.

또한, 두 변수의 상관관계가 높다고 해서 두 변수 사이에 반드시 인과관계가 있는 것은 아닙니다. 상관관계가 있는 것만으로 인과관계가 있다고 단정하지 못하고, 상관관계가 인과관계의 전제의 지나지 않는 경우가 많습니다. 예를 들어 아이스크림

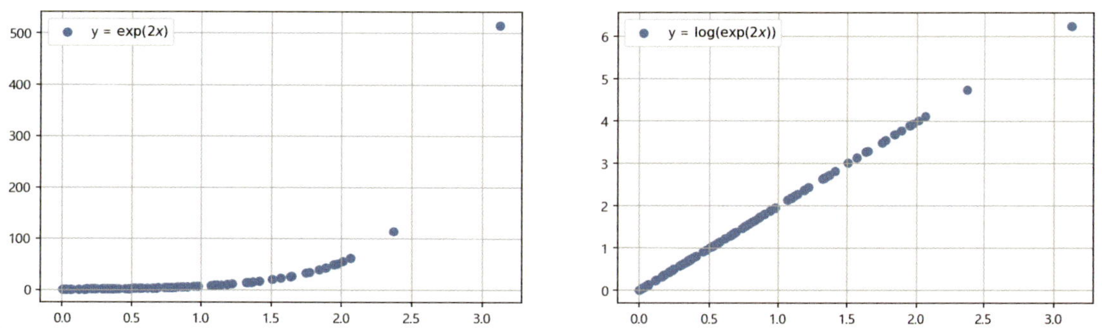

그림 4 비선형관계를 선형관계로 변환

매출이 증가할 때 익사자의 수가 증가한다고 해서 아이스크림 매출의 증가를 익사의 원인으로 볼 수는 없습니다. 아이스크림이 잘 팔리고 익사자가 증가하는 것은 여름이기 때문이며, 더위가 양쪽의 원인이 되는 것입니다(출처: 위키피디아). 따라서 경제변수 간의 인과관계를 분석할 때는 다른 원인이 있는지, 인과관계의 순서가 바뀌지 않았는지, 두 인과관계를 동시에 설명하는 다른 요인이 있는지에 대해 면밀히 살펴봐야 합니다.

개념

7.2 회귀분석

경제현상을 분석할 때 경제 변수 간의 관계를 살펴보는 것이 필요합니다. 특별히 1차 함수로 나타나는 선형관계에 관심이 많습니다. 비선형이면 2차 함수, 3차 함수 등을 추정하기가 쉽지 않고, 대부분의 경제현상에서 나타나는 변수 간의 관계는 선형관계로 표시될 수 있기 때문입니다.

회귀분석 방법

회귀분석(regression analysis)은 집단별 평균을 분석하는 통계적 방법입니다. 즉, 회귀분석 방법으로 도출한 회귀직선은 평균의 그래프를 하나의 직선으로 근사시킨 것입니다. 예를 들어 키가 분류지표(설명변수), 몸무게가 관심지표(피설명변수)라고 해봅시다. 즉, 특정 집단을 키로 분류해서 키(분류지표)에 해당하는 몸무게를 구하는 것입니다. 이때 구하는 몸무게는 해당 키에 해당하는 집단의 평균 몸무게입니다. 설명변수가 통화량 증가율이고 종속변수가 인플레이션율이라면, 특정 통화량 증가율에 대한 평균 인플레이션율이 우리의 관심지표입니다.

단순회귀분석(simple regression analysis)은 하나의 변수와 다른 또 하나의 변수 간의 선형관계를 분석하는 방법이고, 다중회귀분석(multiple regression analysis)은 하나의 변수와 둘 이상 변수 간의 선형관계를 분석하는 방법입니다.

단순회귀분석은 평균, 표준편차, 상관계수로 표현 가능합니다. 예를 들어, 2020년 가계금융복지조사에서 30대 1인 가구의 가처분소득과 순자산에 대한 평균, 표준편차, 상관계수는 다음과 같습니다.

> 평균　소득 = 0.29억 원　　표준편차　소득 = 0.18억 원
> 평균　순자산 = 1.06억 원　　표준편차　순자산 = 1.40억 원
> 상관계수 = 0.32

소득과 순자산 간의 산포도를 살펴보면 소득이 1단위 증가할 때 자산은 1단위보다 적게 증가하는 것을 볼 수 있습니다. 다음 〈그림 5〉에서 회귀직선은 소득이 $1 \cdot SD_x$ 증가할 때, 자산은 $0.32 \cdot SD_y$ 만큼 증가하는 관계를 표현하고 있습니다.[1] 이

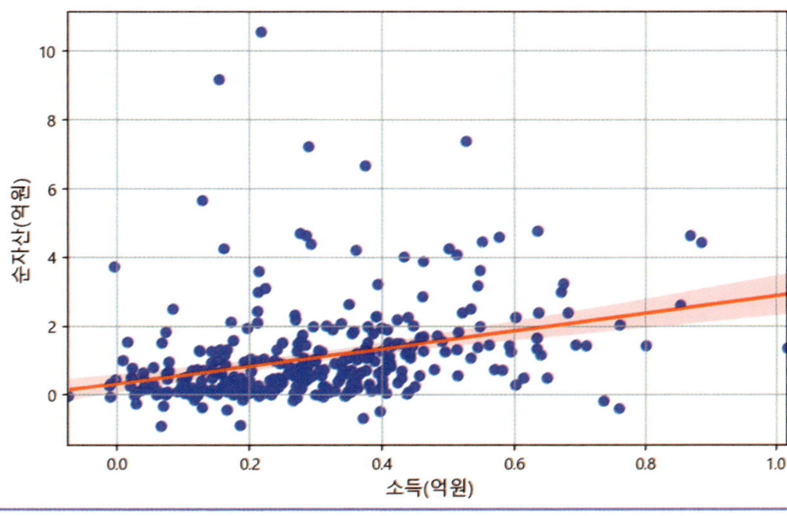

그림 5 소득과 순자산의 산포도와 회귀직선

1 회귀직선이 변수들의 표준편차, 상관계수로 표현할 수 있는 것은 Chapter 8에서 수식으로 확인할 수 있습니다.

때 0.32는 소득과 순자산과의 상관계수입니다. 만약 두 자산의 상관계수가 0이면 두 변수 간에는 선형관계가 전혀 존재하지 않습니다. 따라서 x가 $1SD_x$ 만큼 변화해도 y는 전혀 변하지 않습니다. 두 자산의 상관계수가 1이면 x가 $1SD_x$ 만큼 변화할 때 y는 $1 \cdot SD_y$ 만큼 변화합니다. 또한 두 변수의 상관계수(r)가 -1과 1 사이에 있으면 x가 $1SD_x$ 만큼 변화할 때 y는 상관계수(r) $\cdot$ SD_y 만큼 변화합니다.

그래프에서 회귀직선은 두 변수의 평균점(소득: 0.29억 원, 순자산: 1.06억 원)을 지나고 기울기는 $\frac{r \cdot SD_y}{SD_x}$입니다. 다른 말로 표현하면 소득이 평균(0.29억 원)에서 0.18억 원(소득의 표준편차)만큼 증가할 때 순자산은 0.32×1.40억 원(상관계수×순자산의 표준편차)만큼 증가합니다.

회귀효과

위의 예를 바탕으로 소득이 상위 10%인 철수의 순자산의 백분위 예측치를 계산해봅시다. 소득과 순자산이 정규분포를 따른다고 가정합니다. 상위 10%의 소득은 소득 평균보다 $1.3SD_x$ 만큼 높아야 하므로 0.52억 원입니다(0.52=평균 소득+1.3×SD_x). 소득이 0.52억 원인 철수의 순자산은 순자산 평균보다 $r \times 1.3 \times SD_x$ 만큼 높은 1.65억 원입니다(1.65=평균 순자산+correlation×1.3×SD_y). 1.65억 원이 순자산 분포에서 어느 위치를 차지하는지를 파악하기 위해 구한 z값은 0.422입니다[(1.65 − 평균 순자산)/SD_y]. 0.422에 대한 표준정규분포의 누적분포함수는 0.6635입니다. 따라서 철수의 순자산은 상위 33.65%에 해당합니다. 이와 같이 소득이 평균보다 높은 가구의 평균 순자산은 표준단위로 볼 때 하락합니다. 같은 논리로 소득이 평균보다 낮은 가구의 평균 순자산은 표준단위로 볼 때 상승합니다. 이를 회귀효과라고 합니다.

개념

7.3 회귀분석의 오차

추정오차와 RMSE

회귀분석으로 추정한 추정치와 실제값과는 차이가 발생합니다. 이러한 차이를 추정오차(estimation error)라고 합니다. 추정오차는 일반적으로 잔차(residual)라고 부릅니다.

$$잔차 = 실제값 - 추정치$$

30대 1인 가구의 순자산을 소득(설명변수)과의 회귀직선으로 추정해 봅시다. 이때의 잔차는 산포도상의 점 각각에서 회귀선까지의 수직거리로 측정됩니다. 잔차도(residual plot)는 실제 값과 회귀분석으로 추정한 추정치와의 차이인 잔차를 그래프

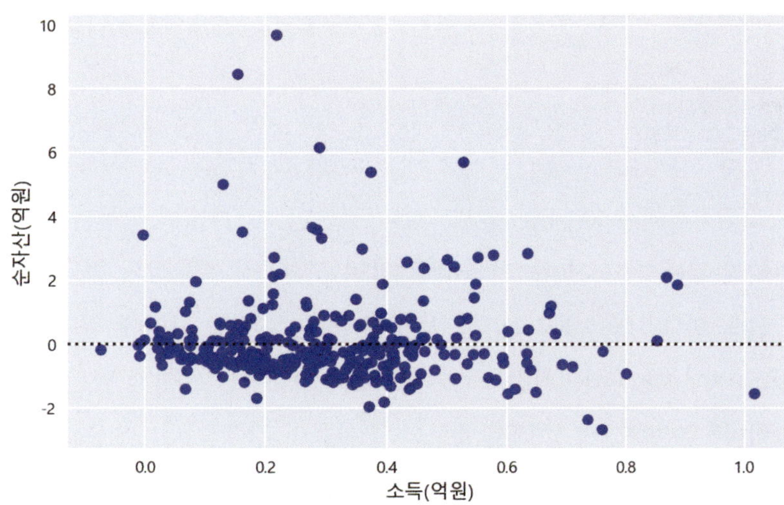

그림 6 순자산을 소득으로 회귀분석했을 때의 잔차도

로, x값은 그대로 둔 채 y값만 잔차로 바꿉니다. 잔차도는 양의 값을 갖는 잔차와 음의 값을 갖는 잔차가 균형을 이루고 있으며 잔차들의 합과 평균은 0입니다. 두 변수 사이에 선형관계가 있으면 잔차도 위에 있는 점들이 우상향하거나 우하향하는 등 체계적인 모습을 보이지 않습니다. 만약 잔차도 위의 잔차들이 선형의 모습을 보이거나 뚜렷한 비선형의 모습을 보이면 두 변수 사이에는 선형관계가 있지 않아서 두 변수 사이의 관계를 회귀분석으로 분석하는 것이 적절하지 않다는 것을 보여주는 것입니다.

전반적인 잔차의 크기는 제곱근-평균-제곱 오차(root-mean-square error, RMSE)라고 부르며, 모든 잔차들을 제곱하여 합한 숫자를 자유도로 나눈 다음 제곱근을 씌워주는 방식으로 계산합니다. 예를 들어, 표본크기가 352인 경우 자유도는 350=(352−2)입니다[2]. RMSE를 구할 때 분모에서 2를 뺀 자유도를 사용한 이유를 생각해 봅시다. 추정오차는 실제값에서 추정치와의 차이로 계산됩니다. 이때 추정치를 구한 단순회귀직선은 절편과 기울기로 이루어집니다. 추정치를 구할 때 표본으로부터 계산한 두 개의 정보를 사용하기 때문에 자유도가 2만큼 줄어드는 것입니다.

$$RMSE = \sqrt{\frac{(\text{1번째 잔차})^2 + (\text{2번째 잔차})^2 + \cdots + (\text{352번째 잔차})^2}{352-2}} = 1.32$$

회귀직선의 RMSE 의미

회귀직선에서 RMSE는 산포도상의 점들이 회귀직선으로부터 수직거리로 얼마나 떨어져 있는지 그 전반적인 크기를 알려줍니다. 산포도상의 점들 중 약 68%가 회귀직선으로부터 $\pm 1 \times$RMSE만큼 떨어져 있는 두 직선 사이에 있으며, 산포도상의 점들 중 약 95%가 회귀직선으로부터 $\pm 2 \times$RMSE만큼 떨어져 있는 두 직선 사이에 있습니다. 다음 〈그림 7〉에서 소득과 순자산의 관계를 나타내는 산포도상의 점의 약

2 단순회귀분석에서 절편과 기울기가 이용되므로 자유도를 계산할 때 2를 빼준다.

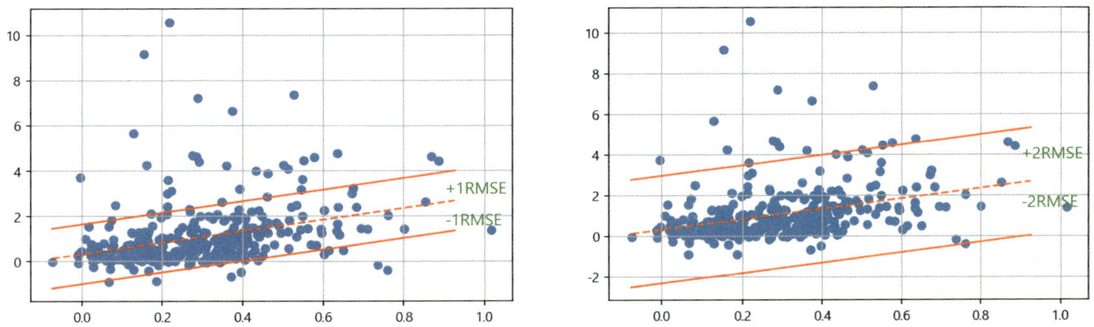

그림 7 RMSE 의미

95%가 회귀직선을 중심으로 상하 2×RMSE 범위에 포함되어 있음을 보이고 있습니다.

상관계수를 이용한 RMSE의 계산

회귀직선의 RMSE는 상관계수와 종속변수의 표준편차를 이용하여 계산할 수 있습니다. 즉, RMSE는 대략 $\sqrt{1-r^2} \times SD_y$ 와 같습니다. 결국 회귀직선에서 전반적인 잔차의 크기를 나타내는 RMSE는 상관계수가 ±1에 가까울수록 적어진다는 것을 알 수 있습니다. 극단적으로 상관계수가 ±1이면 회귀직선은 산포도상의 모든 점을 지나며 추정오차는 0이 됩니다. 이와 반대로 상관계수가 0이면 회귀직선의 RMSE는 SD_y와 대략 같게 됩니다.

세로띠 안의 등분산성

회귀분석에는 회귀직선을 기준으로 위아래로 퍼진 정도가 모든 세로띠에 걸쳐 같다는 등분산성(homoscedasticity)을 가정하고 있습니다. 또한 세로띠 안의 점들이 회귀직선을 중심으로 중앙에 몰려있고 가장자리로 갈수록 숫자가 줄어든다면 세로띠

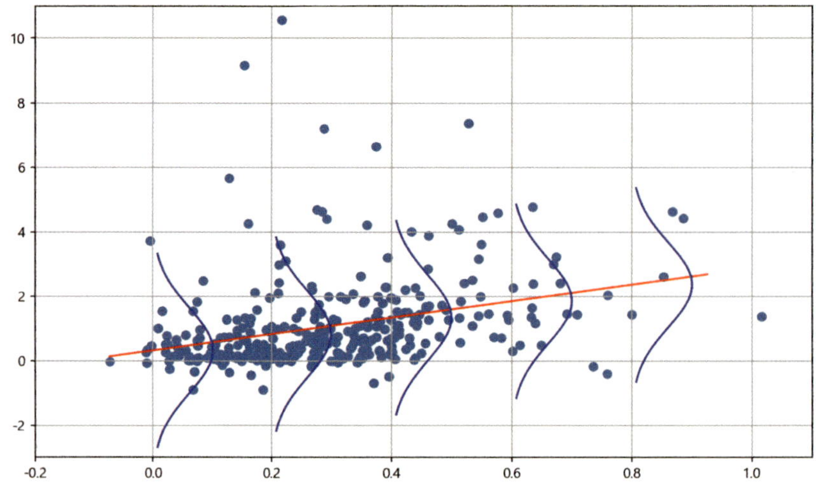

그림 8 등분산성 가정

안의 분포를 정규분포로 근사시킬 수 있습니다. 〈그림 8〉의 30대 1인 가구의 소득과 순자산과의 관계를 살펴보면, 모든 소득 구간에서 순자산의 분포가 동일한 분포를 보이고 있지 않습니다. 이런 경우에는 등분산성의 가정이 성립한다고 볼 수 없습니다.

다음은 2020년 가계금융복지조사에서 나타난 30대 1인 가구의 소득과 순자산에 대한 정보입니다.

평균	소득 = 0.29억 원	표준편차	소득 = 0.18억 원
평균	순자산 = 1.06억 원	표준편차	순자산 = 1.40억 원
상관계수 = 0.32			

이 정보를 바탕으로 30대 1인 가구 중 순자산이 2억 원 이상일 가구의 비율을 구해보도록 합니다. 30대 1인 가구의 순자산을 평균과 표준편차를 이용하여 표준화시켜 표준정규분포에서 z 값을 구하고 z 값에 해당하는 확률을 구합니다. 순자산이 2억 원일 경우 표준정규분포에서 z 값은 $\frac{(2-1.06)}{1.40}$=0.67입니다. 표준정규분포에서 z 값

이 0.67보다 클 확률은 25%이므로 30대 1인 가구 중 순자산이 2억 원 이상인 가구의 비율은 25%입니다.

다음으로 30대 1인 가구에서 소득이 5천만 원인 가구 중 순자산이 2억 원 이상일 가구의 비율을 등분산성 가정을 이용하여 구해보도록 합니다. 먼저 분석대상을 소득이 5천만 원인 30대 1인 가구주의 순자산 평균과 순자산 표준편차를 구해야 합니다. 소득이 5천만 원인 30대 1인 가구주의 순자산 평균을 구해보도록 합시다. 소득 5천만 원인 가구주는 소득은 30대 1인 가구의 소득 평균보다 0.21억 원(0.5−0.29) 높습니다. 해당 소득을 표준편차 단위로 계산하면 1.17SD_x(0.21/0.18)만큼 높습니다. 따라서 소득이 5천만 원인 30대 1인 가구주의 순자산은 평균보다 표준편차 단위로 0.32×1.17×1.40=0.51(r×1.17SD_y)만큼 높으므로 소득이 5천만 원인 30대 1인 가구주의 순자산 평균은 1.06+0.51=1.57억 원입니다.

이제 30대 1인 가구의 새로운 표준편차(RMSE)를 구해 봅시다. 30대 1인 가구의 순자산의 표준편차는 1.40억 원입니다. 소득이 5천만 원인 30대 1인 가구는 30대 1인 가구보다 동질적이므로 순자산 표준편차는 30대 1인 가구의 표준편차인 1.44억 원보다 적을 것입니다. 등분산성이라고 가정할 경우 회귀직선의 표준편차(RMSE)는 1.33억 원($\sqrt{1-r^2} \times SD_y = \sqrt{1-0.32^2} \times 1.4 = 1.33$)입니다. 새로운 평균과 표준편차를 이용하여 순자산이 2억 원일 이상일 확률을 구하면, 소득이 5천만 원인 30대 1인 가구의 순자산의 표준정규분포에서 z 값은 $\frac{2-1.57}{1.33}$= 0.51입니다. 따라서 표준정규분포에서 z 값이 0.51보다 클 확률은 30.7%이므로 소득이 5천만 원인 30대 1인 가구주의 순자산이 2억보다 클 확률은 30.7%입니다.

개념

7.4 회귀직선

회귀직선

회귀분석은 두 변수의 관계를 직선으로 나타낸 것입니다. 직선은 절편과 기울기로 표현 가능하기 때문에 회귀직선은 자료를 절편과 기울기로 요약한 것입니다. 절편은 x가 0일 때 y값을 의미하고, 기울기는 x가 1단위 증가할 때 y가 증가하는 정도를 의미합니다.

최소제곱법

두 변수 간의 관계를 잘 반영하는 회귀직선의 절편과 기울기를 찾아내는 방법을 알아보도록 합니다. 산포도에 나타난 두 변수 사이의 관계를 잘 표현하는 직선을 구할 때 해당 직선과 각 점과의 거리(추정오차)가 가장 적은 직선이 회귀직선입니다. 최소제곱법(least squares method)은 RMSE를 구할 때 오차를 제곱한 제곱오차(squared error)를 최소화시키는 방법이기 때문에 붙여진 이름입니다.

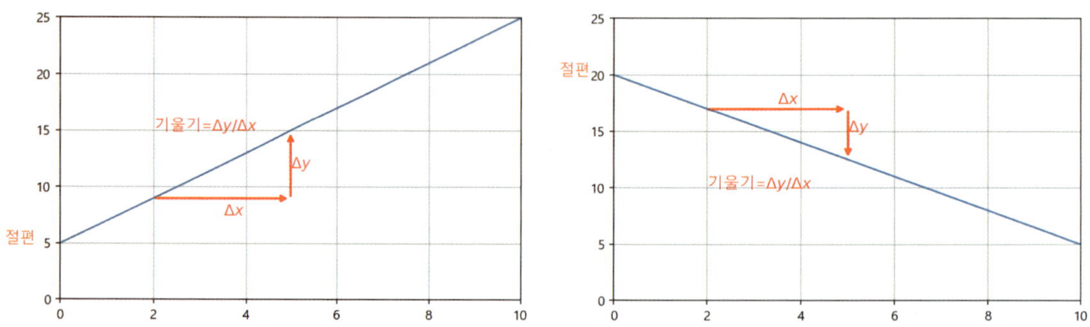

그림 9 기울기와 절편

실제값($y_i = \alpha + \beta x_i + e_i$)과 회귀직선($\hat{y_i} = \alpha + \beta x_i$)과의 차이($e_i$)의 제곱을 최소화시키는 최소제곱법을 이용하여 구한 절편과 기울기는 다음과 같습니다.

$$\beta = r \times \frac{S_y}{S_x},\ \alpha = \bar{y} - \beta \bar{x},\ r = x\text{와 } y\text{의 상관계수},$$

$$S_x = x\text{의 표준편차},\ S_y = y\text{의 표준편차}$$

여기서

$$y_i = \alpha + \beta x_i + e_i,\ i = 1, 2, \cdots, n,$$

y_i : 종속변수, 피설명변수,

x_i : 독립변수, 설명변수,

α : 절편, β : 기울기, e_i : 오차항.

다음 〈그림 10〉은 30대 1인 가구의 교육연수와 연 소득과의 관계를 나타내는 회귀직선을 보이고 있습니다. 회귀직선은 교육연수별로 평균 소득의 추정치를 하나의 직선으로 근사시킵니다. 회귀직선은 교육을 많이 받으면 평균적으로 소득이 증가하는 우상향하는 모습을 보이고 있습니다.

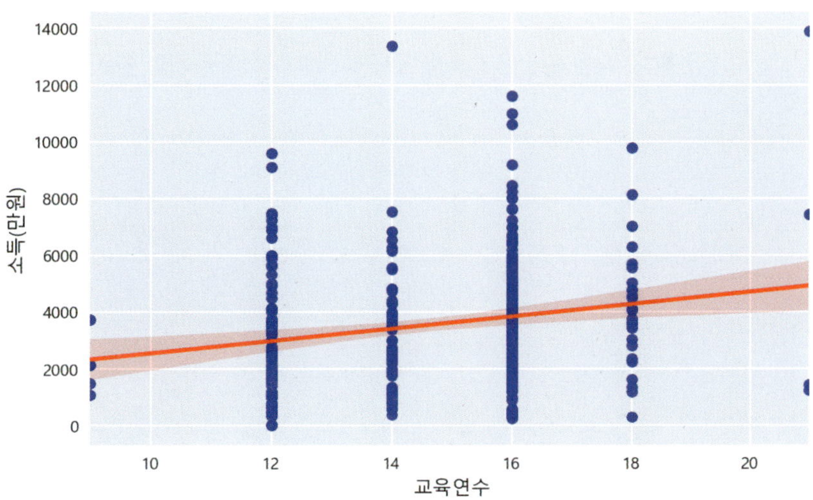

그림 10 교육연수와 소득과의 관계

평균 교육연수는 14.7년, 평균 소득은 3,570만 원이고 교육연수의 표준편차(SD_x)는 2.09년, 소득의 표준편차(SD_y)는 2,215만 원입니다. 교육연수와 소득과의 상관계수는 0.20인 경우, 회귀직선의 기울기와 절편은 다음과 같습니다.

$$\beta = r \times \frac{S_y}{S_x} = 0.20 \times \frac{2215}{2.09} = 214$$

$$\alpha = \bar{y} - \beta\bar{x} = 3570 - 214 \times 14.7 = 409$$

한편, 위의 소득 추정치 회귀방정식을 이용하여 대학(교육연수 16년)을 졸업한 30대 1인 가구의 소득 추정치는 409+214×16=3,833만 원입니다.

Note 최소제곱법을 이용한 회귀계수의 추정

다음과 같은 단순회귀분석 모형을 고려해 봅시다.

$$y_i = \alpha + \beta x_i + e_i,\ i = 1, 2, \cdots, n,$$

y_i : 종속변수, 피설명변수,

x_i : 독립변수, 설명변수,

α : 절편, β : 기울기, e_i : 오차항.

최소제곱법은 다음과 같은 최소화 문제의 해를 구하여 절편과 기울기의 추정량을 구합니다.

$$Q(\alpha,\beta) = \min \sum_{i=1}^{n} [y_i - (a + bx_i)]^2$$

이때 $Q(\alpha, \beta)$를 극소화시키는 α, β를 구하기 위해 $\frac{\partial Q}{\partial \alpha} = 0, \frac{\partial Q}{\partial \beta} = 0$ 조건을 찾습니다.

$$\frac{\partial Q}{\partial \alpha} = \sum_{i=1}^{n} 2[y_i - (\alpha + \beta x_i)] \cdot (-1) = 0 \Leftrightarrow \sum_{i=1}^{n} [y_i - (\alpha + \beta x_i)] = 0 \cdots\cdots\cdots\cdots (1)$$

$$\frac{\partial Q}{\partial \beta} = \sum_{i=1}^{n} 2[y_i - (\alpha + \beta_i)] \cdot (-x_i) = 0 \Leftrightarrow \sum_{i=1}^{n} x_i [y_i - (\alpha + \beta x_i)] = 0 \cdots\cdots\cdots\cdots (2)$$

식 (1)에서는 다음을 구할 수 있습니다.

$$\frac{1}{n}\sum_{i=1}^{n}y_i = \frac{1}{n}(n\alpha + \beta\sum_{i=1}^{n}x_i) \Rightarrow \bar{y} = \alpha + \beta\bar{x}$$

$$\alpha = \bar{y} - \beta\bar{x}$$

식 (2)에서는 다음을 구할 수 있습니다.

$$\begin{aligned}\sum_{i=1}^{n}x_iy_i &= \sum_{i-1}^{n}x_i(\alpha + \beta x_i)\\ &= \sum_{i=1}^{n}x_i(\bar{y} - \beta\bar{x}) + \beta\sum_{i=1}^{n}x_i^2 = n\bar{x}(\bar{y} - \beta\bar{x}) + \beta\sum_{i=1}^{n}x_i^2\end{aligned}$$

$$\sum_{i=1}^{n}x_iy_i - n\bar{x}\bar{y} = \beta(\sum_{i=1}^{n}x^2 - n\bar{x}^2)$$

$$\begin{aligned}\beta &= \frac{\sum_{i=1}^{n}x_iy_i - n\bar{x}\bar{y}}{\sum_{i=1}^{n}x^2 - n\bar{x}^2} = \frac{\sum_{i=1}^{n}(x_i - \bar{x})(y_i - \bar{y})}{\sum_{i=1}^{n}(x_i - \bar{x})^2}\\ &= \frac{\sum_{i=1}^{n}(x_i - \bar{x})(y_i - \bar{y})}{\sqrt{\sum_{i=1}^{n}(x_i - \bar{x})(y_i - \bar{y})}} \cdot \sqrt{\frac{\sum_{i=1}^{n}(y_i - \bar{y})^2}{\sum_{i=1}^{n}(x_i - \bar{x})^2}}\\ &= \frac{S_{xy}}{S_xS_y} \cdot \frac{S_y}{S_x} = r \cdot \frac{S_y}{S_x}\end{aligned}$$

여기서

$$S_x = \sqrt{\sum_{i=1}^{n}(x_i - \bar{x})^2/(n-1)}, \; x\text{의 표준편차}$$

$$S_y = \sqrt{\sum_{i=1}^{n}(y_i - \bar{y})^2/(n-1)}, \; y\text{의 표준편차}$$

$$S_{xy} = \sum_{i=1}^{n}(x_i - \bar{x})(y_i - \bar{y})/(n-1), \; x\text{와 } y\text{의 공분산}$$

$$r = x\text{와 } y\text{의 상관계수}$$

Note RMSE = $\sqrt{1 - r^2} \times SD_y$ 증명

$$\begin{aligned}1 - R^2 = 1 - r^2 &= \frac{\sum(y_i - \hat{y})^2}{\sum(y_i - \bar{y})^2} \approx \frac{\sum(y_i - \hat{y})^2/(n-2)}{\sum(y_i - \bar{y})^2/(n-1)}\\ &= \left(\frac{\mathrm{RMSE}}{SD_y}\right)^2\end{aligned}$$

따라서

$$RMSE = \sqrt{1-r^2} \times SD_y$$

개념

7.5 회귀직선의 설명력

종속변수의 관측값(y_i)이 종속변수의 평균($\bar{y}$)으로부터 벗어난 정도를 총변동(T)이라고 합니다. 평균을 사용하는 이유는 추가 정보가 없을 때 변수 y를 요약하는 대표적인 통계량이 평균($\bar{y}$)이기 때문입니다. 회귀분석의 설명력은 특정 관측값과 평균과 다른 정도를 회귀분석이 어느 정도 설명하는지를 통해 보여줍니다. y를 변수 x를 이용하여 회귀분석하는 경우 총변동은 다음과 같이 두 부분(R, E)으로 나눌 수 있습니다.

$$\begin{aligned} y_i - \bar{y} &= [(\alpha + \beta x_i) - \bar{y}] + [y_i - (\alpha + \beta x_i)] \\ T &= \quad R \quad + \quad E \end{aligned}$$

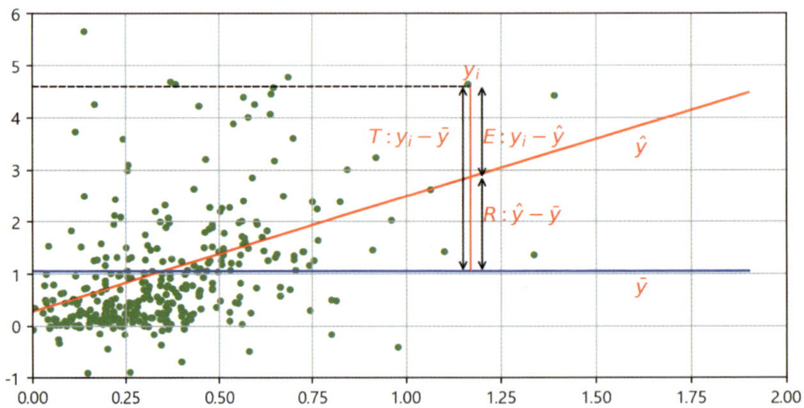

그림 11 회귀분석에서 총변동의 분해

R은 회귀직선상의 높이와 평균($\bar{y}$)과의 차이를, E는 개별 관측치와 회귀직선과의 차이를 나타냅니다. T에서 R의 비중이 커진다면 회귀식으로 추정한 값이 총변동을 잘 설명한다고 볼 수 있습니다. $\alpha + \beta x_i$는 x_i를 이용하여 추정한 값이고 $\bar{y}$는 과거의 y_i값만 이용하여 추정한 값입니다.

T=R+E 항을 단순 더하면 좌변과 우변이 모두 0이 되므로 좌변과 우변을 각각 제곱하면 다음과 같습니다. 이때 우변의 교차항은 합이 0입니다.

$$\begin{array}{ccccc} \sum(y_i - \bar{y})^2 & = & \sum[(\alpha + \beta x_i) - \bar{y}]^2 & + & \sum[y_i - (\alpha + \beta x_i)]^2 \\ SST & = & SSR & + & SSE \end{array}$$

위 식의 좌변은 y의 평균으로부터 총변동을 나타내며 이를 총제곱합(total sum of squares, SST)이라고 합니다. 우변의 회귀제곱합(regression sum of squares, SSR)은 회귀직선에 의해 설명되는 변동분이며, 잔차제곱합(residual sum of squares, SSE)은 회귀직선에 의해 설명되지 않은 변동분입니다. 총변동 가운데 회귀직선으로 설명되는 변동분이 차지하는 비율을 결정계수(R^2)라고 합니다. 결정계수의 값은 1과 0 사이에 있으며 1에 가까울수록 회귀직선의 설명력이 높다고 볼 수 있습니다.

$$R^2 = \frac{SSR}{SST} = 1 - \frac{SSE}{SST} (0 \le R^2 \le 1)$$

설명변수를 추가하면 R^2은 언제나 증가합니다. 설명변수를 추가함에 따라 결정계수가 증가하는 현상을 해결하기 위해 조정된 결정계수($\bar{R}^2$)를 사용합니다. 조정된 결정계수는 설명변수가 추가된다고 해서 반드시 증가하지 않습니다.

$$\bar{R}^2 = \frac{SSR}{SST} = 1 - \frac{SSE/(n-k-1)}{SST/(n-1)}$$

$$(n = \text{표본크기},\ k = \text{설명변수의 개수})$$

Note 단순회귀분석에서 $R^2 = r^2$

$$
\begin{aligned}
R^2 = \frac{SSR}{SST} &= \frac{\sum[(\alpha+\beta x_i)-\bar{y}]^2}{\sum(y_i-\bar{y})^2} \\
&= \frac{\sum[(\alpha+\beta x_i)-(\alpha+\beta\bar{x})]^2}{\sum(y_i-\bar{y})^2} \\
&= \beta^2\frac{\sum[(x_i-\bar{x})]^2}{\sum(y_i-\bar{y})^2},\ \because \beta = r \cdot \frac{SD_y}{SD_x} \\
&= r^2\frac{\sum[(y_i-\bar{y})]^2}{\sum(x_i-\bar{x})^2} \cdot \frac{\sum[(x_i-\bar{x})]^2}{\sum(y_i-\bar{y})^2} \\
&= r^2
\end{aligned}
$$

데이터 분석

7.6 교육연수와 소득과의 상관관계

분석에 필요한 패키지

In

```
import pandas as pd
import numpy as np
import math
```

상관계수 매트릭스

2020년 가계금융복지조사를 이용하여 소득과 교육연수의 상관계수를 구해보도록 합시다. 먼저, 2020년 가계금융복지조사 데이터에서 필요한 데이터를 불러옵니다. 교육코드를 해당 교육연수로 바꾸어주는 함수를 만듭니다.

교육코드

education = 1.안받음(미취학 포함), 2.초등학교, 3.중학교, 4.고등학교, 5.대학(3년제 이하), 6.대학교(4년제 이상), 7.대학원(석사), 8.대학원(박사)

In

```
df = pd.read_csv("household_2020a.csv")
df1 = df[['income', 'education']]
```

In

```
def edu(x):  # 교육코드를 교육연수로 바꾸어주는 함수
    if x == 2:
        return 6
    elif x == 3:
        return 9
    elif x == 4:
        return 12
    elif x == 5:
        return 14
    elif x == 6:
        return 16
    elif x == 7:
        return 18
    elif x == 8:
        return 21
    else:
        return 0
```

소득과 교육연수 간의 상관관계 매트릭스를 구합니다.

In

```
df2 = df1.copy()
df2['education_year'] = df2['education'].apply(edu)  # apply 함수 사용
df3 =df2.drop(['education'], axis=1)
corr = df3.corr()
corr
```

Out

	income	education_year
income	1.000000	0.404591
education_year	0.404591	1.000000

In
```
np.round(corr.iloc[0, 1], 3)  # 소수점 셋째 자리까지 표시
```
Out
```
0.405
```

상관계수 함수를 만들기

다음과 같은 상관계수 구하는 함수를 만들고 이를 이용하여 상관계수를 구합니다.

$$r = \frac{\sum_{i=1}^{n}(x_i - \bar{x})(y_i - \bar{y})}{\sqrt{\sum_{i=1}^{n}(x_i - \bar{x})^2} \cdot \sqrt{\sum_{i=1}^{n}(y_i - \bar{y})^2}}$$

$$= \frac{\sum_{i=1}^{n}(x_i - \bar{x})(y_i - \bar{y})/(n-1)}{\sqrt{\sum_{i=1}^{n}(x_i - \bar{x})^2/(n-1)} \cdot \sqrt{\sum_{i=1}^{n}(y_i - \bar{y})^2/(n-1)}}$$

$$= \frac{cov(X, Y)}{SD_x \cdot SD_y}$$

상관계수를 구하는 데는 lambda, map 함수를 이용합니다. lambda 함수는 한줄 함수로, 함수를 간단하게 표현할 수 있습니다.

In
```
def square1(a):  # 숫자를 제곱하는 함수
  return a*a

square1(5)        # 5를 제곱
```
Out
```
25
```
In
```
square2 = lambda a: a*a  # 숫자를 제곱하는 한줄 함수
square2(5)               # 5를 제곱
```
Out
```
25
```
In
```
(lambda a: a*a) (5)  # 5를 제곱
```
Out
```
25
```

map 함수는 map(function, iterable) 형태를 가지고 있으며, iterable에는 리스트나 튜플이 올 수 있습니다. map 함수는 객체 형태이므로 list나 tuple로 변환시켜 사용합니다. 예를 들어, 리스트 형태인 [1,2,3]을 각각 제곱하여 반환하는 함수를 map 함수와 lambda 함수를 이용하여 다음과 같이 간단하게 표현할 수 있습니다.

In
```
myList = [1,2,3]

result1 = []
for i in myList:
    i2 = square1(i)
    result1.append(i2)
result1
```

Out
```
[1, 4, 9]
```

In
```
result2 = list(map(lambda a: a*a ,[1,2,3]))
result2
```

Out
```
[1, 4, 9]
```

다음은 복수의 함수를 이용하여 상관계수를 구하는 과정입니다. 분산을 구하는 함수에 필요한 제곱항의 합을 구하는 과정에는 lambda 함수와 map 함수를 이용합니다.

In
```
def de_mean(x):
    x_bar = np.mean(x)
    return [x_i - x_bar for x_i in x]  # list comprehension, for 반복문을 사용하여 list를 효과적으로 생성

def covariance(x, y):              # 공분산
    n = len(x)
    return np.dot(de_mean(x), de_mean(y))/(n-1)

def sum_of_squares(x):
    return sum(list(map(lambda a : a*a, x)))
```

```
In  def variance(x):
        n = len(x)
        deviation = de_mean(x)
        return sum_of_squares(deviation)/(n-1)

    def standard_deviation(x):
        return math.sqrt(variance(x))

    def correlation(x,y):
        stdev_x = standard_deviation(x)
        stdev_y = standard_deviation(y)
        return np.round(covariance(x,y) / (stdev_x * stdev_y), 2)
```

```
In  edu = df3.to_numpy()
    x = edu[:,0]
    y = edu[:,1]
```

```
In  correlation(x,y)
```

```
Out 0.4
```

데이터 분석

7.7 30대 1인 가구의 소득과 자산 간 회귀분석

2020년 가계금융복지조사 자료를 이용하여 30대 1인 가구의 소득과 자산과의 관계를 단순회귀분석 해보도록 합니다.

```
In  import pandas as pd
    import numpy as np
```

```
In  %matplotlib inline
    import matplotlib.pyplot as plt
    from matplotlib import rcParams
```

In

```
from matplotlib import font_manager, rc

###그래프에서 한글 폰트 이용하기###
rcParams['axes.unicode_minus'] = False
#plt.rcParams['font.family'] = 'Malgun Gothic'

font_name = font_manager.FontProperties(fname="c:/Windows/Fonts/malgun.ttf").get_name()
rc('font', family=font_name)
```

2020년 가계금융복지조사 데이터에서 30대 1인 가구만 추출하고 소득과 순자산(net income)의 단위를 만 원에서 억 원으로 바꾸어줍니다.

In

```
df = pd.read_csv("household_2020a.csv")
df['income'] = df['income_d']/10000  # 억 원으로 단위조정
df['net_asset'] = df['asset']/10000 - df['debt']/10000  # 순자산
df1 = df.loc[df['number'].isin([1]) & (df['age'] >= 30) & (df['age'] < 39)]  # 30대 1인 가구
df1 = df1[['income', 'net_asset']]
```

statsmodels 패키지를 이용하여 회귀분석을 해보도록 합니다. 종속변수는 순자산(net asset)이고 설명변수는 소득(income)입니다. 절편은 0.3232이고 기울기는 2.5458입니다.

In

```
import statsmodels.api as sm
from statsmodels.formula.api import ols
asset_model = ols("net_asset ~ income", data = df1).fit()
print(asset_model.summary())
```

Out

```
                            OLS Regression Results
==============================================================================
Dep. Variable:              net_asset   R-squared:                       0.105
Model:                            OLS   Adj. R-squared:                  0.103
Method:                 Least Squares   F-statistic:                     41.24
Date:                Tue, 18 Jan 2022   Prob (F-statistic):           4.39e-10
Time:                        11:17:36   Log-Likelihood:                -596.66
No. Observations:                 352   AIC:                             1197.
Df Residuals:                     350   BIC:                             1205.
Df Model:                           1
Covariance Type:            nonrobust
==============================================================================
                 coef    std err          t      P>|t|      [0.025      0.975]
------------------------------------------------------------------------------
Intercept      0.3232      0.135      2.389      0.017       0.057       0.589
income         2.5458      0.396      6.422      0.000       1.766       3.325
==============================================================================
Omnibus:                      272.339   Durbin-Watson:                   2.090
Prob(Omnibus):                  0.000   Jarque-Bera (JB):             4058.057
Skew:                           3.180   Prob(JB):                         0.00
Kurtosis:                      18.370   Cond. No.                         6.12
==============================================================================
```

RMSE 구하기

추정오차를 구하기 위해 회귀직선으로 추정한 추정치를 구하고 실제값과 추정치와의 각각의 오차(er)를 구한 다음 각각의 오차를 이용하여 RMSE를 구합니다.

In

```
df2 = df1.copy()
df2['predicted'] = asset_model.params[0] + df2['income']*asset_model.params[1]
df2['er'] = df2['net_asset'] - df2['predicted']
df2.head()
```

Out

	income	net_asset	predicted	er
19	0.1033	0.5252	0.586148	-0.060948
134	0.3032	1.2920	1.095055	0.196945
157	0.1812	0.0540	0.784467	-0.730467
190	0.3959	-0.4780	1.331052	-1.809052
191	0.1197	0.1610	0.627900	-0.466900

In

```
error = df1['er'].to_numpy()

error2 = []

for i in range(len(error)):
    er2 = error[i] ** 2
    error2.append(er2)

rmse = np.sqrt(np.sum(error2)/(len(error)-2))
np.round(rmse,2)
```

Out

```
1.32  # RMSE
```

소득이 5천만 원인 30대 1인 가구가 순자산이 2억 원 이상 확률

소득이 5천만 원인 30대 1인 가구가 순자산이 2억 원보다 이상일 확률을 구해보도록 합니다. 회귀분석으로 구한 절편과 기울기를 이용하여 소득이 5천만 원인 가구의 평균 순자산은 1.60억 원입니다. RMSE를 이용하여 구한 z 값은 0.306입니다. 표준정규분포에서 z 값이 0.306보다 클 확률은 38%입니다. 따라서 소득이 5천만 원인 30대 1인 가구가 순자산이 2억 원 이상일 확률은 38%입니다.

In
```
import scipy.stats as st
intercept = asset_model.params[0]
slope = asset_model.params[1]
asset1_mn = intercept + 0.5*slope  # 소득이 5천만 원인 30대 1인 가구의 순자산 평균, 1.60억 원
dif = 2 -asset1_mn
z = dif/rmse
np.round(z,3)
```

Out
```
0.306
```

In
```
p_value = 1-st.norm.cdf(z)
np.round(p_value, 2)
```

Out
```
0.38  # 확률
```

결정계수

SST, SSR, SSE를 각각 구한 후 결정계수와 조정된 결정계수를 구합니다.

In
```
df3 = df2.copy()
df3['y_bar'] = df3['net_asset'].mean()

df3['sst'] = (df3['net_asset'] - df3['y_bar'])**2
df3['ssr'] = (df3['fitted'] - df3['y_bar'])**2
df3['sse'] = (df3['net_asset'] - df3['fitted'])**2
```

In
```
df4 = df3[['sst', 'ssr', 'sse']]
df5 = df4.sum(axis=0)
df5
```

Out
```
sst    683.514496
ssr     72.051564
sse    611.462932
dtype: float64
```

결정계수를 구합니다.

```
In   r2 = df5['ssr']/df5['sst']   # 결정계수
     np.round(r2, 3)
```

```
Out  0.105
```

조정된 결정계수를 구합니다.

```
In   k = 2
     n = len(df1)

     a = df5['sse']/(n-k-1)
     b = df5['sst']/(n-1)
     adjR2 = 1 - a/b
     np.round(adjR2, 2)  # 조정된 결정계수
```

```
Out  0.10
```

분석 과제 　아파트 연령과 평당가격과의 회귀관계

1. 공공데이터포털 API를 이용하여 본인 거주 시군구의 직전 1년간 아파트 실거래가 정보를 크롤링하고 맨 마지막 5개 자료를 보입니다.

- 본인의 인증키를 이용합니다.
- for문을 이용하여 자료를 한꺼번에 추출합니다.
- 추출항목은 'month', 'price', 'built_year', 'dong_name', 'apt_name', 'gu_code'입니다.

2. 거래당 아파트 연령(거래연도 – 건축연도)과 평당가격을 구합니다.

3. 아파트 연령(거래연도–건축연도)과 평당가격과의 scatter 그래프를 보입니다.

4. 종속변수를 평당가격, 독립변수를 아파트 연령으로 회귀분석하여 계수값을 구하고 이를 설명합니다.

5. 위 회귀식에서 구한 RMSE를 보입니다.

6. 평당가격이 8,000만 원인 아파트는 몇 %인지 구합니다.

7. 회귀식을 이용하여 20년 된 아파트의 평당가격이 8,000만 원 이상인 아파트는 몇 %인지 구합니다.

Chapter

8

회귀분석과 유의성 검정

대학졸업 30대 1인 가구의 소득 예측

개념

데이터 분석

분석 과제

개념

8.1 회귀분석 계수추정치에 대한 표준오차

회귀분석에서 자료가 변하면 기울기와 절편이 모두 변합니다. 이와 같이 표본(sample)이 바뀌어서 기울기와 절편이 모두 바뀐다면, 우리는 회귀분석 모형에서 구한 기울기와 절편을 믿을 수 있는지에 대한 답을 해야 합니다. 표본이 바뀜에 따라 회귀분석 모형에서 구한 절편과 기울기가 어떻게 달라질지는 기울기와 절편 추정량의 표준오차를 보고 짐작할 수 있습니다. 단순회귀분석에서 절편(α)과 기울기(β) 추정량의 표준오차($\widehat{se}$)는 다음과 같습니다.

$$\widehat{se}(\alpha) = \hat{\sigma}\sqrt{\frac{1}{n} + \frac{\bar{x}^2}{\sum_{i=1}^{n}(x_i - \bar{x})^2}}, \quad \widehat{se}(\beta) = \frac{\hat{\sigma}}{\sqrt{\sum_{i=1}^{n}(x_i - \bar{x})^2}}$$

여기서 σ는 회귀분석 오차의 표준편차이고 그 추정치 $\hat{\sigma}$는 RMSE를 이용합니다.

$$\hat{\sigma} = \sqrt{\sum_{i=1}^{n}(y_i - (\alpha + \beta x_i))^2/(n-2)}$$

위와 같이 계산된 절편과 기울기의 표준오차를 이용하여 t값을 구하여 기울기와 절편의 유의성을 검정합니다. 예를 들어 기울기가 0, 즉 "x가 y를 설명하지 못한다"라는 귀무가설($H_0 : \beta_1 = 0$)을 검정하기 위한 t값을 다음과 같이 계산합니다.

$$t = \frac{\widehat{\beta_1} - \beta_1}{se(\widehat{\beta_1})} = \frac{\widehat{\beta_1} - 0}{se(\widehat{\beta_1})}$$

이는 귀무가설 $\beta_1 = 0$이 맞을 경우 표본추출을 무한히 반복하면 $\widehat{\beta_1}$의 분포는 앞에서 계산한 t-분포를 따른다는 말입니다. 그렇다면 귀무가설을 기각할 수 있는 기각영역에 대해 살펴보기로 합니다. 만일 대립가설이 $H_1 : \beta_1 \neq 0$(양쪽 방향)이라면 t값은 양의 방향 또는 음의 방향으로 치우칠 수 있으므로 기각영역을 양쪽 끝으로 균등하게 설정합니다. 이를 양쪽꼬리검정이라고 합니다. 예를 들어 5% 유의수준에서 가설을 검정한다고 할 때 양쪽 끝의 기각확률을 모두 더해서 5%면 되므로 한쪽 끝의 유의수준 5%의 절반인 2.5% 이내가 되면 귀무가설은 기각됩니다.

만일 대립가설이 $H_1 : \beta_1 > 0$(오른쪽 방향)이라면 우리는 β_1이 0보다 큰지 아닌지에만 관심이 있습니다. 따라서 기각영역은 오른쪽 꼬리로 설정됩니다. 이를 오른쪽꼬리검정이라고 합니다. 예를 들어, 5% 유의수준에서 가설을 검정한다고 할 때 오른쪽 꼬리의 기각확률이 5% 이내이면 귀무가설이 기각됩니다.

만일 대립가설이 $H_1 : \beta_1 < 0$(왼쪽 방향)이라면 우리는 β_1이 0보다 작은지 아닌지에만 관심이 있습니다. 따라서 기각영역은 왼쪽 꼬리로 설정됩니다. 이를 왼쪽꼬리검정이라고 합니다. 예를 들어, 5% 유의수준에서 가설을 검정한다고 할 때 왼쪽 꼬리의 기각확률이 5% 이내이면 귀무가설이 기각됩니다.

자유도가 352인 t-분포에서 $H_0 : \beta_1 = 0$의 귀무가설을 5% 유의수준에서 기각하게 하는 임계값(critical value)을 찾아보도록 합니다. 데이터에서 회귀분석으로 얻은 t값이 해당 임계값보다 더 양끝으로 위치하게 되면 귀무가설을 기각합니다. 대립가설이 양쪽 방향($H_1 : \beta_1 \neq 0$)인 경우 자유도 352에서 유의수준 5%로 기각할 수 있는 t값은 1.96보다 크거나 −1.96보다 작아야 합니다. 대립가설이 $H_1 : \beta_1 > 0$이라면 자

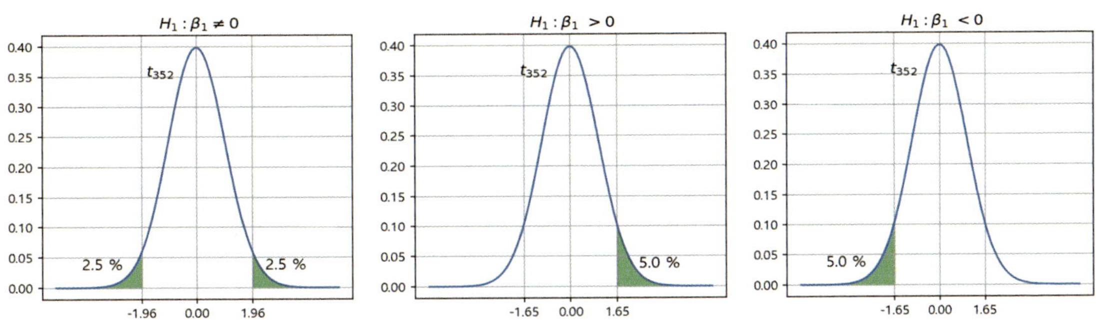

그림 1 자유도가 352일 때 $H_0 : \beta_1 = 0$의 검정을 위한 기각영역

유도 352에서 유의수준 5%로 기각할 수 있는 t값은 1.65보다 커야 합니다. 마찬가지로 대립가설이 $H_1 : \beta_1 < 0$이라면 자유도 352서 유의수준 5%로 기각할 수 있는 t값은 −1.65보다 작아야 합니다.

절편과 기울기의 표준오차를 이용하여 절편과 기울기에 대한 신뢰구간도 구할 수 있습니다. 양쪽검정에서 회귀모형의 기울기에 대한 95% 신뢰구간은 $\widehat{\beta_1} \pm 1.96se(\widehat{\beta_1})$입니다. 95% 신뢰구간에 0이 포함되지 않아야 추정한 계수값이 의미가 있는 것입니다. 이때 자유도에 의해 t값이 달라지므로 계산의 편의를 위해 1.96 대신에 2를 주로 사용합니다.

다음 〈표 1〉은 2020년 가계금융복지조사 데이터에서 30대 1인 가구의 소득과 교육연수 간의 회귀분석 결과입니다. 교육연수가 1년 증가하면 소득은 214만 원 증가합니다. 교육연수 계수값(214.57만 원)에 대한 표준오차는 55.5만 원이며, 이를 바탕으로 구한 교육연수 계수값에 대한 t값은 3.863입니다. t−분포에서 t값은 |3.863|보다 클 확률(p값)은 0.000%입니다. 이는 양쪽검정에서 필요한 2.5% 유의수준보다 작으므로 기울기가 0이라는 귀무가설을 기각합니다. 한편, 95% 신뢰구간은 214.57±(2×55.5)인 105.3에서 323.8입니다. 해당 신뢰구간은 0을 포함하고 있지 않습니다.

$$t = \frac{214.57 - 0}{55.5} = 3.863$$

표 1 단순회귀분석 결과(예시)

	coef	std err	t	p > | t |	[0.025	0.975]
intercept	408.75	826.6	0.494	0.621	−1217.6	2034.5
education_year	214.57	55.5	3.863	0.000	105.3	323.8

Note 단순회귀분석 모형에서 절편과 기울기의 추정량의 표준오차

$$\beta = \frac{\sum_{i=1}^{n}(x_i-\bar{x})(y_i-\bar{y})}{\sum_{i=1}^{n}(x_i-\bar{x})^2} = \frac{\sum_{i=1}^{n}(x_i-\bar{x})y_i - \sum_{i=1}^{n}(x_i-\bar{x})\bar{y}}{\sum_{i=1}^{n}(x_i-\bar{x})^2} = \sum_{i=1}^{n}\frac{(x_i-\bar{x})}{\sum_{i=1}^{n}(x_i-\bar{x})^2}y_i$$

$$\textit{where, } \sum_{i=1}^{n}(x_i-\bar{x})\bar{y} = \sum_{i=1}^{n}(x_i\bar{y}-\bar{x}\bar{y}) = n\bar{x}\bar{y}-n\bar{x}\bar{y} = 0$$

$$Var(\beta) = \sum_{i=1}^{n}\left[\frac{(x_i-\bar{x})}{\sum_{i=1}^{n}(x_i-\bar{x})^2}\right]^2\sigma^2 = \frac{\sum(x_i-\bar{x})^2}{\left[\sum_{i=1}^{n}(x_i-\bar{x})^2\right]^2}\sigma^2 = \frac{\sigma^2}{\sum_{i=1}^{n}(x_i-\bar{x})^2}$$

$$\widehat{se}(\beta) = \frac{\hat{\sigma}}{\sqrt{\sum_{i=1}^{n}(x_i-\bar{x})^2}}$$

$\alpha = \bar{y}-\beta\bar{x}$에서 β를 α에 대입하면 다음을 얻습니다.

$$\alpha = \bar{y}-\beta\bar{x} = \frac{1}{n}\sum_{i=1}^{n}y_i - \sum_{i=1}^{n}\frac{\bar{x}(x_i-\bar{x})}{\sum_{i=1}^{n}(x_i-\bar{x})^2}y_i = \sum_{i=1}^{n}[\frac{1}{n} - \frac{\bar{x}(x_i-\bar{x})}{\sum_{i=1}^{n}(x_i-\bar{x})^2}]y_i$$

$$\begin{aligned} Var(\alpha) &= \sum_{i=1}^{n}\left[\frac{1}{n}-\frac{\bar{x}(x_i-\bar{x})}{\sum_{i=1}^{n}(x_i-\bar{x})^2}\right]^2\sigma^2 = \left[\frac{1}{n}+\frac{\bar{x}^2(x_i-\bar{x})^2}{\sum_{i=1}^{n}(x_i-\bar{x})^2}\right]\sigma^2 \\ &= \left[n\frac{1}{n^2}+\frac{\bar{x}^2}{\sum_{i=1}^{n}(x_i-\bar{x})^2}\right]\sigma^2 = \left[\frac{1}{n}+\frac{\bar{x}^2}{\sum_{i=1}^{n}(x_i-\bar{x})^2}\right]\sigma^2 \end{aligned}$$

$$\widehat{se}(\alpha) = \hat{\sigma}\sqrt{\frac{1}{n}+\frac{\bar{x}^2}{\sum_{i=1}^{n}(x_i-\bar{x})^2}}, \text{이때 } \hat{\sigma} = \sqrt{\frac{\sum_{i=1}^{n}(y_i-\alpha-\beta x_i)^2}{n-1}}$$

이때 $\sum_{i=1}^{n}(x_i-\bar{x})\bar{x} = \sum_{i=1}^{n}(x_i\bar{x}-\bar{x}\bar{x}) = n\bar{x}\bar{x}-n\bar{x}\bar{x} = 0$입니다.

개념

8.2 회귀분석을 이용한 예측

회귀분석 모형을 이용하여 예측을 할 수 있습니다. 설명변수(x_0) 값에 따른 종속변수 값(y_0)은 다음과 같이 예측합니다.

$$\hat{y_0} = \alpha + \beta x_0$$

예측에는 두 가지가 있는데, 개별값에 대한 예측과 평균값에 대한 예측입니다. 두 경우 예측값은 동일하지만 예측치의 불확실성을 나타내는 표준오차는 다릅니다. 개별값에 대한 예측오차를 $se(y_0 - \hat{y_0})$이라고 하고, 평균값에 대한 예측오차를 $se(Ey_0 - \hat{y_0})$라고 했을 때 각각의 표준오차는 다음과 같습니다.

$$\widehat{se}(y_0 - \hat{y}_0) = \hat{\sigma}\sqrt{1 + \frac{1}{n} + \frac{(x_0 - \overline{x})^2}{\sum_{i=1}^{n}(x_i - \overline{x})^2}}$$

$$\widehat{se}(Ey_0 - \hat{y}_0) = \hat{\sigma}\sqrt{\frac{1}{n} + \frac{(x_0 - \overline{x})^2}{\sum_{i=1}^{n}(x_i - \overline{x})^2}}$$

개별값과 평균값의 표준오차의 차이를 살펴보면 개별값의 표준오차는 제곱근 기호 안에 1이 들어 있으나, 평균값의 표준오차는 해당 1이 포함되어 있지 않습니다. 이와 같이 개별값의 표준오차가 평균값의 표준오차에 비해 크기 때문에 개별값 예측의 불확실성이 평균값 예측의 불확실성보다 큽니다.

예측치와 표준오차를 이용하여 설명변수(x_0) 값에 따른 종속변수 값(y_0)의 예측 구간(prediction interval)을 다음과 같이 구할 수 있습니다.

개별값에 대한 95% 예측 구간: $\hat{y}_0 \pm 2\widehat{se}(y_0 - \widehat{y_0})$

평균값에 대한 95% 예측 구간: $\hat{y}_0 \pm 2\widehat{se}(Ey_0 - \widehat{y_0})$

Note 평균값 예측의 표준오차와 개별값 예측의 표준오차

특정한 값(x_0)에 대한 y_0의 평균값 $\widehat{y_0} = \alpha + \beta x_0$ $\widehat{y_0}$이고, $\widehat{y_0}$의 분산은 다음과 같습니다.

$$\begin{aligned} Var(Ey_0 - \widehat{y_0}) &= Var(Ey_0) + Var(\widehat{y_0}) + 2Cov(Ey_0, \widehat{y_0}) \\ &= Var(\widehat{y_0}), \ \because \ Var(Ey_0) = 0, 2Cov(Ey_0, \widehat{y_0}) = 0 \end{aligned}$$

$$\begin{aligned} Var(\widehat{y_0}) &= Var(\alpha + \beta x_0) = Var(\overline{y} - \beta\overline{x} + \beta x_0) = Var(\overline{y} + \beta(x_0 - \overline{x})) \\ &= Var(\overline{y}) + Var(\beta(x_0 - \overline{x})) + 2Cov(\overline{y}, \beta(x_0 - \overline{x})) \\ &= Var(\overline{y}) + (x_0 - \overline{x})^2 Var(\beta), \ \because \ Cov(\overline{y}, \beta(x_0 - \overline{x})) = 0 \\ &= \frac{\sigma^2}{n} + \frac{(x_0 - \overline{x})^2 \sigma^2}{\sum_{i=1}^{n}(x_0 - \overline{x})^2} = \sigma^2 \left[\frac{1}{n} + \frac{(x_0 - \overline{x})^2}{\sum_{i=1}^{n}(x_0 - \overline{x})^2} \right] \end{aligned}$$

이제 σ 대신 σ 추정치인 $\hat{\sigma}$을 사용하면 다음과 같습니다.

$$\widehat{Var}(Ey_0 - \widehat{y_0}) = \hat{\sigma}^2 \left[\frac{1}{n} + \frac{(x_0 - \overline{x})^2}{\sum_{i=1}^{n}(x_0 - \overline{x})^2} \right]$$

$$\widehat{se}(Ey_0 - \widehat{y_0}) = \hat{\sigma} \sqrt{\frac{1}{n} + \frac{(x_0 - \overline{x})^2}{\sum_{i=1}^{n}(x_0 - \overline{x})^2}}$$

특정한 값(x_0)에 대한 예측값 y_0의 분산은 다음과 같이 분해할 수 있습니다.

$$Var(y_0 - \widehat{y_0}) = Var(y_0) + Var(\widehat{y_0}) - 2Cov(y_0, \widehat{y_0}) = Var(y_0) + Var(\widehat{y_0})$$

$$\because 2Cov(y_0, \widehat{y_0}) = 0$$

$$Var(y_0 - \widehat{y_0}) = \sigma^2 + \frac{\sigma^2}{n} + \frac{(x_0 - \overline{x})^2 \sigma^2}{\sum_{i=1}^{n}(x_0 - \overline{x})^2} = \sigma^2 \left[1 + \frac{1}{n} + \frac{(x_0 - \overline{x})^2}{\sum_{i=1}^{n}(x_0 - \overline{x})^2} \right]$$

이제 σ 대신 σ의 추정치인 $\hat{\sigma}$을 사용하면 다음과 같습니다.

$$\widehat{Var}(y_0 - \widehat{y_0}) = \hat{\sigma}^2 \left[1 + \frac{1}{n} + \frac{(x_0 - \overline{x})^2}{\sum_{i=1}^{n} (x_0 - \overline{x})^2} \right]$$

$$\widehat{se}(y_0 - \widehat{y_0}) = \hat{\sigma} \sqrt{1 + \frac{1}{n} + \frac{(x_0 - \overline{x})^2}{\sum_{i=1}^{n} (x_0 - \overline{x})^2}}$$

데이터 분석

8.3 대학졸업 30대 1인 가구의 교육연수와 소득 간 회귀계수 해석

분석에 이용한 패키지

In

```
import numpy as np
import pandas as pd
```

In

```
import statsmodels.api as sm
from statsmodels.formula.api import ols
```

회귀분석

2020년 가계금융복지조사 데이터에서 30대 1인 가구 데이터를 추출한 후, 교육연수(education_year)가 소득(income)에 미치는 영향에 대한 회귀분석을 실시합니다. statsmodels 패키지를 이용한 회귀분석 결과 주요 내용은 다음과 같습니다. 교육연수가 1년 증가할 때 소득은 214만 원 증가하고 이는 1% 유의수준에서 통계적으로 유의합니다.

In

```
df = pd.read_csv("education2020.csv")
df = df[['age', 'number', 'education_year', 'income']]
df1 = df.loc[df['number'].isin([1]) & (df['age'] >= 30) & (df['age'] < 39)]  # 30대 1인 가구
df2 = df1.copy()
edu_model = ols("income ~ education_year", data=df2).fit()
print(edu_model.summary())
```

Out

```
==================================================================================
                     coef    std err          t      P>|t|      [0.025      0.975]
----------------------------------------------------------------------------------
Intercept        408.7517    826.622      0.494      0.621   -1217.020    2034.523
education_year   214.5744     55.543      3.863      0.000     105.335     323.814
==============================================================================
Omnibus:                       72.217   Durbin-Watson:                   2.032
Prob(Omnibus):                  0.000   Jarque-Bera (JB):              138.085
Skew:                           1.105   Prob(JB):                     1.04e-30
Kurtosis:                       5.129   Cond. No.                         107.
==============================================================================
```

패키지를 이용하여 구한 절편과 기울기를 이용하여 회귀계수의 표준오차를 구하고, 이를 이용하여 계수값의 유의성을 검정하도록 하겠습니다.

RMSE 계산

회귀계수의 표준오차를 구하는 데 필요한 RMSE($\hat{\sigma}$)을 구합니다.

$$\hat{\sigma} = \sqrt{\sum_{i=1}^{n}(y_i - (\alpha + \beta x_i))^2 / (n-k)}, \ k\text{는 설명변수 개수}$$

In

```
iintercept =edu_model.params[0]
slope = edu_model.params[1]
df3['fitted'] = intercept + df3['education_year'] * slope
df3['sse'] = (df3['income'] - df3['fitted'])**2
sse = df3[['sse']]
n = len(df3.index)
k = 2
sigma_hat = np.sqrt(np.sum(sse)/(n-k))  # RMSE
np.round(sigma_hat, 2)
```

Out 2172.88

회귀계수의 표준오차

RMSE($\hat{\sigma}$)와 다른 정보를 이용하여 절편과 기울기의 표준오차인 $\widehat{se}(\alpha)$, $\widehat{se}(\beta)$를 구합니다.

$$\widehat{se}(\alpha) = \hat{\sigma}\sqrt{\frac{1}{n} + \frac{\overline{x}^2}{\sum_{i=1}^{n}(x_i - \overline{x})^2}}, \quad \widehat{se}(\beta) = \frac{\hat{\sigma}}{\sqrt{\sum_{i=1}^{n}(x_i - \overline{x})^2}}$$

In
```
df3['x_bar'] = df3['education_year'].mean()
df3['x_residual2'] = (df3['education_year'] - df3['x_bar'])**2
x_residual2 = np.sum(df3['x_residual2'])
n = len(df3.index)
se_a = np.sqrt(1/n + x_bar**2/x_residual2) * sigma_hat  # 절편의 표준오차
np.round(se_a, 2)
```

Out 826.62

In
```
se_b = sigma_hat/np.sqrt(x_residual2)  # 기울기의 표준오차
np.round(se_b, 2)
```

Out 55.54

회귀계수의 신뢰구간

α의 추정계수에 대한 95% 신뢰구간은 $a \pm 2se(\alpha)$이며, β의 추정계수에 대한 95% 신뢰구간은 $\beta \pm 2se(\beta)$입니다.

In
```
# α에 대한 신뢰구간
lb_a = intercept - 2 * se_a  # lower bound
hb_a = intercept  + 2 * se_a  # higher bound
```

```
In   np.round(lb_a, 2)  # lower bound
Out  -1244.49
In   np.round(hb_a, 2)  # higher bound
Out  2062.0
```

```
In   # β에 대한 신뢰구간
     lb_b =  slope  - 2 * se_b  # lower bound
     hb_b =  slope + 2 * se_b  # higher bound
In   np.round(lb_b.,2)
Out  103.49
In   np.round(hb_b,2)
Out  325.66
```

절편과 기울기에 대한 유의성 검증

절편과 기울기에 대한 유의성을 검증합니다. 단순회귀분석 모형의 절편과 기울기에 대한 귀무가설 $\beta_0=\beta_1=0$에 대해 t–검정을 실시합니다.

$$t_{\beta_0}=\frac{\widehat{\beta_0}-\beta_0}{se(\widehat{\beta_0})}=\frac{\widehat{\beta_0}-0}{se(\widehat{\beta_0})},\ t_{\beta_1}=\frac{\widehat{\beta_1}-\beta_1}{se(\widehat{\beta_1})}=\frac{\widehat{\beta_1}-0}{se(\widehat{\beta_1})}$$

```
In   # 절편에 대한 t-검정
     t_a = (intercept - 0)/se_a
     t_a.rond(3)
Out  0.494
In   # 기울기에 대한 t-검정
     t_b =(slope - 0)/se_b
     t_b.round(4)
Out  3.863
```

p값

절편과 기울기에 대한 귀무가설 $\beta_0 = \beta_1 = 0$에 대한 가설에 대해 t값에 해당하는 p값을 구합니다. 대립가설을 $\beta_0 \neq 0$, $\beta_1 \neq 0$으로 설정할 경우 데이터로 구한 t값에 해당하는 p값에 2를 곱하여 p값을 구합니다. 해당 p값이 0.05보다 작으면 귀무가설을 기각합니다.

In
```
from scipy import stats
df = len(df3.index)-2
p_a = (1 - stats.t.cdf(t_a,df=df))*2  # 대립가설을 α≠0로 둘 경우 p값
p_b = (1 - stats.t.cdf(t_b,df=df))*2  # 대립가설을 β≠0로 둘 경우 p값

p_a.round(4)
```
Out
```
0.6213
```
In
```
p_b.round(4)
```
Out
```
0.0001
```

데이터 분석

8.4 대학졸업 30대 1인 가구의 소득 예측

2020년 가계금융복지조사 자료 중 30대 1인 가구 중 대학졸업자의 소득을 예측해 봅니다. 대학졸업자의 경우 교육 기간이 16년입니다. 교육 기간이 16년인 30대 1인 가구의 평균 소득과 특정 가구의 예측을 따로 구합니다. 예를 들어 자녀를 대학에서 교육시킬 경우 자기 자녀가 30대에 얻는 소득을 예측해 보는 것이 개별값에 대한 예측이고, 대학교육을 받은 30대 1인 가구의 평균 소득을 예측해 보는 것이 평균값에 대한 예측입니다. 두 경우 예측값의 표준오차는 다릅니다.

예측: $\widehat{y_0} = \alpha + \beta x_0$

예측오차: 개별값의 표준오차 > 평균값의 표준오차

$$\hat{\sigma}\sqrt{1+\frac{1}{n}+\frac{(x_0-\bar{x})^2}{\sum_{i=1}^{n}(x_i-\bar{x})^2}} > \hat{\sigma}\sqrt{\frac{1}{n}+\frac{(x_0-\bar{x})^2}{\sum_{i=1}^{n}(x_i-\bar{x})^2}}$$

예측 추정치

회귀모형을 통해 구한 절편(α)과 기울기(β)를 이용하여 대학교육 연수에 해당하는 16년 교육(x_{16})을 받은 가구주의 소득을 추정합니다. 2020년 가계금융복지조사를 통해 구한 해당 소득은 3,841.9만 원입니다.

$$\widehat{y_{16}} = \alpha + \beta x_{16}$$

In
```
df = pd.read_csv("education2020.csv")
df = df[['age', 'number', 'education_year', 'income']]
df1 = df.loc[df['number'].isin([1]) & (df['age'] >= 30) & (df['age'] < 39)] # 30대 1인 가구
edu_model = ols("income ~ education_year", data=df1).fit()
intercept = edu_model.params[0]
coef1 = edu_model.params[1]
```

In
```
y_16  = intercept + coef1 * 16
y_16.round(1)
```

Out
```
3841.9
```

평균값과 개별값에 대한 표준오차

30대 1인 가구 중 대학졸업자의 평균적인 소득의 표준오차는 다음과 같이 구할 수 있습니다.

$$\widehat{SE}(Ey_0 - \hat{y}_0) = \hat{\sigma}\sqrt{\frac{1}{n} + \frac{(x_0 - \overline{x})^2}{\sum_{i=1}^{n}(x_i - \overline{x})^2}}$$

In
```
x_0 = 16  # 대학졸업에 해당하는 교육연수

df2 = df1.copy()
df2['fitted'] = intercept + df2['education_year'] * coef1
df2['sse'] = (df2['income'] - df2['fitted'])**2
df3 = df2['sse']
n = len(df3.index)
df4 = df3.sum(axis=0)
sigma_hat = np.sqrt(df4/(n-2))  # σ̂(RMSE)
```

In
```
df2['x_bar'] = df2['education_year'].mean()
x_bar = df2['education_year'].mean()
df2['x_residual2'] = (df2['education_year'] - df2['x_bar']) ** 2
df3  = df2['x_residual2']
df4 = df3.sum(axis = 0)
x_residual2= df4

# 30대 1인 가구인 대학졸업자의 소득의 평균예측치의 표준오차
se1_16 = np.sqrt(1/n + (x_0 - x_bar)**2/x_residual2) * sigma_hat
```

In
```
np.round(se1_16, 2)
```

Out
```
135.4
```

30대 1인 가구 중 대학졸업자의 평균적인 소득의 95% 신뢰구간은 3,571만 원에서 4,112만 원입니다.

In
```
lb = y_16 - 2 * se1_16  # lower bound
hb = y_16  + 2 * se1_16  # higher bound
```

In
```
lb.round(2)
```

Out
```
3571.07
```

In
```
hb.round(2)
```

```
Out    4112.82
```

30대 1인 가구 중 특정 대학졸업자 가구의 소득의 표준오차를 다음과 같이 예측합니다. 대학을 졸업한 특정 30대 1인 가구 소득의 95% 신뢰구간은 −512만 원에서 8,196만 원입니다. 해당 신뢰구간은 0을 포함하고 있어서 해당 추정치를 이용할 수 없습니다.

$$\widehat{SE}(y_0 - \hat{y}_0) = \hat{\sigma}\sqrt{1 + \frac{1}{n} + \frac{(x_0 - \overline{x})^2}{\sum_{i=1}^{n}(x_i - \overline{x})^2}}$$

```
In     # 30대 1인 가구인 대학졸업자의 소득의 평균예측치의 표준오차
       se2_16 = np.sqrt(1 + 1/n + (x_0 - x_bar)**2/x_residual2) * sigma_hat
```

```
In     lb2 = y_16 - 2 * se2_16  # lower bound
       hb2 = y_16  + 2 * se2_16  # higher bound
```

```
In     lb2.round(2)
```

```
Out    -512.25
```

```
In     hb2.round(2)
```

```
Out    8196.13
```

분석 과제 아파트 연령에 따른 평당가격 예측

1. API를 이용하여 국토교통부 아파트 실거래가 데이터를 입수하여 DataFrame 형태로 보입니다.

- **지역** 본인 거주지 시군구
- **기간** 가장 최근 6개월
- **입수할 정보** 거래연월, 매매가격, 건축연도, 법정동, 아파트이름, 전용면적, 지역코드

2. 아파트 평당 매매대금을 구합니다.

3. 패키지를 이용하여 종속가격을 평당가격, 독립변수를 아파트 연령(거래연도–건축연도)으로 회귀분석하여 계수값을 구합니다.

4. 회귀분석 계수에 대한 표준오차를 직접 구하여 패키지에서 구한 값과 비교합니다.

5. 연령이 30년 된 아파트의 평균가격을 예측합니다.

6. 연령이 30년 된 아파트의 평균추정치에 대한 표준오차와 신뢰구간을 구합니다.

Chapter

9

다중회귀분석

소득에 영향을 미치는 다양한 요인

개념

9.1 변수변환

9.2 다중회귀분석

9.3 행렬을 이용한 다중회귀분석

9.4 회귀분석에 이용한 행렬 성질

데이터 분석

9.5 파이썬을 이용한 행렬 표현

9.6 행렬을 이용한 계수 및 신뢰구간 추정

9.7 회귀분석: 변수변환

9.8 교육연수, 나이, 성별, 직업 등이 소득에 미치는 영향

분석 과제

개념

9.1 변수변환

회귀분석을 할 때 분석 목적에 따라 종속변수와 독립변수를 적절하게 변환하여 사용합니다. 여기서는 자주 이용되는 로그변환, 제곱변환과 더미변수를 사용하는 경우 그 의미에 대해 살펴보겠습니다.

로그와 증가율

소득, 인구수 등 경제 변수나 주식가격, 기업매출액 등 금융 및 재무 변수를 이용하여 회귀분석할 때 해당 변수에 자연로그를 취하는 경우가 많습니다. 이는 로그의 성질이 증가율과 매우 밀접한 관계가 있기 때문입니다. 회귀분석에서 종속변수와 독립변수에 적절하게 로그를 취하면 다양한 해석이 가능합니다.

$\exp(x) = e^x$는 밑이 e인 지수함수입니다. 지수함수에서 x가 1일 때 $\exp(1) = e$ 값을 e라고 표시하고 그 값을 자연상수라고 합니다. $y = \exp(x)$와 같이 y가 x의 함수로 표시할 때 이의 역함수가 자연로그함수입니다. 즉, $y = \exp(x)$일 때 $x = \log(y)$로 표현할 수 있습니다.

$$\begin{aligned}\exp(x) &= \lim_{n\to\infty}(1+\frac{x}{n})^n \\ &= \sum_{n=0}^{\infty}\frac{x^n}{n!} = (1+x+\frac{x^2}{2!}+\frac{x^3}{3!}+\cdots)\end{aligned}$$

$$e = \exp(1) = \lim_{n\to\infty}(1+\frac{1}{n})^n = 2.718282\cdots$$

다음 〈그림 1〉은 지수함수와 로그함수를 보여주고 있습니다. 지수함수는 지수적(exponentially)으로 증가하므로 그 역함수인 로그함수는 지수적으로 감소합니다. 회귀분석에서 기울기는 x가 1단위 증가할 때 y의 증가량입니다. $\log(x)$ 그래프에서 x

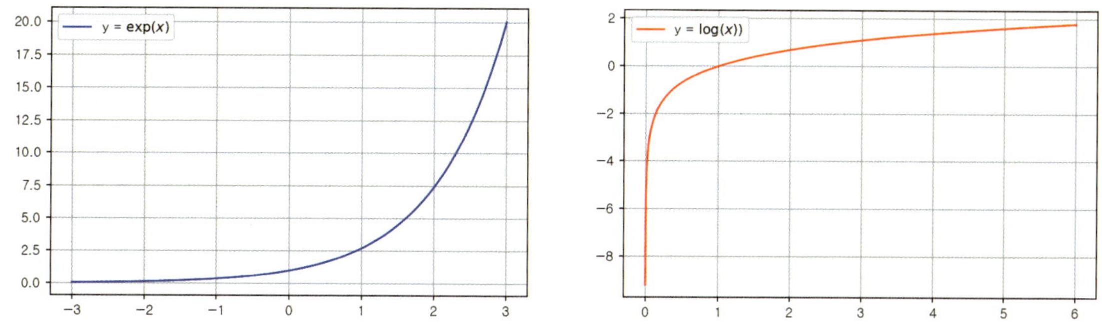

그림 1 지수함수와 로그함수

가 약간 증가하면 log(x)는 얼마큼 증가하는지 살펴봅시다. 이는 로그함수의 각 점에서 미분값, 즉 접선의 기울기($\frac{\Delta \log(x)}{\Delta x}$)를 구하는 것과 같습니다. 이때 로그의 미분성질을 이용하면 $\frac{\Delta \log(x)}{\Delta x} = \frac{1}{x}$ 이므로 로그함수에서 x의 변화가 아주 작을 때 그 구간에서 로그함수의 기울기는 $\frac{1}{x}$ 입니다. 즉, x가 Δx만큼 변했을 때 Δx가 작으면 log(x)는 $\frac{1}{x}\Delta x$만큼 증가합니다. 예를 들어, $\frac{\Delta x}{x}$가 0.01이면 이는 1% 증가율과 같은 의미입니다. 이와 같이 회귀분석에서 변수에 로그변환을 하여 얻은 회귀계수 값은 증가율 의미로 사용할 수 있습니다. 하지만 주의할 것도 있습니다. 로그값이 약간 증가하면 비율증가는 로그값 증가와 유사하지만 로그값이 크게 증가하면 실제 증가한 값보다 작습니다. 이는 로그함수의 기울기가 점점 작아지기 때문입니다. 한편 로그값은 x값이 양수일 때만 정의되므로 음수를 갖는 변수에는 사용할 수 없습니다.

회귀모형의 X, Y 변수에 로그를 취할 수 있는 경우의 수는 세 가지가 있습니다.

1. $Y = \beta_0 + \beta_1 \log(X) + u$. X는 로그변수, Y는 수준변수를 취하는 경우입니다. 이때는 log(X)가 0.1단위 증가하면 Y는 $0.1\beta_1$ 단위만큼 증가합니다. 이때 log(X)가 0.1 단위 증가하는 것은 X가 10% 증가와 근사적으로 같으므로 "X가 10% 증가하면 Y는 $0.1\beta_1$ 단위만큼 증가한다" 또는 "X가 1% 증가하면 Y는 $0.01\beta_1$ 단위만큼 증가한다"라고 표현할 수 있습니다.

2. $\log(Y) = \beta_0 + \beta_1 X + u$. X는 수준변수, Y는 로그변수를 취하는 경우입니다. 이때는 X가 1단위 증가하면 $\log(Y)$는 β_1 단위만큼 증가합니다. 따라서 Y는 $100\beta_1\%$만큼 증가합니다. 이때 근사적 해석이 타당하기 위해서는 β_1의 값이 적거나 X의 증가분을 적게 잡아 $\beta_1\Delta x$를 적게 잡아야 합니다. $\beta_1\Delta X$가 크면 $\exp(\beta_1\Delta X-1)$공식을 이용하여 정확한 증가율을 구해야 합니다.

3. $\log(Y) = \beta_0 + \beta_1\log(X) + u$. X, Y 모두 로그변수를 취하는 경우입니다. 이때는 $\log(X)$가 0.01단위 증가하면 $\log(Y)$는 $0.01\beta_1$ 단위만큼 증가합니다. 이는 X가 1% 증가와 거의 같고 Y는 $\beta_1\%$ 증가와 거의 같습니다. 이는 "X의 1% 증가는 Y는 약 $\beta_1\%$ 증가한다"라고 표현할 수 있습니다. 이 경우에도 $0.01\beta_1$이 충분히 작아야 합니다. 한편 X가 1% 증가할 때 Y가 $\alpha\%$ 증가할 때, α를 X에 대한 Y의 탄력성이라고 합니다.

Note 로그함수와 지수함수의 주요 특징

(1) $$\lim_{h\to 0}\frac{(e^h-1)}{h} = \lim_{h\to 0}\frac{1}{h}(e^h-1) = \lim_{h\to 0}\frac{1}{h}((1+h+\frac{h^2}{2!}+\frac{h^3}{3!}+\cdots)-1)$$
$$= \lim_{h\to 0}\frac{1}{h}(h+\frac{h^2}{2!}+\frac{h^3}{3!}+\cdots) = \lim_{h\to 0}(1+\frac{h}{2!}+\frac{h^2}{3!}+\cdots) = 1$$

(2) $$\frac{d}{dx}e^x = \lim_{h\to 0}\frac{e^{x+h}-e^x}{h} = \lim_{h\to 0}\frac{e^x(e^h-1)}{h} = e^x, \because \lim_{h\to 0}\frac{(e^h-1)}{h} = 1$$

(3) $\log(\exp(x)) = x$

(4) $\frac{d}{dx}\ln(x) = \frac{1}{x}$

$y = \exp(x)$라고 합시다.

식 (3)의 양변을 x로 미분(합성함수의 미분)하면, $\frac{d}{dy}\log(\exp(x))\frac{d}{dx}\exp(x) = 1$

식 (2)에 의해 $\frac{d}{dy}\log(\exp(x))\exp(x) = 1$

$y = \exp(x)$를 이용하여 이를 다시 쓰면 $\frac{d}{dy}\log(y) = \frac{1}{y}$,

따라서 $\frac{d}{dx}\log(x) = \frac{1}{x}$ 입니다.

(5) $\log(x)$를 이용한 증가분 계산

$\log(x)$가 a에서 $a+d$만큼 증가했을 때 x는 e^a에서 e^{a+d}만큼 증가했습니다.

x의 증가율을 백분율(%)로 표시하면 다음과 같다.

$$\frac{e^{(a+d)} - e^a}{e^a} \times 100 = (e^d - 1) \times 100\%$$

$\log(x) = a$

$x = \exp(\log(x)) = \exp(a)$

제곱항

회귀분석에서 설명변수로 사용되는 X가 일정 수준에 달할 때까지 Y가 증가하다가 그 이후에 감소하거나, 그 반대 상황일 경우에는 두 변수의 관계가 2차 함수의 관계를 갖습니다. 이러한 경우 두 변수의 관계를 적절히 밝히기 위해 제곱항(X^2) 변수를 모델에 포함해야 합니다.

다음 〈그림 2〉는 2020년 가계금융복지조사 자료를 바탕으로 나이와 소득 간의 관계를 보여주고 있습니다. 나이가 일정 수준에 도달할 때까지 소득이 증가하다가 그

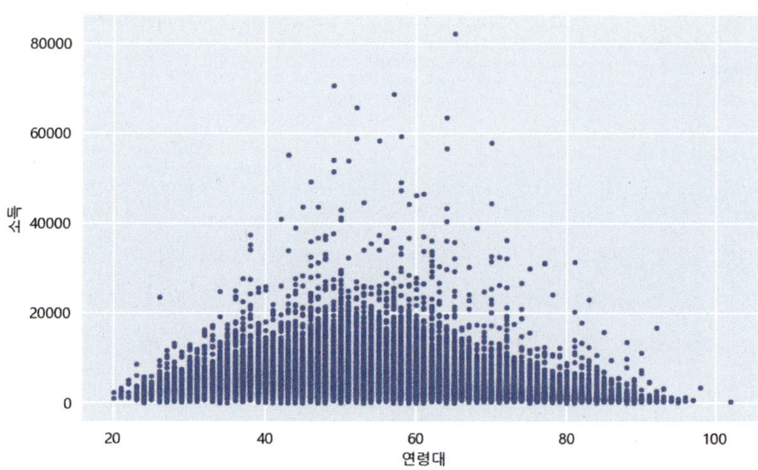

그림 2 소득과 나이 간의 관계

이후에 소득이 감소하는 것을 볼 수 있습니다. 이와 같이 X, Y 변수 사이에 2차 함수의 관계가 있으면 회귀모형에 제곱항을 포함하는 것이 타당합니다.

더미변수(dummy variable, 가변수)

더미변수는 0과 1의 값을 취하는 변수입니다. 예를 들어 male이라는 변수가 남성인지 아닌지를 나타내는 변수라면, male 변수에 남성일 경우 1, 여성이면 0을 갖게 됩니다. female 변수가 여성인지 아닌지를 나타내는 변수라면 여성을 1, 남성을 0을 갖게 됩니다. 이와 같은 변수를 더미변수라고 합니다. 이때 male과 female 변수 두 개를 동시에 설명변수에 포함하면 완전한 공선성이 발생하여 추정이 되지 않기 때문에 하나의 더미변수만 설명변수에 포함시킵니다. 예를 들어, 성별이 소득에 미치는 영향을 분석하고자 할 때 남성 더미(male)를 회귀분석에 포함시킨 경우 여성이 기준집단이 되는 것입니다. 따라서 남성 더미의 계수값은 기준집단(여성)보다 소득의 얼마나 차이가 나는지를 설명하는 것입니다.

표본 내 집단을 n개로 구분하는 경우를 고려해보도록 합니다. 가구 소득에 가구주의 직업이 영향을 미친다고 한다면 표본 내 가구를 직업별로 구분할 수 있습니다. 2020년 가계금융복지조사에서는 직업을 다음과 같이 10가지(n=10)로 구분하고 있습니다.

1. 관리자　2. 전문가 및 관련종사자　3. 사무종사자
4. 서비스종사자　5. 판매종사자　6. 농림어업 및 숙련종사자
7. 기능원 및 관련 기능종사자　8. 장치, 기계조작 및 조립종사자
9. 단순노무 종사자,　A. 군인

위와 같은 직업 구분을 10개의 더미변수로 만든다고 할 때 각 가구주는 하나의 더미변수에만 1의 값을 가지고 나머지는 0의 값을 갖습니다. 직업 종류가 소득에 미치

는 영향을 회귀분석을 하고자 할 때 10개의 더미변수 중 1개를 제외한 9개의 더미변수를 회귀식의 우변에 포함시킵니다. 9개의 더미변수의 계수값은 포함되지 않은 하나의 더미변수(기준집단)에 비해 얼마나 차이가 나는지를 보여줍니다.

Note 공선성(collinearity)

회귀분석의 설명변수 간의 선형관계(1차식으로 표현되는 관계)가 성립될 때 이를 변수들 사이에 공선성이 존재한다고 합니다. 이를 수학적으로는 선형종속(linearly dependent)이라고 합니다. 회귀분석에서 설명변수 간에 공선성이 존재하면 계수값이 추정되지 않습니다.

개념

9.2 다중회귀분석

$Y = \beta_0 + \beta_1 X_1 + u$라는 단순회귀모형에서는 하나의 독립변수($X_1$)와 하나의 종속변수($Y$)에 대한 인과관계를 분석하는 방법입니다. 이때 β_1은 X_1이 1단위 변할 때 Y에 평균적으로 미치는 영향을 나타냅니다. 반면, 다수의 독립변수가 종속변수(Y)에 미치는 영향을 분석하는 회귀모형을 다중회귀모형(multiple regression model), 다변수회귀모형, 또는 중회귀모형이라고 합니다. 8장에서는 가구주의 교육연수가 가구주의 소득에 미치는 단순회귀모형을 살펴보았습니다. 하지만 가구주의 소득에는 교육연수 이외에 경력, 나이, 종사 업종, 직위 등 다양한 요소가 영향을 미칩니다. 교육연수가 소득에 미치는 영향을 정확히 살펴보기 위해서는 교육연수 이외의 요소가 가구주의 소득에 미치는 영향을 고려해야 합니다.

우변에 k개의 변수가 포함된 일반적인 다중회귀모형은 아래와 같습니다. 우변에 포함된 설명변수는 k개이며, 절편을 포함하여 추정해야 할 모수는 k+1개입니다.

$$Y = \beta_0 + \beta_1 X_1 + \cdots + \beta_k X_k + u$$

회귀분석에서는 오차평균은 0이라는 가정($E(u \mid X_1, \cdots, X_k) = 0$)을 통해 다음과 같은 회귀방정식을 얻습니다.

$$E(Y \mid X_{1,} \cdots X_k) = \beta_0 + \beta_1 X_1 + \cdots + \beta_k X_k$$

다중회귀모형에서 다른 변수(X_2, ⋯, X_k)를 고정하고 X_1만 1단위 증가할 때 Y는 평균 β_1만큼 증가합니다. 마찬가지로 β_2는 X_2를 제외한 다른 요인을 고정하고 X_2가 1단위 증가시킬 때 Y가 평균적으로 증가하는 정도를 나타냅니다.

개념

9.3 행렬을 이용한 다중회귀분석

설명변수가 복수인 다중회귀분석에는 행렬을 이용합니다. 관측치가 n개이고 설명변수가 절편을 포함하여 k+1개 있을 때 각각의 회귀식은 다음과 같습니다.

$$\begin{gathered} y_1 = \beta_0 + \beta_1 x_{11} + \cdots + \beta_k x_{1k} + \epsilon_1 \\ \vdots \\ y_n = \beta_0 + \beta_1 x_{n1} + \cdots + \beta_k x_{nk} + \epsilon_n \end{gathered}$$

이를 행렬로 표현하면 다음과 같습니다.

$$y = X\beta + \epsilon$$

$$y = \begin{pmatrix} y_1 \\ \vdots \\ y_n \end{pmatrix}, \quad X = \begin{pmatrix} 1, & x_{11}, & \cdots, & x_{1k} \\ & & \vdots & \\ 1, & x_{n1}, & \cdots, & x_{nk} \end{pmatrix}, \quad \beta = \begin{pmatrix} \beta_0 \\ \vdots \\ \beta_k \end{pmatrix}, \quad \epsilon = \begin{pmatrix} \epsilon_1 \\ \vdots \\ \epsilon_n \end{pmatrix}$$

행렬을 이용하여 $\hat{\beta}$과 추정계수의 표준오차 $se(\hat{\beta})$를 구하면 다음과 같습니다.

$$\beta = (X'X)^{-1}X'y$$
$$se(\hat{\beta}) = \sigma\sqrt{(X'X)^{-1}} \simeq \hat{\sigma}\sqrt{(X'X)^{-1}}$$

이때 회귀분석 오차항의 분산(σ^2)에 대한 추정량($\hat{\sigma}^2$)은 오차제곱합을 자유도로 나누는 방식으로 계산합니다.

$$\hat{\sigma}^2 = \frac{\hat{\epsilon}'\hat{\epsilon}}{n-k},\ n\text{: 관측치 수, } k\text{: 설명변수 개수}$$

추정한 계수값의 유의성 검정을 위한 t값은 다음과 같이 구합니다.

$$t = \frac{\hat{\beta}-\beta}{se(\hat{\beta})} = \frac{\hat{\beta}-0}{se(\hat{\beta})}$$

Note 행렬을 이용한 회귀분석

행렬을 이용한 최소제곱법으로 $\hat{\beta}$을 추정해보도록 합니다. $\hat{\beta}$은 잔차의 제곱을 최소화시키는 방법으로 구합니다.

$$y = X\hat{\beta} + \hat{\epsilon}$$
$$\hat{\epsilon} = y - X\hat{\beta}$$
$$\min_{\hat{\beta}} = \hat{e}'\hat{e} = (y - X\hat{\beta})'(y - X\hat{\beta}) = y'y - 2y'X\beta + \beta'X'X\beta$$
$$\frac{\partial \hat{e}'\hat{e}}{\partial \hat{\beta}} = -2y'X + 2\beta'X'X = 0$$
$$2\hat{\beta}'X'X = 2y'X$$
$$X'X\hat{\beta} = X'y$$
$$\hat{\beta} = (X'X)^{-1}X'y$$

이제 행렬로 표시된 $\hat{\beta}$의 공분산을 구해보도록 합니다.

$$
\begin{aligned}
Cov(\hat{\beta}) &= E[(\hat{\beta}-E(\hat{\beta}))(\hat{\beta}-E(\hat{\beta}))'] = E[((X'X)^{-1}X'e)((X'X)^{-1}X'e)'] \\
&= E[((X'X)^{-1}X'ee'X(X'X)^{-1}] = (X'X)^{-1}X'E(ee')X(X'X)^{-1} \\
&= (X'X)^{-1}X'\sigma^2 I_T X(X'X)^{-1} = \sigma^2 I_T (X'X)^{-1}X'X(X'X)^{-1} \\
&= \sigma^2 (X'X)^{-1} \\
&\simeq \hat{\sigma}^2 (X'X)^{-1} (\text{가정})
\end{aligned}
$$

Note $E(\hat{\beta}|X)$

$$
\begin{aligned}
E(\hat{\beta}|X) &= E((X'X)^{-1}X'y|X) = E((X'X)^{-1}X'(X\beta+e)|X) \\
&= E((X'X)^{-1}X'X\beta+(X'X)^{-1}X'e)|X) \\
&= \beta + E[(X'X)^{-1}X'e)|X] \\
&= \beta + (X'X)^{-1}X'E[e|X] \\
&= \beta
\end{aligned}
$$

이때 가정에 의해 $E[e|X]=0$이며,

$$
\begin{aligned}
\hat{\beta} &= (X'X)^{-1}X'y = (X'X)^{-1}X'(X\beta+e) \\
&= (X'X)^{-1}X'X\beta+(X'X)^{-1}X'e \\
&= \beta+(X'X)^{-1}X'e
\end{aligned}
$$

따라서 $\hat{\beta}-\beta=(X'X)^{-1}X'e$이다.

개념

9.4 회귀분석에 이용한 행렬 성질

행렬(matrix)은 다양한 특징이 있지만 여기서는 회귀분석에 이용한 내용을 위주로 다루도록 하겠습니다.

행렬

행렬(matrix)은 숫자를 사각 형태로 모은 것으로 행(rows)과 열(columns)로 표현합니다. 가로 방향의 숫자 묶음을 행이라고 하고 세로 방향의 숫자 묶음을 열이라고 합니다. 예를 들어, 다음의 A라는 행렬은 2개의 행과 3개의 열로 구성되어 있으며 이 행렬의 크기는 2×3으로 표시합니다.

$$A = \begin{bmatrix} 1 & -3 & 2 \\ 3 & 5 & -4 \end{bmatrix}$$

항등행렬(Identity matrix)은 대각선 값이 1이고, 대각선 값을 제외한 모든 원소의 값이 0인 행렬로 특별히 I 기호를 사용합니다. 예를 들어, 행렬의 크기가 3×3인 항등행렬 I_3은 다음과 같습니다.

$$I_3 = \begin{bmatrix} 1 & 0 & 0 \\ 0 & 1 & 0 \\ 0 & 0 & 1 \end{bmatrix}$$

행렬 덧셈, 행렬 뺄셈

두 행렬의 덧셈과 뺄셈은 두 행렬의 크기가 같은 경우에만 할 수 있으며, 각 행렬의 동일 위치의 원소의 합과 차이로 이루어집니다.

$$A = \begin{bmatrix} a_{11} & a_{12} & a_{13} \\ a_{21} & a_{22} & a_{23} \end{bmatrix}, \quad B = \begin{bmatrix} b_{11} & b_{12} & b_{13} \\ b_{21} & b_{22} & b_{23} \end{bmatrix}$$

$$A - B = \begin{bmatrix} a_{11} - b_{11} & a_{12} - b_{12} & a_{13} - b_{13} \\ a_{21} - b_{21} & a_{22} - b_{22} & a_{23} - b_{23} \end{bmatrix}$$

$$A + B = \begin{bmatrix} a_{11} + b_{11} & a_{12} + b_{12} & a_{13} + b_{13} \\ a_{21} + b_{21} & a_{22} + b_{22} & a_{23} + b_{23} \end{bmatrix}$$

행렬 곱(product of AB)

행렬 A와 B의 행렬 곱이 가능해지려면 A 행렬의 열과 B 행렬의 행의 크기가 같아야 합니다. A의 행렬의 크기가 $r \times m$이고 B의 행렬의 크기가 $m \times c$일 때 행렬 A의 열과 행렬 B의 행이 m으로 같으므로 A와 B 두 행렬의 행렬 곱 AB가 가능합니다. 예를 들어, 행렬 A의 크기가 1×2이고 행렬 B의 크기가 2×3인 경우 두 행렬의 행렬 곱으로 이루어진 행렬 AB는 다음과 같이 계산되며 그 크기는 1×3입니다.

$$A = \begin{bmatrix} a_{11} \; a_{12} \end{bmatrix}_{1 \times 2}, \quad B = \begin{bmatrix} b_{11} \; b_{12} \; b_{13} \\ b_{21} \; b_{22} \; b_{23} \end{bmatrix}_{2 \times 3}$$

$$\begin{aligned} AB &= \begin{bmatrix} a_{11} \; a_{12} \end{bmatrix}_{1 \times 2} \begin{bmatrix} b_{11} \; b_{12} \; b_{13} \\ b_{21} \; b_{22} \; b_{23} \end{bmatrix}_{2 \times 3} \\ &= \begin{bmatrix} a_{11}b_{11} + a_{12}b_{21} & a_{11}b_{12} + a_{12}b_{22} & a_{11}b_{13} + a_{12}b_{23} \end{bmatrix}_{1 \times 3} \\ &= \begin{bmatrix} c_1 & c_2 \; c_3 \end{bmatrix}_{1 \times 3} \end{aligned}$$

전치행렬(transpose matrix)

행렬의 행과 열의 위치가 (i, j)라고 할 때 전치행렬은 행과 열의 위치가 (j, i)로 바뀐 행렬입니다. 행렬 A의 전치행렬은 A' 또는 A^T로 표기합니다.

$$A = \begin{bmatrix} 3 & 8 & 9 \\ 1 & 0 & 7 \end{bmatrix} \quad A' = \begin{bmatrix} 3 & 1 \\ 8 & 0 \\ 9 & 7 \end{bmatrix}$$

전치행렬의 주요 성질은 다음과 같습니다.

$$(A+B)' = A' + B'$$
$$(AB)' = B'A'$$

만약 행렬과 전치행렬이 동일하면($A = A'$), 해당 행렬을 대칭행렬(symmetric matrix)이라고 합니다.

역행렬(inverse matrix)

행렬 A에 대해서 $XA = I$인 행렬 X를 A 행렬의 좌 역행렬이라고 하며, $AY = I$인 행렬 Y를 A 행렬의 우 역행렬이라고 합니다. 행렬 A가 좌, 우 역행렬 갖는다면 좌, 우 역행렬은 같습니다. 왜냐하면 $X = X(AY) = (XA)Y = Y$이기 때문입니다. 행렬 A의 좌 역행렬과 우 역행렬을 갖는 경우 그 역행렬은 A^{-1}으로 표시하며 행렬 A는 가역행렬(invertible) 또는 비특이행렬(nonsingular)이라고 합니다. 가역행렬은 다음과 같은 성질을 가지고 있습니다.

$$AA^{-1} = A^{-1}A = I$$
$$(A^{-1})^{-1} = A$$
$$(AB)^{-1} = B^{-1}A^{-1}$$

Note $(AB)^{-1} = B^{-1}A^{-1}$ **증명**

행렬 $A(m \times n)$와 $B(n \times p)$가 역행렬을 가지고 있을 때 $(AB)^{-1} = B^{-1}A^{-1}$임을 보이도록 합시다.

(증명)

$$AA^{-1} = I_m,\ A^{-1}A = I_n,$$
$$BB^{-1} = I_n,\ B^{-1}B = I_p$$
$$B^{-1}A^{-1}(AB) = B^{-1}(A^{-1}A)B = B^{-1}(I_n)B = B^{-1}B = I_p$$
$$(AB)B^{-1}A^{-1} = A(B^{-1}B)A = A(I_n)A^{-1} = AA^{-1} = I_m$$

따라서 $(AB)^{-1} = B^{-1}A^{-1}$입니다.

데이터 분석

9.5 파이썬을 이용한 행렬 표현

파이썬에서 행렬은 리스트나 튜플 형식으로 만들어 numpy.array 명령어를 사용하여 만들 수도 있고, numpy에서 제공하는 다양한 배열(array) 명령어를 이용하여 직접 만들 수도 있습니다.

In
```
import pandas as pd
import numpy as np
```

In
```
A = ((1,1), (2,2), (3,3))  # tupule 형식으로 입력, list 형식도 가능합니다.
A = np.array(A)
A
```

Out
```
array([[1, 1],
       [2, 2],
       [3, 3]])
```

In
```
A.shape                    # 행렬의 열과 행의 크기를 보입니다.
```

Out
```
(3, 2)
```

In
```
A.shape[0]                 # 행렬의 열 크기
```

Out
```
3
```

In
```
B = np.ones((3,2))
B
```

Out
```
array([[1., 1.],
       [1., 1.],
       [1., 1.]])
```

행렬을 덧셈과 뺄셈을 하기 위해서는 두 행렬의 크기가 같아야 합니다.

In
```
A + B
```

```
Out    array([[2., 2.],
              [3., 3.],
              [4., 4.]])
```

```
In     A - B
```

```
Out    array([[0., 0.],
              [1., 1.],
              [2., 2.]])
```

```
In     A * B  # A*B element by element multiplications
```

```
Out    (array([[1., 1.],
               [2., 2.],
               [3., 3.]]),)
```

행렬 곱을 위해서는 왼쪽 행렬의 열(column)과 오른쪽 행렬의 행(row)의 개수가 같아야 합니다.

```
In     A = np.arange(1,7).reshape(2,3)
       A
```

```
Out    array([[1, 2, 3],
              [4, 5, 6]])
```

```
In     B = np.arange(1,7).reshape(3,2)
       B
```

```
Out    array([[1, 2],
              [3, 4],
              [5, 6]])
```

파이썬에서 행렬의 곱을 계산하기 위해서는 numpy.matmul()과 @를 사용할 수 있습니다.

```
In     np.matmul(A,B)
```

```
Out    array([[22, 28],
              [49, 64]])
```

In
```
A @ B
```

Out
```
array([[22, 28],
       [49, 64]])
```

전치행렬은 행렬의 행과 열의 위치를 대각선을 기준으로 바꿉니다.

In
```
A  # 행렬 A
```

Out
```
array([[1, 2, 3],
       [4, 5, 6]])
```

In
```
A.T  # transpose
```

Out
```
array([[1, 4],
       [2, 5],
       [3, 6]])
```

역행렬의 역행렬은 본래 행렬입니다.

In
```
A = np.array([[1., 2.], [3., 4.]])
A_inverse = np.linalg.inv(A)  # 역행렬
A_inverse
```

Out
```
array([[-2. ,  1. ],
       [ 1.5, -0.5]])
```

In
```
np.linalg.inv(A_inverse)  # 역행렬의 역행렬은 본래 행렬로 돌아옴
```

Out
```
array([[1., 2.],
       [3., 4.]])
```

$(AB)^{-1} = B^{-1}A^{-1}$를 확인해보도록 합니다.

In
```
import numpy.linalg as la
```

```
In    A = np.arange(1,5).reshape(2,2)
      B = np.arange(1,5).reshape(2,2)
      np.round(la.inv(A @ B), 2)  # (AB)^-1
```

```
Out   array([[ 5.5 , -2.5 ],
             [-3.75,  1.75]])
```

```
In    A_inverse = np.round(la.inv(A), 2)
      B_inverse = np.round(la.inv(B), 2)
      A_inverse @ B_inverse  # B^-1A^-1
```

```
Out   array([[ 5.5 , -2.5 ],
             [-3.75,  1.75]])
```

$X'X$와 $(X'X)^{-1}$는 대칭행렬(symetric matrix)입니다. 대칭행렬은 대각행렬을 좌우의 숫자가 같은 행렬입니다.

```
In    A = np.array([[2, 4, -1], [4, -8, 0], [-1, 0, 3]])
      A
```

```
Out   array([[ 2,  4, -1],
             [ 4, -8,  0],
             [-1,  0,  3]])
```

```
In    A.T @ A
```

```
Out   array([[ 21, -24,  -5],
             [-24,  80,  -4],
             [ -5,  -4,  10]])
```

```
In    np.round(la.inv(A.T @ A), 3)
```

```
Out   array([[0.101, 0.034, 0.064],
             [0.034, 0.024, 0.026],
             [0.064, 0.026, 0.143]])
```

데이터 분석

9.6 행렬을 이용한 계수 및 신뢰구간 추정

분석에 이용한 패키지

In

```
import numpy as np
import pandas as pd
import statsmodels.api as sm
from statsmodels.formula.api import ols
```

통계 패키지를 이용한 회귀분석

statsmodel 패키지를 이용하여 회귀분석을 하도록 합니다. 독립변수(x)는 교육연수이고 종속변수(y)는 소득입니다. 회귀분석 결과, 절편은 −463만 원이고 기울기는 507만 원입니다. 분석 결과에는 해당 계수값에 대한 t값, p값, 신뢰구간이 나타나 있으며, 교육연수가 소득에 통계적으로 유의한 영향을 미치고 있음을 보여주고 있습니다.

In

```
df = pd.read_csv("education2020.csv")
df1 = df[['income', 'education_year']]
edu_model = ols("income ~ education_year", data=df1).fit()
print(edu_model.summary())
```

Out

```
==============================================================================
Dep. Variable:                 income   R-squared:                       0.164
Model:                            OLS   Adj. R-squared:                  0.164
Method:                 Least Squares   F-statistic:                     3535.
Date:                Fri, 11 Feb 2022   Prob (F-statistic):               0.00
Time:                        14:23:27   Log-Likelihood:            -1.7980e+05
No. Observations:               18064   AIC:                         3.596e+05
Df Residuals:                   18062   BIC:                         3.596e+05
Df Model:                           1
Covariance Type:            nonrobust
==================================================================================
                     coef    std err          t      P>|t|      [0.025      0.975]
----------------------------------------------------------------------------------
Intercept       -463.3069    107.117     -4.325      0.000    -673.266    -253.348
education_year   507.3283      8.532     59.459      0.000     490.604     524.053
==================================================================================
```

행렬을 이용한 회귀분석

행렬을 이용하여 절편과 기울기, t값, p값, 95% 유의수준에서 신뢰구간, 결정계수(R)를 구해보도록 합니다. 먼저 다음과 같이 행렬 형태로 나타난 식을 이용하여 회귀계수 값을 구합니다.

$$\beta = (X'X)^{-1}X'y$$

In
```
edu = df1[['education_year']]
X = edu.values  # X: 교육연수
ones = np.ones(X.shape[0])
X_mat=np.column_stack((ones, X))
X_mat  # 절편을 추정하기 위해 X matrix에 1 추가
```

Out
```
array([[ 1., 16.],
       [ 1., 21.],
       [ 1.,  6.],
       ...,
       [ 1., 16.],
       [ 1., 18.],
       [ 1., 16.]])
```

In
```
Y = df1['income'].values  # Y: 소득
beta_hat = np.linalg.inv(X_mat.T.dot(X_mat)).dot(X_mat.T).dot(Y)  # 회귀계수 추정
beta_hat.round(4)
```

Out
```
array([-463.3069,  507.3283])
```

회귀계수 추정량에 대한 유의성 검정을 위해서는 회귀계수 추정량에 대한 표준오차를 구해야 합니다. 회귀분석 오차항의 분산에 대한 추정량($\hat{\sigma}^2$)을 구하여 회귀계수의 추정오차를 구하는 데 사용합니다.

$$Cov(\hat{\beta}) = \hat{\sigma}^2(X'X)^{-1}$$

$$E[\hat{\sigma}^2] = \sigma^2 = \frac{\hat{\epsilon}'\hat{\epsilon}}{n-k},\ n\text{: 관측치 수},\ k\text{: 설명변수 개수}$$

In
```
Y_fitted = X_mat @ beta_hat       # Y 추정량
e = Y - Y_fitted                  # 잔차
n  = len(e)
k = beta_hat.shape[0]             # 설명변수 개수
sigma_hat2 = (e.T @ e) / (n-k)  # 오차항의 분산에 대한 추정량
sigma_hat2.round(2)
```

Out
```
25887357.2
```

In
```
XtX_Inv = np.linalg.inv(X_mat.T @ X_mat)
cov = sigma_hat2 * XtX_Inv
cov
```

Out
```
array([[11473.9714,  -854.9861],
       [ -854.9861,    72.8025]])
```

In
```
se = np.sqrt(cov)                 # 회귀계수 추정량에 대한 표준오차
se
```

Out
```
array([[107.1166,       nan],
       [     nan,    8.5324]])
```

회귀계수 추정량에 대한 표준오차를 이용하여 회귀계수 값의 신뢰구간과 t값을 구합니다.

In
```
se1 = np.zeros(k)
se1[0,]= se[0,0]
se1[1,]= se[1,1]
se1                                # 회귀계수 추정량에 대한 표준오차
```

Out
```
array([107.1166,   8.5324])
```

In
```
lb = beta_hat -  2 * se1
hb = beta_hat +  2 * se1
```

```
In    bound = np.column_stack((lb, hb))  # 95% 유의수준에서 신뢰구간
      bound.round(2)
```

```
Out   array([[-677.54, -249.07],
             [ 490.26,  524.39]])
```

```
In    t = beta_hat/se1
      t.round(3)
```

```
Out   array([-4.325, 59.459])
```

p값을 구합니다. p값은 t-분포의 양쪽 극단치의 확률을 구하기 때문에 구할 때 t값이 음수 영역과 양수 영역인 경우 구하는 방식이 다릅니다. 또한 양측검정이기 때문에 t값에 해당하는 확률에 2를 곱해주어야 합니다.

```
In    from scipy import stats
      df = len(e)- 2

      p0 = np.zeros(k)

      for i in range(k):
          if t[i] > 0:
              p0[i,] = (1 - stats.t.cdf(t[i],df=df))*2
          else:
              p0[i,] = (stats.t.cdf(t[i],df=df))*2

      p0
```

```
Out   array([0., 0.])
```

데이터 분석

9.7 회귀분석: 변수변환

로그변환

소득과 교육연수를 로그로 변환하여 교육연수와 소득과의 관계를 다양하게 살펴봅니다.

In
```
df = pd.read_csv("education2020.csv")
```

In
```
df1 = df.loc[ (df['income'] > 0) &  (df['asset'] > 0) &  (df['education_year'] > 0)
      & (df['age'] > 0)]  # 로그변환을 위해서 0 이하를 가지고 있는 값을 제외
```

In
```
df2 = df1.copy()
df2['ln_income'] = np.log(df2['income'])
df2['ln_eduYear'] = np.log(df1['education_year'])
```

소득과 교육연수의 수준변수를 이용하여 회귀분석합니다. 교육 기간이 1단위(1년) 증가하면 가구주의 연간소득은 607만 원 증가하며, 해당 값은 1% 수준에서 통계적으로 유의합니다.

In
```
edu_model01 = ols("income ~  education_year", data=df2).fit()
print(edu_model01.summary())
```

Out
```
==================================================================================
                     coef    std err          t      P>|t|      [0.025      0.975]
----------------------------------------------------------------------------------
Intercept      -1809.2194    142.121    -12.730      0.000   -2087.790   -1530.648
education_year   607.6309     11.026     55.109      0.000     586.019     629.243
==============================================================================
Omnibus:                    26575.795   Durbin-Watson:                   1.927
Prob(Omnibus):                  0.000   Jarque-Bera (JB):         51909439.424
Skew:                           9.312   Prob(JB):                         0.00
Kurtosis:                     271.998   Cond. No.                         46.6
==============================================================================
```

소득은 수준변수, 교육연수는 로그를 취하여 회귀분석합니다. 로그 교육 기간이 0.01단위 증가는 소득이 0.01×6,208만 원 증가합니다. 다른 말로 표현하면 교육 기간이 1% 증가하면 소득은 62만 원 증가합니다. 해당 값은 1% 수준에서 통계적으로 유의합니다.

In

```
edu_model02 = ols("income ~  ln_eduYear", data=df2).fit()
print(edu_model02.summary())
```

Out

```
==================================================================================
                  coef    std err          t      P>|t|      [0.025      0.975]
----------------------------------------------------------------------------------
Intercept   -9597.9808    299.030    -32.097      0.000   -1.02e+04   -9011.852
ln_eduYear   6208.6347    120.169     51.666      0.000    5973.092    6444.178
==================================================================================
Omnibus:                    26472.268   Durbin-Watson:                   1.925
Prob(Omnibus):                  0.000   Jarque-Bera (JB):         49840055.202
Skew:                           9.248   Prob(JB):                         0.00
Kurtosis:                     266.564   Cond. No.                         21.6
==================================================================================
```

소득은 로그값, 교육연수는 수준변수를 이용하여 회귀분석합니다. 가구주의 교육 기간이 1년 증가하면 가구주의 로그 소득은 0.119만큼 증가합니다. 다른 말로 표현하면 가구주의 교육 기간이 1년 증가하면 가구주의 연간소득은 11.9%(100×0.119%) 증가합니다.

In

```
edu_model03 = ols("ln_income ~  education_year", data=df2).fit()
print(edu_model03.summary())
```

Out

```
==================================================================================
                    coef    std err          t      P>|t|      [0.025      0.975]
----------------------------------------------------------------------------------
Intercept         6.8245      0.021    317.907      0.000       6.782       6.867
education_year    0.1190      0.002     71.481      0.000       0.116       0.122
==============================================================================
Omnibus:                     3076.645   Durbin-Watson:                   1.956
Prob(Omnibus):                  0.000   Jarque-Bera (JB):            13622.728
Skew:                          -0.819   Prob(JB):                         0.00
Kurtosis:                       7.049   Cond. No.                         46.6
==============================================================================
```

로그 소득값, 로그 교육연수 값을 이용하여 회귀분석합니다. 가구주의 로그 교육 기간이 0.01 증가하면 가구주의 로그 소득은 0.01×1.2768만큼 증가합니다. 다른 말로 표현하면 가구주의 교육 기간이 1% 증가하면 가구주의 소득은 약 1.28% 증가합니다.

In

```
edu_model04 = ols("ln_income ~  ln_eduYear", data=df2).fit()
print(edu_model04.summary())
```

Out

```
==============================================================================
                 coef    std err          t      P>|t|      [0.025      0.975]
------------------------------------------------------------------------------
Intercept      5.1496      0.045    114.831      0.000       5.062       5.238
ln_eduYear     1.2768      0.018     70.848      0.000       1.241       1.312
==============================================================================
Omnibus:                     3070.707   Durbin-Watson:                   1.955
Prob(Omnibus):                  0.000   Jarque-Bera (JB):            13613.580
Skew:                          -0.817   Prob(JB):                         0.00
Kurtosis:                       7.049   Cond. No.                         21.6
==============================================================================
```

제곱항을 설명변수에 추가

나이와 소득과의 관계를 그래프로 그립니다. 그림에서 소득과 나이와의 2차식 관계를 확인합니다. 즉, 나이가 일정 기간이 될 때까지 소득은 증가하지만 그 이후에는 소득이 감소합니다.

In

```
plt.style.use('seaborn')
df2.plot(x='age', y='income', kind='scatter')
plt.show()
```

Out

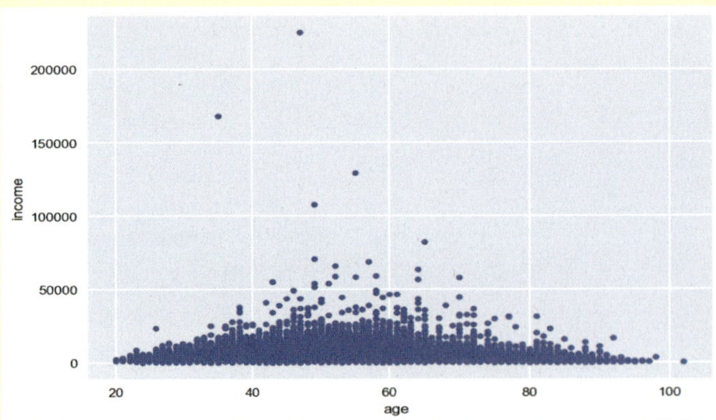

나이의 제곱항을 설명변수에 포함시킵니다. 나이의 제곱이 포함된 모델의 경우 나이가 증가하면 소득이 오르지만, 증가폭이 커질수록 감소하는 것으로 나타나 소득과 나이와의 관계를 잘 설명하고 있습니다.

In

```
df2['age2'] = df2['age']**2
edu_model = ols("income ~ education_year + age + age2", data=df2).fit()
print(edu_model.summary())
```

Out

```
==================================================================================
                     coef    std err          t      P>|t|      [0.025      0.975]
----------------------------------------------------------------------------------
Intercept         -1.4e+04    565.065    -24.782      0.000   -1.51e+04   -1.29e+04
education_year    572.0737     12.840     44.554      0.000     546.906     597.241
age               483.8636     18.856     25.661      0.000     446.905     520.823
age2               -4.3297      0.165    -26.291      0.000      -4.653      -4.007
==================================================================================
```

해당 회귀식으로부터 추정한 이차다항식으로부터 임금이 최대인 연령의 집단을 구합니다.

$$소득 = -14,003 + 572 \times 교육연수 + 483 \times 나이 - 4.3 \times 나이^2$$

나이를 소득으로 미분하여 소득이 최대가 되는 나이를 구할 수 있습니다. 2020년 가계금융복지조사를 통해서 살펴본 결과 우리나라 가구주의 소득이 가장 많은 나이는 56세입니다.

$$\frac{\partial 소득}{\partial 나이} = 483 - 4.3 \times 2 \times 나이$$

$$0 = 483 - 4.3 \times 2 \times 나이$$

$$나이 = \frac{483}{8.6} = 56$$

더미변수 추가

성별과 직업 종류, 결혼상태가 소득에 영향을 미치는지 살펴보기 위해 성별 더미, 직업 종류, 결혼상태 더미를 만듭니다.

In
```
df2['job_code'] = df2['job']
df2['sex'] = (df2['sex']).astype(int)
```

In
```
# 남녀 성별 더미변수 만들기
sex_dummies = pd.get_dummies(df2['sex']).rename(columns=lambda x: 's'+str(x))
sex_dummies.tail()
```

Out

	s1	s2
18059	1	0
18060	1	0
18061	1	0
18062	0	1
18063	1	0

In
```
# 직업 더미변수 만들기
job_dummies = pd.get_dummies(df2['job_code']).rename(columns=lambda x: 'd'+str(x))
job_dummies.tail()
```

Out

	d1	d2	d3	d4	d5	d6	d7	d8	d9	dA
18059	0	0	0	0	0	0	0	0	0	0
18060	0	0	1	0	0	0	0	0	0	0
18061	0	0	0	0	0	0	0	0	0	0
18062	0	1	0	0	0	0	0	0	0	0
18063	0	0	1	0	0	0	0	0	0	0

In
```
# 결혼 형태 더미변수 만들기
marriage_dummies = pd.get_dummies(df2['marriage']).rename(columns=lambda x: 'm'+str(x))
marriage_dummies.tail()
```

Out

	m1	m2	m3	m4
18059	0	1	0	0
18060	0	1	0	0
18061	0	1	0	0
18062	0	0	0	1
18063	0	1	0	0

In
```
# 더미변수 통합하기
df3 = pd.concat([df2, job_dummies, sex_dummies, marriage_dummies], axis=1)
```

가구주의 소득과 교육연수, 나이, 나이 제곱, 여성 더미와의 관계를 회귀분석합니다. 다른 요인(교육연수, 나이, 나이 제곱)이 동일하다고 가정한 경우 여성 가구주는 남성 가구주보다 연소득이 1,916만 원 적습니다. 이는 1% 수준에서 통계적으로 유의합니다.

In

```
edu_model = ols("income ~ education_year + age  + age2 + s2", data=df3).fit()
print(edu_model.summary())
```

Out

```
==================================================================================
                     coef    std err          t      P>|t|      [0.025      0.975]
----------------------------------------------------------------------------------
Intercept      -1.184e+04    568.382    -20.835      0.000    -1.3e+04   -1.07e+04
education_year   509.8678     13.051     39.068      0.000     484.287     535.449
age              451.4836     18.700     24.143      0.000     414.829     488.138
age2              -4.0693      0.163    -24.929      0.000      -4.389      -3.749
s2             -1916.6636     94.188    -20.349      0.000   -2101.283   -1732.045
==================================================================================
```

가구주의 소득과 교육연수, 나이, 나이 제곱, 여성 더미, 직업분류 더미와의 관계를 회귀분석합니다. 다른 요인(교육연수, 나이, 나이 제곱, 성별더미)이 동일하다고 가정한 경우 직업이 전문가 및 관련 종사자인 경우 관리자인 경우보다 3,614만 원 많습니다.

직업 종류

1. 관리자　　2. 전문가 및 관련종사자　　3. 사무종사자
4. 서비스종사자　　5. 판매종사자　　6. 농림어업 및 숙련종사자
7. 기능원 및 관련 기능종사자　　8. 장치, 기계조작 및 조립종사자
9. 단순노무 종사자,　　A. 군인

In

```
edu1_model = ols("income ~ education_year + age + age2 + s2 + d2 + d3 + d4 +d5 + d6 +
            d7 + d8 + d9 + dA", data=df3).fit()
print(edu1_model.summary())
```

Out

```
==============================================================================
                     coef    std err          t      P>|t|     [0.025      0.975]
------------------------------------------------------------------------------
Intercept      -1.289e+04    560.269    -23.000      0.000    -1.4e+04   -1.18e+04
education_year   379.6917     14.090     26.948      0.000     352.074     407.309
age              473.4703     18.613     25.437      0.000     436.986     509.954
age2              -4.0057      0.165    -24.299      0.000      -4.329      -3.683
s2             -1962.5391     97.216    -20.187      0.000   -2153.093   -1771.985
d2              3614.9853    153.500     23.550      0.000    3314.109    3915.861
d3              3125.1630    151.430     20.638      0.000    2828.344    3421.982
d4              1108.7599    171.516      6.464      0.000     772.572    1444.948
d5              1452.8168    170.340      8.529      0.000    1118.934    1786.700
d6               490.3040    168.468      2.910      0.004     160.090     820.518
d7               906.8862    161.695      5.609      0.000     589.948    1223.824
d8              1299.7989    148.058      8.779      0.000    1009.591    1590.007
d9              -100.4630    142.339     -0.706      0.480    -379.462     178.536
dA              2956.8281    987.904      2.993      0.003    1020.434    4893.222
==============================================================================
```

가구주의 소득과 교육연수, 나이, 나이 제곱, 여성 더미, 직업분류 더미, 결혼상태 더미와의 관계를 회귀분석합니다. 다른 요인(교육연수, 나이, 나이 제곱, 성별, 직업)이 동일하다고 가정한 경우 배우자가 있는 가구주(m2)가 미혼 가구주(m1)보다 연소득이 3,401만 원 많습니다.

결혼상태 1. 미혼 2. 배우자 있음 3. 사별 4. 이혼

In

```
edu2_model = ols("income ~ education_year + age + age2 + s2 + d2 + d3 + d4 +d5 + d6 +
            d7 + d8 + d9 + dA+m2+m3+m4", data=df3).fit()
print(edu2_model.summary())
```

Out

```
==============================================================================
                     coef    std err          t      P>|t|     [0.025      0.975]
------------------------------------------------------------------------------
Intercept      -1.268e+04    552.292    -22.957      0.000   -1.38e+04   -1.16e+04
education_year   350.4854     13.863     25.283      0.000     323.313     377.658
age              411.9153     19.114     21.550      0.000     374.449     449.382
age2              -3.7189      0.167    -22.220      0.000      -4.047      -3.391
s2              -622.9493    119.360     -5.219      0.000    -856.908    -388.991
d2              3186.9669    150.448     21.183      0.000    2892.073    3481.861
d3              2607.2809    148.683     17.536      0.000    2315.847    2898.715
d4               870.9310    167.697      5.193      0.000     542.227    1199.635
d5              1093.8781    166.701      6.562      0.000     767.128    1420.628
d6               173.5303    164.970      1.052      0.293    -149.829     496.889
d7               601.1088    157.959      3.805      0.000     291.493     910.724
d8              1027.5865    144.671      7.103      0.000     744.017    1311.156
d9              -101.5712    138.819     -0.732      0.464    -373.670     170.528
dA              2021.5413    963.424      2.098      0.036     133.131    3909.952
m2              3401.6417    143.254     23.746      0.000    3120.849    3682.434
m3              2096.6103    189.136     11.085      0.000    1725.884    2467.337
m4               354.0717    174.999      2.023      0.043      11.056     697.088
==============================================================================
```

데이터 분석

9.8 교육연수, 나이, 성별, 직업 등이 소득에 미치는 영향

지금까지 분석한 다양한 모델을 비교하여 어떠한 변수가 추가되었을 때 기존 변수의 계수값과 유의성이 달라지는지 살펴봅니다. 이러한 복수모델 비교를 통해 최적의 모델을 찾아냅니다.

```
Model 1, y : income, x: education_year
Model 2, y : income, x: education_year, age
Model 3, y : income, x: education_year, age, age2, sex
Model 4, y : income, x: education_year, age, age2, sex, job
Model 5, y : income, x: education_year, age, age2, sex, job, marriage
```

In

```
df3['const'] = 1
# Create lists of variables to be used in each regression

X1 = ['const', 'education_year']
X2 = ['const', 'education_year', 'age', 'age2']
X3 = ['const', 'education_year', 'age', 'age2', 's2']
X4 = ['const', 'education_year', 'age', 'age2', 's2', 'd2', 'd3', 'd4', 'd5', 'd6',
    'd7', 'd8', 'd9', 'dA']
X5 = ['const', 'education_year', 'age', 'age2', 's2', 'd2', 'd3', 'd4', 'd5', 'd6',
    'd7', 'd8', 'd9', 'dA','m2', 'm3', 'm4']

# Estimate an OLS regression for each set of variables
reg1 = sm.OLS(df3['income'], df3[X1], missing='drop').fit()
reg2 = sm.OLS(df3['income'], df3[X2], missing='drop').fit()
reg3 = sm.OLS(df3['income'], df3[X3], missing='drop').fit()
reg4 = sm.OLS(df3['income'], df3[X4], missing='drop').fit()
reg5 = sm.OLS(df3['income'], df3[X5], missing='drop').fit()
```

In

```
info_dict={'R-squared' : lambda x: f"{x.rsquared:.2f}",
           'No. observations' : lambda x: f"{int(x.nobs):d}"}
results_table = summary_col(results=[reg1, reg2, reg3, reg4, reg5],
                            float_format='%0.2f',
```

```
                        stars = True,
                        model_names=['Model 1','Model 2','Model 3','Model 4','Model 5'],
                        info_dict=info_dict,
                                regressor_order=['const','education_year',
                                'age','age2','s2', 'd2','d3','d4', 'd5', 'd6',
                                'd7', 'd8', 'd9','dA','m2','m3','m4'])
results_table.add_title('Table 1 - OLS Regressions')
print(results_table)
```

변수가 추가될수록 교육연수의 계수값이 점차 감소하는 모습을 보이고 있습니다. 아울러 가구주의 소득에 교육연수, 나이, 성별, 직업 종류 등 다양한 요인에 의해 영향을 미치고 있음을 확인할 수 있습니다.

Out

```
                          Table 1 - OLS Regressions
================================================================================
                  Model 1      Model 2      Model 3      Model 4      Model 5
--------------------------------------------------------------------------------
const          -1809.22*** -14003.25*** -11842.16*** -12886.04*** -12679.13***
               (142.12)    (565.06)     (568.38)     (560.27)     (552.29)
education_year 607.63***   572.07***    509.87***    379.69***    350.49***
               (11.03)     (12.84)      (13.05)      (14.09)      (13.86)
age                        483.86***    451.48***    473.47***    411.92***
                           (18.86)      (18.70)      (18.61)      (19.11)
age2                       -4.33***     -4.07***     -4.01***     -3.72***
                           (0.16)       (0.16)       (0.16)       (0.17)
s2                                      -1916.66***  -1962.54***  -622.95***
                                        (94.19)      (97.22)      (119.36)
d2                                                   3614.99***   3186.97***
                                                     (153.50)     (150.45)
d3                                                   3125.16***   2607.28***
                                                     (151.43)     (148.68)
d4                                                   1108.76***   870.93***
                                                     (171.52)     (167.70)
d5                                                   1452.82***   1093.88***
                                                     (170.34)     (166.70)
d6                                                   490.30***    173.53
                                                     (168.47)     (164.97)
d7                                                   906.89***    601.11***
                                                     (161.69)     (157.96)
d8                                                   1299.80***   1027.59***
                                                     (148.06)     (144.67)
d9                                                   -100.46      -101.57
                                                     (142.34)     (138.82)
dA                                                   2956.83***   2021.54**
                                                     (987.90)     (963.42)
m2                                                                3401.64***
                                                                  (143.25)
m3                                                                2096.61***
                                                                  (189.14)
m4                                                                354.07**
                                                                  (175.00)
R-squared      0.15        0.18         0.20         0.24         0.28
R-squared Adj. 0.15        0.18         0.20         0.24         0.28
R-squared      0.15        0.18         0.20         0.24         0.28
No. observations 17135     17135        17135        17135        17135
================================================================================
Standard errors in parentheses.
* p<.1, ** p<.05, ***p<.01
```

분석 과제 소득 결정요인에 대한 다중회귀분석

1. 최근 가계금융복지조사에서 다음의 내용을 추출하여 코드 이름을 적당한 영문명으로 바꾸고 맨 마지막 5개 자료를 보입니다.

> "조사연도", "가구주성별코드", "노인가구코드", "조손가구코드", "한부모가구코드", "다문화가구(2012년~)", "가구주만연령", "가구주교육정도학력코드", "가구주혼인상태코드", "경상소득_보완", "입주형태코드"

2. 소득, 교육연수에 로그를 취한 새로운 변수를 만들고 맨 마지막 5개 자료를 보입니다.

3. 성별 더미, 직업더미, 결혼상태더미, 노인가구더미, 한부모가구더미, 다문화가구더미를 만들어 데이터를 통합하고 맨 마지막 5개 자료를 보입니다.

4. 패키지를 이용하여 로그 교육연수, 나이, 나이 제곱, 성별, 조손가구, 한부모가구, 다문화가구 여부가 임금에 미치는 영향을 회귀분석하고, 계수의 의미와 추정된 계수값의 t값의 의미를 설명합니다.

5. 다음과 같이 매트릭스를 이용하여 구한 계수값이 패키지를 이용하여 구한 계수값과 비교하여 동일한지 보입니다.

$$\beta = (X'X)^{-1}X'y$$

6. 계수값의 t값, p값을 매트릭스를 이용하여 구합니다.

$$E[\hat{\sigma}^2] = \sigma^2 = \frac{\hat{\epsilon}'\hat{\epsilon}}{n-k},\ n\text{: 관측치 수},\ k\text{: 설명변수 개수}$$

Chapter

10

회귀분석과 머신러닝

주택가격지수 예측

개념

데이터 분석

분석 과제

개념

10.1 머신러닝(Machine Learning, ML)

머신러닝

인공지능(Artificial Intelligence)은 인간을 포함한 동물이 가지고 있는 지능(Natural Intelligence)과는 다른 개념으로 인간의 학습능력, 추론능력, 지각능력을 인공적으로 구현하려는 컴퓨터과학의 한 분야입니다. 우리가 다루고자 하는 머신러닝(Machine Learning, ML) 또는 기계학습은 인공지능의 대표적인 한 분야입니다. 머신러닝은 정해진 코드대로 업무를 수행하는 기본적인 인공지능과는 달리 주어진 데이터를 기반으로 패턴을 파악하여 학습합니다. 예를 들어 수신한 이메일이 스팸인지 아닌지를 구분할 수 있도록 컴퓨터가 학습할 수 있는 알고리즘과 기술을 개발하는 분야입니다. 딥러닝(Deep Learning) 또는 심층학습은 머신러닝에서 한 단계 더 발전한 형태로 신경망(Neural Network)이라는 구조를 기반으로 학습하는 방법입니다. 딥러닝이 머신러닝의 일부분이라는 것은 대부분 동의하나 AI와 ML과의 관계는 서로 다른 견해가 있습니다.

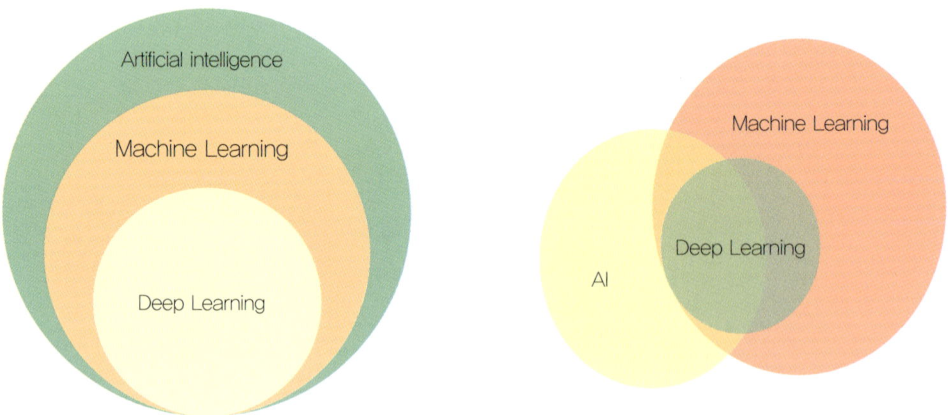

그림 1 AI, ML, DL과의 관계
출처: wikipedia(machine learning)

개념

10.2 머신러닝을 이용한 회귀분석

계량분석과 머신러닝

지금까지 통계이론과 계량분석에 기반한 회귀분석 방법을 살펴보았습니다. 계량분석은 확률과 분포의 성질을 이용하여 모집단의 특성을 추론합니다. 추론을 통하여 계수값의 신뢰구간을 정합니다. 우리는 경제현상을 분석할 때 특정 경제현상이 발생하는 원인에 대해 궁금해하는 경우가 많습니다. 예를 들어 물가상승의 원인을 알아야 이에 대해 적절한 대책을 마련할 수 있기 때문입니다. 계량분석은 이와 같이 변수 사이의 인과관계를 밝히는 데 초점을 맞추고 있습니다. 머신러닝은 일반적으로 확률분포를 이용한 추론을 하지 않고 예측에 보다 집중합니다. 머신러닝을 이용한 예측에 이전에는 상상하기 어려운 빅데이터를 이용하고 있습니다. 그리고 예측하는 데 있어서 이전과는 다른 머신러닝 방법론이 사용되고 있습니다. 이와 같이 계량분석과 머신러닝은 이용하는 목적이 다르므로 경제현상을 이해하는 데 있어서 두 방법은 상호 보완적인 관계에 있다고 할 수 있습니다.

머신러닝을 이용한 회귀분석

회귀분석은 변수 x와 y의 관계를 표시할 때, y를 x가 1단위 변할 때 y의 증가폭을 나타내는 기울기와 절편으로 이루어진 선형관계로 표시하는 것입니다. 앞에서 살펴본 계량분석을 이용한 회귀분석에서는 회귀직선과 데이터와의 차이의 제곱을 최소화시키는 해를 수학적인 방법으로 구하였습니다.

머신러닝에서 회귀분석은 회귀직선과 데이터와의 차이를 최소화시키는 절편과 기울기를 경사하강법(gradient descent algorithm)이라는 알고리즘을 이용하여 구합

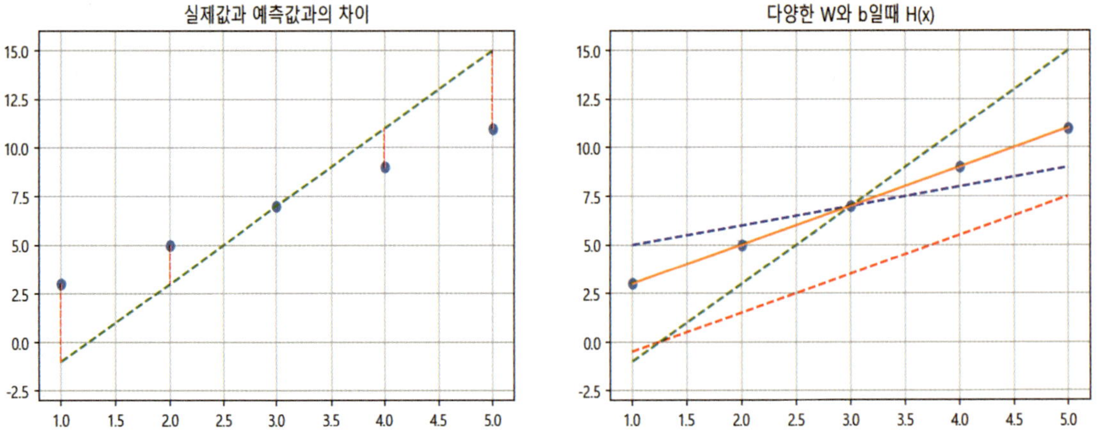

그림 2 머신러닝에서 실제값과 예측값과의 차이를 최소화시키는 직선

니다. 임의의 절편(b)과 기울기(W)를 추정한 회귀선을 $H(x)$로 표현하고 머신러닝에서는 이를 가설(Hypothesis)이라고 부릅니다. W와 b에 따라 다양한 $H(x)$가 생성되며, 예측값(H)과 실제 데이터와의 차이가 최소화시키는 W와 b를 구합니다.

$$H(x) = Wx + b$$

경사하강법

머신러닝에서 실제 y값과 예측값(H)과의 차이를 제곱해서 더한 값의 평균을 비용함수(cost function)라고 합니다. 경사하강법은 이러한 비용함수에서 비용이 가장 적은 W와 b를 찾는 알고리즘입니다.

$$cost\,function(W,b) = \frac{1}{n}\sum_{i=1}^{n}(H(x_i) - y_i)^2$$

비용함수를 최소화시키는 W와 b를 구하는 방법을 알아보도록 합니다. 먼저 비용함수와 W(b=0이라고 가정)와의 관계를 살펴볼 필요가 있습니다. W가 바뀔 때마다 비용(cost)을 구해보면 W=2일 때 비용함수가 최소값을 갖는다는 것을 알 수 있습니다.

x	y
1	2
2	4
3	6
4	8

W=-2, $cost = \frac{1}{4}((-2-2)^2+(-4-4)^2+(-6-6)^2+(-8-8)) = 120$

W=-1, $cost = \frac{1}{4}((-1-2)^2+(-2-4)^2+(-3-6)^2+(-4-8)) = 67.5$

W=0, $cost = \frac{1}{4}((0-2)^2+(0-4)^2+(0-6)^2+(0-8)) = 30$

W=1, $cost = \frac{1}{4}((1-2)^2+(2-4)^2+(3-6)^2+(4-8)) = 7.5$

W=2, $cost = \frac{1}{4}((2-2)^2+(4-4)^2+(6-6)^2+(8-8)) = 0$

〈그림 3〉은 다양한 가중치(W)에 해당하는 비용함수 값을 보이고 있습니다. 비용함수는 이차함수의 모양을 띠고 있으며 이러한 함수를 볼록함수(convex function)라고 합니다. 경사하강법을 이용하여 비용함수가 가장 작은 값을 갖는 가중치를 구합니다. 비용함수가 볼록함수이면 가중치의 초기값이 어떠한 위치에 있더라도 경사하강법을 이용하면 비용함수가 최소화되는 가중치를 구할 수 있습니다.

이차함수인 비용함수를 극소화시키는 W를 찾는 방법은 비용함수를 미분하여 해

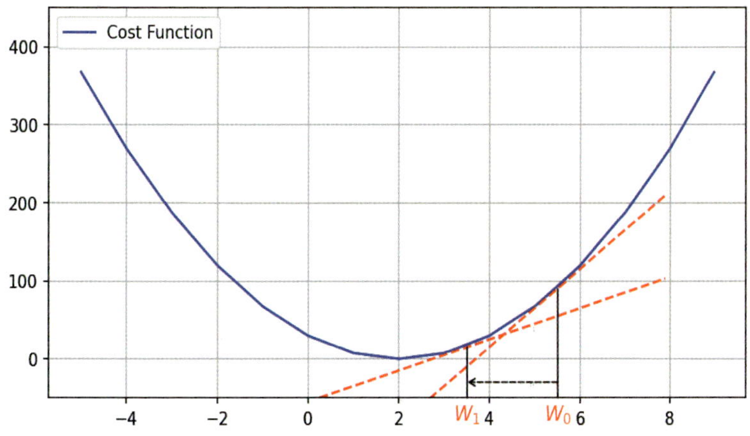

그림 3 경사하강법으로 비용함수가 가장 적은 W 찾기

당 기울기가 0인 W를 찾는 것입니다. 이때의 W에 해당하는 비용함수가 최소값을 보이고 있습니다. 경사하강법은 비용함수를 W로 미분하여 비용함수가 가장 적은 W를 찾는 방법입니다. 경사하강법으로 비용함수를 최소화시키는 W를 찾는 방법은 아래 식과 같습니다. 예를 들어, 비용함수 값에 대한 미분값($\frac{\partial}{\partial W}cost(W)$)이 양수인 경우 W는 왼쪽으로 이동합니다. 비용함수 값에 대한 미분값이 0인 경우 W는 더 이상 변하지 않게 되어 그때의 W가 가장 적은 비용을 나타냅니다.

$$W := W - \alpha \frac{\partial}{\partial W} cost(W)$$

다음 〈그림 3〉은 경사하강법으로 W를 찾는 과정을 보여주고 있습니다. 만약 맨 처음 W_0에서 비용함수에 대한 기울기가 양수라면 W_0에서 일정 수를 빼야 하므로 W는 왼쪽으로 이동하여 W_1이 됩니다. W_1에서 비용함수에 대한 미분값이 양수이면 다시 왼쪽으로 이동하게 됩니다. W에서 미분값이 0인 점에서는 W는 이동하지 않게 되고 이때의 W값이 비용함수를 최소화시키는 W입니다. 이처럼 경사하강법은 W의 미분값 크기와 방향에 전적으로 의존합니다.

Note 경사하강법으로 가중치 갱신 과정

$$cost(W,b) = \frac{1}{n}\sum_{i=1}(H(x_i) - y_i)^2$$

$$cost(W,b) = \frac{1}{2n}\sum_{i=1}^{n}(H(x_i) - y_i)^2$$

$$W := W - \alpha \frac{\partial}{\partial W} cost(W)$$

$$W := W - \alpha \frac{\partial}{\partial W}\sum_{i=1}^{n}\frac{1}{2n}(H(x_i) - y_i)^2$$

$$W := W - \alpha \frac{1}{2n}\sum_{i=1}^{n}2(H(x_i) - y_i)x_i$$

$$W := W - \alpha \frac{1}{n}\sum_{i=1}^{n}(H(x_i) - y_i)x_i$$

10.3 TensorFlow와 Colab 이용

머신러닝을 수행하기 위해서는 이용할 수 있는 무료 공개 패키지(Open Source Deep Learning Tools)는 다양하게 있습니다. 그중 TesnorFlow(https://www.tensorflow.org)는 머신러닝과 딥러닝에서 가장 많이 사용되고 있습니다. TensorFlow 이외에 널리 이용되고 있는 패키지에는 PyTorch가 있습니다.

TensorFlow 설치 또는 업그레이드(upgrade)

In	!pip install tensorflow	# TensorFlow 설치
In	!pip install --upgrade tensorflow	# TensorFlow Upgrade
In	import tensorflow as tf	
In	tf.__version__	# TensorFlow 버전 확인
Out	'2.9.0'	

Colab 사용

구글은 브라우저 내에서 파이썬 스크립트를 작성하고 실행할 수 있는 Colab 서비스를 제공하고 있습니다. Google에서 colab을 검색하여 해당 사이트(https://colab.research.google.com)에 들어가면 다음과 같은 화면이 나옵니다.

Colab에서 [파일]-[새 노트]를 열면 쥬피터노트북 형태의 화면이 나타납니다. 여기서 TensorFlow를 실행시켜 보도록 합니다.

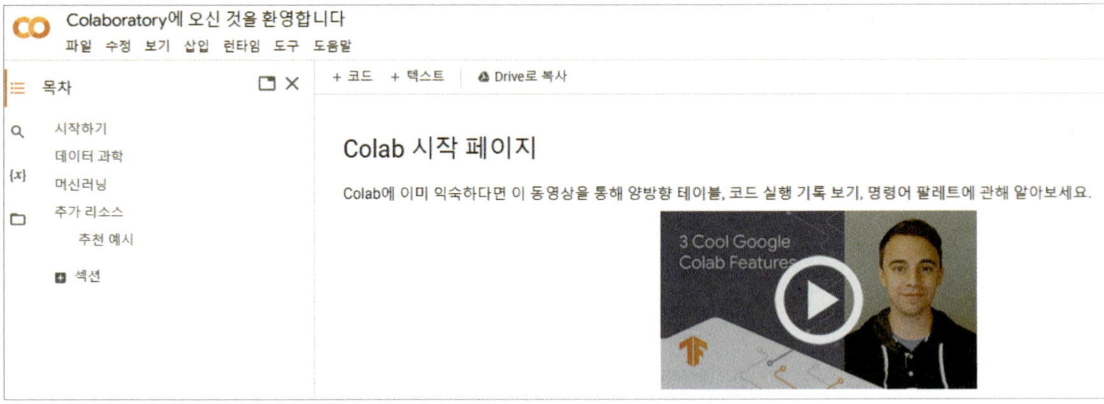

그림 4 colab 초기 화면

그림 5

colab에서 google drive에 저장된 파일을 colab에 불러들이는 다양한 방법이 있습니다. 다음 링크를 참고하기 바랍니다.

https://colab.research.google.com/notebooks/io.ipynb#scrollTo=eikfzi8ZT_rW

In
```
from google.colab import drive  # drive 연결
drive.mount('/content/gdrive')
```

In
```
df = pd.read_csv('/content/gdrive/My Drive/HSCHUNG/PYTHON/B_CLASS/A_BigDataEconomics/PGM/C202201/HPI_SEOUL.csv',
encoding='CP949')  # 본인의 구글 드라이브에서 colab으로 데이터 입수
```

In
```
df.tail()
```

Out

```
df.tail()
```

	YYM1	CITY	CITY_CODE	GU_NAME	GU_CODE2	API_TTO	BaseRate	MoRate	FREQ	A_PSUM
1147	201612	서울특별시	11	강동구	1174	116.453338	1.25	3.13	72	3.614700
1148	201703	서울특별시	11	강동구	1174	117.595660	1.25	3.21	279	13.742008
1149	201706	서울특별시	11	강동구	1174	127.266315	1.25	3.22	362	19.242373
1150	201709	서울특별시	11	강동구	1174	130.400708	1.25	3.24	193	11.178257
1151	201712	서울특별시	11	강동구	1174	133.046313	1.50	3.42	82	4.605583

5 rows × 22 columns

데이터 분석

10.4 텐서(Tensor)의 개념

TensorFlow는 자료구조를 텐서(tensor)로 표현하고 있습니다. 텐서는 데이터 처리를 위한 컨테이너로 머신러닝이나 딥러닝에서 주로 사용하는 개념입니다. 보통 차원(dimension)을 의미합니다.

스칼라, 벡터, 행렬, 텐서

스칼라(scalar)는 0차원이며, 하나의 숫자를 일컫습니다.

In
```
import tensorflow as tf
```

In
```
a = tf.constant(12)  # 0 Dimension
a
```

Out
```
<tf.Tensor: shape=(), dtype=int32, numpy=12>
```

In
```
a.ndim              # 차원 표시
```

Out
```
0
```

In	`a.shape`
Out	`TensorShape([])`

벡터(vector)는 1차원이며, 숫자의 나열을 말합니다.

In	`a = tf.constant([1,2,3])  # 1Dimension` `a`
Out	`<tf.Tensor: shape=(3,), dtype=int32, numpy=array([1, 2, 3])>`
In	`a.ndim                    # 차원 표시`
Out	`1`
In	`a.shape`
Out	`TensorShape([3])          # 벡터 형태`

행렬(matrix)은 2차원이며, 숫자가 가로와 세로로 배열된 것을 말합니다.

In	`a = tf.constant(([1,2,3],[2, 2, 3]), dtype=np.int32)  # 2Dimension` `a`

Out	`<tf.Tensor: shape=(2, 3), dtype=int32, numpy=`
	`array([[1, 2, 3],`
	`       [2, 2, 3]])>`

In	`a.ndim  # 차원 표시`
Out	`2`
In	`a.shape`
Out	`TensorShape([2, 3])`

텐서(tensor)는 3차원 이상을 표현하며, 행렬이 중첩되어 있는 것을 말합니다.

```
In   a = tf.constant(([[[1,2,3],[2, 2, 3], [4,5,3]]]), dtype=np.int32)  # 3Dimension
     a
```

```
Out  <tf.Tensor: shape=(1, 3, 3), dtype=int32, numpy=
     array([[[1, 2, 3],
             [2, 2, 3],
             [4, 5, 3]]])>
```

```
In   a.ndim  # 차원 표시
```

```
Out  3
```

```
In   a.shape
```

```
Out  TensorShape([1, 3, 3])
```

이제 텐서를 변환합니다.

```
In   a = tf.constant(np.arange(1, 13, dtype=np.int32), shape=[2, 2, 3])  # 1차원 데이터를 3차원으로 변환
     a
```

```
Out  <tf.Tensor: shape=(2, 2, 3), dtype=int32, numpy=
     array([[[ 1,  2,  3],
             [ 4,  5,  6]],

            [[ 7,  8,  9],
             [10, 11, 12]]])>  # 2*3 행렬이 2개 있습니다.
```

```
In   a.ndim
```

```
Out  3
```

```
In   a1 = tf.reshape(a, [4,3])  # 3차원 데이터를 2차원으로 변환
     a1
```

```
Out  <tf.Tensor: shape=(4, 3), dtype=int32, numpy=
     array([[ 1,  2,  3],
            [ 4,  5,  6],
            [ 7,  8,  9],
            [10, 11, 12]])>
```

```
In   a1.ndim
```

Out 2

텐서 연산

텐서의 차원과 행렬의 크기가 같을 경우 각 텐서의 동일 위치의 원소끼리 합, 차, 곱, 나눗셈 연산을 할 수 있습니다.

In
```
x = tf.constant([1, 2, 3, 4, 5, 6], shape=[2, 3]) #2 Dimension
y = tf.constant([1, 2, 3, 4, 5, 6], shape=[2, 3]) #2 Dimension
x
```

Out
```
<tf.Tensor: shape=(2, 3), dtype=int32, numpy=
array([[1, 2, 3],
       [4, 5, 6]])>
```

In
```
tf.math.add(x,y)
```

Out
```
<tf.Tensor: shape=(2, 3), dtype=int32, numpy=
array([[ 2,  4,  6],
       [ 8, 10, 12]])>
```

In
```
tf.math.subtract(x,y)
```

Out
```
<tf.Tensor: shape=(2, 3), dtype=int32, numpy=
array([[0, 0, 0],
       [0, 0, 0]])>
```

In
```
tf.math.multiply(x,y)
```

Out
```
<tf.Tensor: shape=(2, 3), dtype=int32, numpy=
array([[ 1,  4,  9],
       [16, 25, 36]])>
```

In
```
tf.math.divide(x,y)
```

Out
```
<tf.Tensor: shape=(2, 3), dtype=float64, numpy=
array([[1., 1., 1.],
       [1., 1., 1.]])>
```

브로드캐스팅은 모양이 부족한 배열을 확장하여 다른 배열 간의 연산을 가능하게 해 줍니다.

In
```
x = tf.constant([1, 2, 3, 4, 5, 6], shape=[2, 3]) #2 Dimension
x
```

Out
```
<tf.Tensor: shape=(2, 3), dtype=int32, numpy=
array([[1, 2, 3],
       [4, 5, 6]])>
```

In
```
x + 1  # 모든 행렬의 원소에 1을 더합니다.
```

Out
```
<tf.Tensor: shape=(2, 3), dtype=int32, numpy=
array([[2, 3, 4],
       [5, 6, 7]])>
```

In
```
x * 2  # 모든 행렬의 원소에 2를 곱합니다.
```

Out
```
<tf.Tensor: shape=(2, 3), dtype=int32, numpy=
array([[ 2,  4,  6],
       [ 8, 10, 12]])>
```

텐서점곱(tensorproduct)은 행렬곱과 같습니다. 왼쪽 행렬의 열과 오른쪽 행렬의 행의 크기가 같아야 합니다.

In
```
a = tf.constant([1, 2, 3, 4, 5, 6], shape=[2, 3]) #2 Dimension
b = tf.constant([1, 2, 3, 4, 5, 6], shape=[3, 2]) #2 Dimension
c = tf.matmul(a, b)
c
```

Out
```
<tf.Tensor: shape=(2, 2), dtype=int32, numpy=
array([[22, 28],
       [49, 64]])>
```

In
```
a @ b
```

Out
```
<tf.Tensor: shape=(2, 2), dtype=int32, numpy=
array([[22, 28],
       [49, 64]])>
```

In
```
np.dot(a,b)
```

Out
```
array([[22, 28],
       [49, 64]])
```

데이터 분석

10.5 TensorFlow 주요 명령어

미분

머신러닝에서 경사하강법으로 최소값을 구할 때 미분을 사용합니다. tensorflow에서 미분을 어떻게 수행하는지 살펴보도록 하겠습니다.

w_1, w_2로 이루어진 이차함수(z)가 있습니다. 이를 w_1, w_2로 미분하면 아래와 같은 식을 구할 수 있습니다.

$$z = 3w_1^2 + 2w_1w_2$$

$$\frac{\partial z}{\partial w_1} = 6w_1 + 2w_2, \quad \frac{\partial z}{\partial w_2} = 2w_1$$

w_1, w_2가 각각 1일 경우 $\frac{\partial z}{\partial w_1} = 6 + 2 = 8$, $\frac{\partial z}{\partial w_2} = 2$입니다. 이를 TensorFlow로 표시해보도록 합니다.

In
```
def f(w1, w2):  # 함수 만들기
    return 3 * (w1 ** 2) + 2 * w1 * w2
```

In
```
w1, w2 = tf.Variable(1.), tf.Variable(1.)  # w1, w2를 1로 지정
```

In
```
with tf.GradientTape() as tape:  # with ~ as: with다음에 오는 함수(화일, Class)를 사용하고 닫기
    z = f(w1, w2)
```

```
In   gradients = tape.gradient(z, [w1, w2])  # gradient: 미분함수
```

```
In   gradients  # w1, w2이 주어졌을 때 z 함수의 1차 미분값
```

```
Out  [<tf.Tensor: shape=(), dtype=float32, numpy=8.0>,
      <tf.Tensor: shape=(), dtype=float32, numpy=2.0>]
```

$y = x^3$ 일 때 $\frac{\partial y}{\partial x} = 3x^2$이고, x가 2일 때 $\frac{dy}{dx}$는 12입니다. 이를 TensorFlow를 통해 구해보도록 합니다.

```
In   x = tf.constant(2.0)
```

```
In   with tf.GradientTape() as t:
         y = x**3
         dy_dx = t.gradient(y, x)
```

```
In   print(dy_dx)
```

```
Out  tf.Tensor(12.0, shape=(), dtype=float32)
```

assignsub, assignadd

A에서 B를 뺀 값을 A에 저장하는 표현을 다음과 같이 쓸 수 있습니다.

$$A = A - B$$
$$A -= B$$
$$A.assignsub(B)$$

참고로 A에서 B를 더한 값을 A에 저장하는 표현을 다음과 같이 쓸 수 있습니다.

$$A = A + B$$
$$A += B$$
$$A.assignadd(B)$$

A에서 B를 뺀 값을 A에 저장하는 표현을 다음과 같이 쓸 수 있습니다.

In
```
x = tf.Variable(tf.zeros((2, 1)))  # 0
y = tf.Variable(tf.ones((2, 1)))   # 1
x.numpy()
```

Out
```
array([[0.],
       [0.]], dtype=float32)
```

In
```
y.numpy()
```

Out
```
array([[1.],
       [1.]], dtype=float32)
```

In
```
x.assign_sub(y)  # x에서 y를 빼서 그 결과를 x로 대입
```

Out
```
<tf.Variable 'UnreadVariable' shape=(2, 1) dtype=float32, numpy=
array([[-1.],
       [-1.]], dtype=float32)>
```

In
```
x.assign_add(y)  # x에 y를 더하여 그 결과를 x로 대입
```

Out
```
<tf.Variable 'UnreadVariable' shape=(2, 1) dtype=float32, numpy=
array([[0.],
       [0.]], dtype=float32)>
```

데이터 분석

10.6 ML을 이용한 회귀분석 원리

회귀식(Hypothesis)

머신러닝을 이용한 회귀분석 원리를 살펴보고자 합니다. 먼저 임의의 절편과 기울기를 포함한 회귀식(Hypothesis)의 형태를 정하고 기울기와 절편에 대한 초기값을 설정합니다.

$$H(x) = Wx + b$$

In
```
x_data = [1, 2, 3, 4, 5]
y_data = [1, 2, 3, 4, 5]
```

In
```
W = tf.Variable(2.0)          # 기울기 초기값
b = tf.Variable(0.5)          # 절편 초기값

hypothesis = W * x_data + b   # 회귀식
```

In
```
hypothesis
```

Out
```
<tf.Tensor: shape=(5,), dtype=float32, numpy=array([ 2.5,  4.5,  6.5,  8.5, 10.5], dtype=float32)>
```

W와 b의 초기값이 2와 0.5일 때 비용(cost)은 14.25이며, 회귀직선(hypothesis)과 데이터를 그래프를 그리면 다음과 같습니다.

$$\text{cost}(W) = \frac{1}{m}\sum_{i=1}^{n}(Wx_i - y_i)^2$$

In
```
cost = tf.reduce_mean(tf.square(hypothesis - y_data))  # 비용
cost.numpy()
```

Out
```
14.25
```

In
```
plt.plot(x_data, hypothesis.numpy(), 'r-')
plt.plot(x_data, y_data, 'o')
plt.grid()
plt.ylim(0, 12)
plt.show()
```

Out

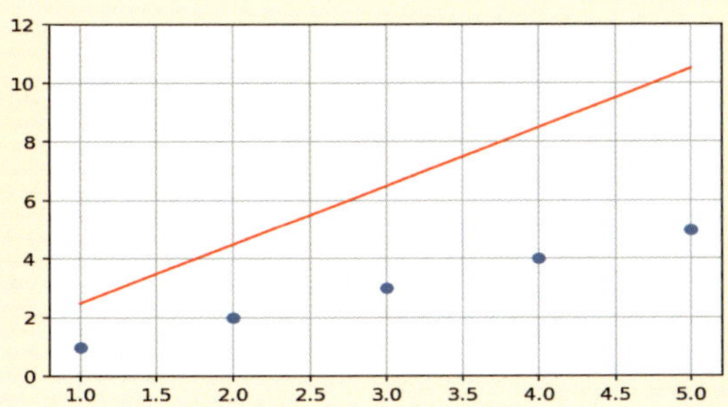

경사하강법을 이용하여 비용함수가 최소인 *W*와 *b*를 찾아보도록 합니다. 시행횟수를 1,001번으로 합니다. 절편과 기울기의 초기값은 표준정규분포에서 임의로 선정합니다. 앞에서 비용함수를 *W*와 *b*로 미분하여 미분값이 양수이면 *W*와 *b*를 왼쪽으로 이동시키고, 미분값이 음수이면 *W*와 *b*를 오른쪽으로 이동시켜 비용이 가장 낮은 *W*와 *b*를 찾습니다. 200번마다 cost, *W*와 *b*를 출력하여 확인합니다. 1,001번 실행했을 때 기울기(*W*)는 0.98, 절편(*b*)은 0.06입니다. 모델에서 기울기(*W*)는 1, 절편(*b*)은 0임을 고려할 때 실제 값과 유사하게 추정한 것을 확인할 수 있습니다.

In

```
W = tf.Variable(tf.random.normal([1]), name='weight')    # 기울기 초기값을 임의로 선정
b = tf.Variable(tf.random.normal([1]), name='bias')      # 절편 초기값을 임의로 선정

learning_rate = tf.Variable(0.01)

for i in range(1001):
    with tf.GradientTape() as tape:
        hypothesis = W * x_data + b
        cost = tf.reduce_mean(tf.square(hypothesis - y_data))
    W_grad, b_grad = tape.gradient(cost, [W, b])
    W.assign_sub(learning_rate * W_grad)
    b.assign_sub(learning_rate * b_grad)


    if i % 200 == 0:
        print("실행횟수 : {:5} | cost : {:10.6f} | W : {:10.6f}| b : {:10.6f} ".
              format(i, cost.numpy(), float(W.numpy()), float(b.numpy()) ))
```

Out

```
실행횟수 :     0 | cost :   0.633835 | W :   0.514335| b :   1.847571
실행횟수 :   200 | cost :   0.160239 | W :   0.740993| b :   0.935097
실행횟수 :   400 | cost :   0.041347 | W :   0.868433| b :   0.474999
실행횟수 :   600 | cost :   0.010669 | W :   0.933168| b :   0.241284
실행횟수 :   800 | cost :   0.002753 | W :   0.966052| b :   0.122564
실행횟수 :  1000 | cost :   0.000710 | W :   0.982755| b :   0.062259
```

최종 기울기(*W*)와 절편으로 추정한 값을 그래프로 표시하면 다음과 같습니다.

In
```
hypothesis.numpy()
```

Out
```
array([1.0451667, 2.0278635, 3.0105603, 3.9932573, 4.9759545],
      dtype=float32)
```

In
```
plt.plot(x_data, y_data, 'o')
plt.plot(x_data, hypothesis.numpy(), 'r-')
plt.grid()
plt.ylim(0, 8)
plt.savefig("figure105_01.png", dpi=150, bbox_inches='tight')
plt.show()
```

Out

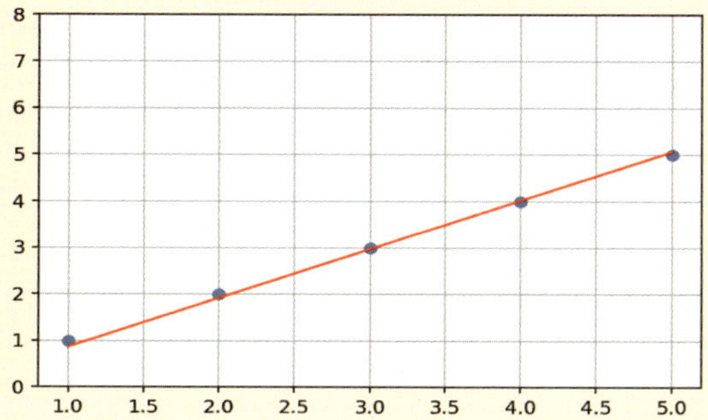

데이터 분석

10.7 ML을 이용한 주택가격지수 예측

기준금리(BaseRate), 산업생산지수(IND_INDEX), LTV(loan to value), DTI(debt to income) 변수가 주택가격에 미치는 영향을 분석해보도록 합니다. 주택가격은 서울시 구별로 정리된 주택가격지수[1]를 사용합니다.

1 분석에 이용한 서울시 구별 주택가격지수는 정호성 · 이지은(2016)에서 사용한 자료입니다.

자료 정리

서울시 구(GU_CODE2)를 기준으로 1분기전, 2분기전 데이터를 생성합니다.

```
In    df = pd.read_csv('SEOUL.csv', encoding='CP949')
```

```
In    df1 = df[['API_TT0', 'GU_CODE2', 'BaseRate', 'IND_INDEX', 'LTV', 'DTI']]
      df2 = df1.copy()
```

```
In    df2['BaseRate1']= df2.groupby('GU_CODE2')['BaseRate'].shift(1)  # 구별 1분기전 데이터 생성
      df2['IND_INDEX1']= df2.groupby('GU_CODE2')['IND_INDEX'].shift(1)
      df2['LTV1']= df2.groupby('GU_CODE2')['LTV'].shift(1)
      df2['DTI1']= df2.groupby('GU_CODE2')['DTI'].shift(1)
```

```
In    df2['BaseRate2']= df2.groupby('GU_CODE2')['BaseRate'].shift(2)  # 구별 2분기전 데이터 생성
      df2['IND_INDEX2']= df2.groupby('GU_CODE2')['IND_INDEX'].shift(2)
      df2['LTV2']= df2.groupby('GU_CODE2')['LTV'].shift(2)
      df2['DTI2']= df2.groupby('GU_CODE2')['DTI'].shift(2)
```

ML을 이용한 회귀분석

변수 *X*로 1분기전 기준금리, 산업생산지수, 2분기전 LTV를 이용하고, 변수 *Y*로는 구별 주택가격지수를 이용합니다.

```
In    X = df3[['BaseRate1', 'IND_INDEX1', 'LTV2']].to_numpy()  # 변수 X
      X = X.astype('float32')
      k = X.shape[1]
      y = df3[['API_TT0']].to_numpy()  # 변수 Y
      y = y.astype('float32')
```

변수 *X*로 1분기전 기준금리, 산업생산지수, 2분기전 LTV를 이용하고, 변수 *Y*로는 구별 주택가격지수를 이용합니다.

In

```
W = tf.Variable(tf.random.normal((k, 1)))
b = tf.Variable(tf.random.normal((1,)))
```

In

```
loss = []
learning_rate = tf.Variable(0.00001)

for i in range(1000+1):
    with tf.GradientTape() as tape:
        hypothesis = tf.matmul(X, W) + b
        cost = tf.reduce_mean(tf.square(hypothesis - y))
        loss.append(cost.numpy())

        W_grad, b_grad = tape.gradient(cost, [W, b])

        W.assign_sub(learning_rate * W_grad)  # W 갱신
        b.assign_sub(learning_rate * b_grad)  # b 갱신

    if i % 100 == 0:
        print("{:5} | {:10.6f} ".format(i, cost.numpy()))
```

Out

```
    0 | 46558.316406
  100 | 128.894241
  200 | 119.313721
  300 | 111.955795
  400 | 106.304649
  500 | 101.964195
  600 |  98.630180
  700 |  96.069107
  800 |  94.101555
  900 |  92.589798
 1000 |  91.428047
```

추정한 W와 b는 다음과 같습니다.

In

```
print('b:',b.numpy())
print('W:',W.numpy().flatten())
```

Out

```
b: [-0.1785343]
W: [-0.30079165  0.5436497   0.6946181]
```

비용함수는 다음과 같습니다. 그래프를 보면 반복횟수가 20번이 되기 전에 비용이 크게 감소하고 있음을 알 수 있습니다.

In

```
n_iterations = 101

ax = pd.Series(loss).plot(figsize=(8, 4), title='Loss per Iteration',
     xlim=(0, n_iterations), logy=True)
ax.set_xlabel('Iterations')
ax.set_ylabel('Loss', fontsize=12, rotation=90)
plt.grid()
plt.tight_layout()
```

Out

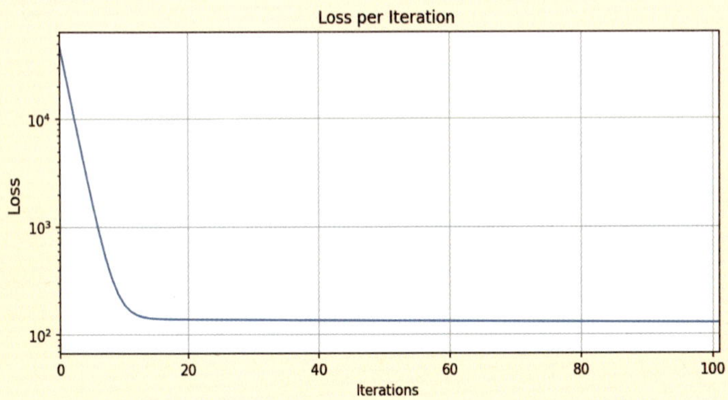

분석 과제 ML을 이용한 회귀분석

1. "HPI_SEOUL.csv"를 colab에서 불러옵니다.

2. BaseRate, Morate, IND_INDEX, LTV, FREQ, DTI의 1분기 전, 2분기 전 데이터를 생성합니다.

3. 패키지를 이용하여 다음과 같이 회귀분석하고 결과를 설명합니다.

   - *y*값: 주택가격지수(API_TT0)
   - *x*값: 1분기 전 BaseRate, 현 분기 거래건수, 1분기 전 IND_INDEX, 2분기 전 LTV, DTI

4. 위의 모델을 Machine Learning을 이용하여 회귀분석합니다.

   - step size: 0.00001
   - 반복횟수: 1000

5. 회귀분석에 의한 계수값과 Machine Learning을 이용한 계수 값을 비교하여 설명합니다.

6. 데이터 *x*의 2번째 줄(row) 데이터를 이용하여 ML 예측값을 보이고 실제값과의 차이를 보입니다.

7. 반복횟수에 따라 Loss 값의 변화를 그래프로 나타냅니다.

Chapter

11

로짓분석

교육기간이 결혼에 미치는 영향

개념

11.1 로짓분석

선형확률모형(Linear Probability Model)

경제현상을 비롯한 사회현상에는 상승/하락, 부도/생존, 생존/사망, 흡연/비흡연, 결혼/비혼 등과 2가지 또는 몇 가지의 범주로 구분되는 경우가 많이 있습니다. 지금까지 종속변수가 연속적인 값을 가지는 경우 회귀분석 모형을 이용하여 분석하는 방법을 살펴보았습니다. 여기서는 종속변수가 연속적이지 않은 경우를 살펴보도록 하겠습니다.

예를 들어, 가구주가 결혼한 상태인지 아닌지를 나타내는 모형을 다음과 같이 나타낼 수 있습니다.

$$\text{결혼여부} = \beta_0 + \beta_1\text{교육연수} + \beta_2\log(\text{소득}) + \epsilon$$

종속변수인 결혼한 상태인지를 나타내는 변수는 0 또는 1의 값을 갖습니다. 어떤 변수가 0 또는 1의 값을 가질 때 이 변수의 평균은 이 변수가 1의 값을 가질 확률과 동일합니다. 즉, $E(y) = 1 \cdot P(y=1) + 0 \cdot P(y=0) = P(y=1)$이기 때문입니다. 따라서 위 식에 기대값을 취하면 다음과 같습니다.

$$P(\text{결혼여부}=1) = \beta_0 + \beta_1\text{교육연수} + \beta_2\log(\text{소득})$$

이때 $E(\epsilon\,|\,\text{교육연수, 소득})=0$입니다. 이와 같이 확률을 선형모형으로 나타내기 때문에 이를 선형확률모형이라고 합니다.

종속변수가 사건이 발생할 확률을 나타내는 경우 그 범위가 0과 1 사이로 한정되어야 합니다. 하지만 일반적인 회귀분석을 사용하면 X는 $-\infty$에서 $+\infty$ 값을 가질 수 있기 때문에 사건이 발생할 p값도 마이너스 $-\infty$에서 $+\infty$ 값을 갖게 되어 확률의 성질과 맞지 않게 됩니다.

$$p = \beta_0 + \beta_1 x_1 + \beta_2 x_2,\ -\infty \le X \le \infty$$

로짓모델(Logit Model)

p값의 범위는 0보다 크거나 같고 1보다 작거나 같기 때문에 선형확률모형으로는 적절하게 분석할 수 없습니다. 따라서 종속변수에 p를 쓰지 않고 $\log\left(\frac{p}{1-p}\right)$를 사용합니다.

$$\log\left(\frac{p}{1-p}\right) = \beta_0 + \beta_1 x_1 + \beta_2 x_2$$

종속변수 값을 $\log\left(\frac{p}{1-p}\right)$으로 사용하는 이유는 $\log\left(\frac{p}{1-p}\right)$가 마이너스 무한대에서 플러스 무한대의 값을 갖기 때문입니다. $\frac{p}{1-p}$를 승산비(odd)라고 부르며 이는 어떤 사건이 일어나지 않을 확률에 대비해 일어날 확률을 나타냅니다.

다음 〈그림 1〉의 그래프는 p에 대한 승산비 그래프입니다. 승산비의 범위는 0부터 플러스 무한대까지이며, 승산비에 로그를 취한 로그승산비(log odd)의 범위는 $-\infty$에서 $+\infty$ 값을 갖게 됩니다.

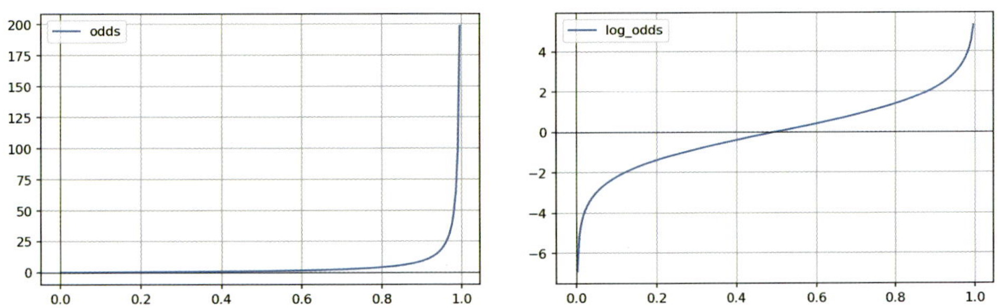

그림 1 승산비($\frac{p}{1-p}$)와 로그승산비($\log\left(\frac{p}{1-p}\right)$) 그래프

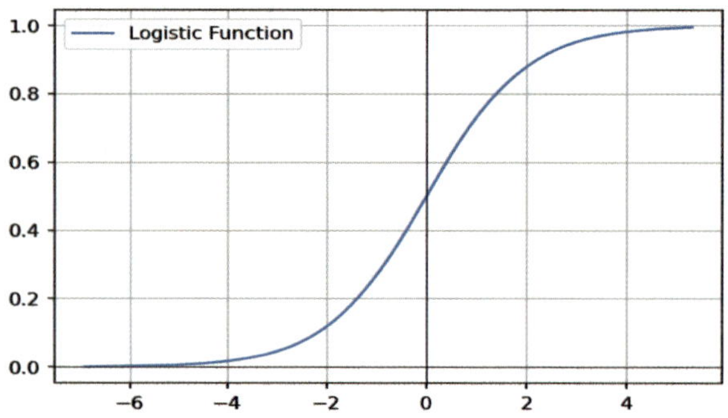

그림 2 로지스틱 함수(시그모이드 함수)

종속변수로 간주되는 로그승산비의 범위가 $-\infty$에서 $+\infty$ 값을 갖기 때문에 선형회귀분석에서 추정한 β값을 구한 로그 승산비를 이용하여 p값을 구할 수 있습니다. 이를 로지스틱 함수(logistic function) 또는 시그모이드 함수(sigmoid function)라고 합니다. 아래와 같은 로지스틱 함수는 선형함수가 아니기 때문에 회귀분석에서와 같이 최소제곱법으로 추정하지 못하고 최대우도추정법을 이용하여 β값을 추정합니다.

$$p = \frac{1}{1+e^{-(\beta_0+\beta_1 x_1+\beta_2 x_2)}} = \frac{1}{1+e^{-z}},\ z = \beta_0+\beta_1 x_1+\beta_2 x_2$$

Note 로지스틱 함수(시그모이드) 도출

$$\log\left(\frac{p}{1-p}\right) = \beta_0+\beta_1 x_1+\beta_2 x_2$$

양변에 지수를 취하면, $\frac{p}{1-p} = e^{(\beta_0+\beta_1 x_1+\beta_2 x_2)}$

양변에 역수를 취하면, $\frac{1-p}{p} = \frac{1}{e^{(\beta_0+\beta_1 x_1+\beta_2 x_2)}}$

$$\frac{1}{p} - 1 = \frac{1}{e^{(\beta_0+\beta_1 x_1+\beta_2 x_2)}}$$

$$\frac{1}{p} = \frac{1}{e^{(\beta_0+\beta_1x_1+\beta_2x_2)}} + 1 = \frac{1+e^{(\beta_0+\beta_1x_1+\beta_2x_2)}}{e^{(\beta_0+\beta_1x_1+\beta_2x_2)}}$$

$$p = \frac{e^{(\beta_0+\beta_1x_1+\beta_2x_2)}}{1+e^{(\beta_0+\beta_1x_1+\beta_2x_2)}} = \frac{1}{1+e^{-(\beta_0+\beta_1x_1+\beta_2x_2)}}$$

참고로

$$1-p = 1-\frac{e^{(\beta_0+\beta_1x_1+\beta_2x_2)}}{1+e^{(\beta_0+\beta_1x_1+\beta_2x_2)}} = \frac{1+e^{(\beta_0+\beta_1x_1+\beta_2x_2)}-e^{(\beta_0+\beta_1x_1+\beta_2x_2)}}{1+e^{(\beta_0+\beta_1x_1+\beta_2x_2)}}$$

$$= \frac{1}{1+e^{(\beta_0+\beta_1x_1+\beta_2x_2)}} = (1+e^{(\beta_0+\beta_1x_1+\beta_2x_2)})^{-1}$$

$$\log(1-p) = -\log(1+e^{(\beta_0+\beta_1x_1+\beta_2x_2)})$$

개념

11.2 최대우도추정법

로짓 회귀분석에서는 최대우도추정법(Maximum Likelihood Estimation Method, MLE)을 이용하여 계수값(β)을 추정합니다. 즉, 우도(likelihood)를 극대화시키는 계수값(β)을 추정한다는 의미입니다. 먼저 우도의 개념을 알아보고 우도가 확률(probability)과 어떻게 구분되는지를 살펴보도록 합니다.

확률(probability)과 우도(likelihood)의 차이

주어진 모수(정규 분포의 경우 평균과 표준편차가 모수가 되고 이항분포의 경우는 1이 나올 확률)를 이용하여 특정한 경우의 수가 나올 비율을 확률(probability)이라고 합니다. 예를 들어, 주머니에 5개의 공이 들어 있으며 여기서 흰 공이 3개, 검은 공이 2개 들어 있다고 합시다. 이와 같이 검은 공이 나올 확률(2/5)과 흰 공이 나올 확률(3/5)을 알고 있으면서 10번 뽑았을 때 검은 공이 7번 나올 확률은 4.3%임을 알 수 있습니다.

$$p(\text{검은 공}) = \binom{10}{7}\left(\frac{2}{5}\right)^7\left(\frac{3}{5}\right)^3 = \frac{10!}{7!(10-7)!}\left(\frac{2}{5}\right)^7\left(\frac{3}{5}\right)^3 = 0.043 = 4.3\%$$

주어진 데이터가 나타날 개연성을 가장 크게 하는 확률을 구하고자 할 때, 이때 구하는 확률을 기존 확률과 구분하여 우도(likelihood)라고 합니다. 이러한 우도를 이용하여 분포에 내재되어 있는 미지의 모수를 추정합니다. 어떤 주머니에 5개의 공이 들어 있습니다. 이때 흰 공과 검은 공의 비율을 알지 못하지만 흰 공이 2개이면 검은 공이 3개이며, 흰 공이 3개이면 검은 공이 2개라는 사실은 알고 있다고 가정해 봅시다. 여기서 우리가 아는 것은 검은 공과 흰 공의 확률이 이항분포(binomial distribution)를 가지는 것이지만, 검은 공이 나올 확률은 알지 못하는 경우입니다. 이때 공 3개를 뽑았을 때 검은 공의 개수를 x라고 하면 검은 공을 뽑을 확률은 다음과 같이 구할 수 있습니다.

$$p(X:p) = \binom{3}{x}p^x(1-p)^{3-x}$$

예를 들어, 검은 공이 나올 확률이 $\frac{2}{5}$이라고 가정하고 5번 공을 뽑았을 때 검은 공을 0번 뽑을 확률은 21.6%입니다.

$$p(X=0:\frac{2}{5}) = \binom{3}{0}\left(\frac{2}{5}\right)^0\left(\frac{3}{5}\right)^3 = \frac{27}{125} = 0.216 = 21.6\%$$

검은 공이 나올 확률을 각각 $\frac{2}{5}$와 $\frac{3}{5}$으로 가정했을 때 각각의 확률에 따라 검을 공이 0개, 1개, 2개 3개 나올 확률을 계산하면 다음과 같습니다.

표 1 검은 공의 개수에 따른 검은 공이 나올 확률

검은 공의 확률(가정)	검은 공이 나올 확률			
	0개	1개	2개	3개
$\frac{2}{5}$	0.216	0.431	0.288	0.064
$\frac{3}{5}$	0.064	0.288	0.432	0.216

다음으로 공 3개 중 검은 공 1개가 뽑혔을 때 5개의 공 중에서 검은 공이 2개 들어 있을 확률은 0.431이고, 5개의 공중에서 검은 공이 3개 들어 있을 확률은 0.288입니다. 이렇게 구한 확률을 우도라고 합니다. 즉, 뽑은 공 3개 중에서 검은 공이 1개일 때 모집단에서 검은 공 확률이 $\frac{2}{5}$인 우도(0.431)가 검은 공의 확률이 $\frac{3}{5}$인 우도(0.288)보다 큽니다. 이 경우 우도가 큰 모수인 $\frac{2}{5}$를 선택합니다. 이와 같이 우도가 큰 모수를 선택하는 방법을 최대우도추정법(maximum likelihood estimation method)이라고 합니다. 종합하면 3개의 공을 뽑을 때 검은 공이 0개 또는 1개이면 5개의 공에서 검은 공이 들어 있을 비율은 $\frac{2}{5}$, 검은 공이 2개 또는 3개일 경우 5개의 공에서 검은 공이 들어 있을 비율은 $\frac{3}{5}$으로 추정합니다.

$$\hat{p} = \hat{p}(X) = \begin{cases} \frac{2}{5}, X = 0,1 \\ \frac{3}{5}, X = 2,3 \end{cases}$$

우도함수(likelihood function)

우도함수는 확률변수(y)의 실현값(데이터)을 알고 있을 때 분포의 모수를 추정하는 함수입니다. 예를 들어, 정규분포에서 평균과 표준편차를 추정하기 위한 우도함수는 다음과 같습니다. 각각의 y의 확률밀도함수를 곱한 결합확률밀도함수 형태로 표시됩니다. 결합확률밀도함수 형태로 표시된 우도함수는 관측값에서 μ, σ^2이 주어지면 계산할 수 있습니다. 즉, 주어진 데이터에서 우도함수를 극대화시키는 μ, σ^2

을 찾을 수 있다는 의미입니다.

$$L(\mu, \sigma^2 : y_1, y_2, \cdots, y_n) = \frac{1}{\sqrt{2\pi\sigma^2}} \exp\left\{-\frac{(y_1-\mu)^2}{2\sigma^2}\right\} \cdots \frac{1}{\sqrt{2\pi\sigma^2}} \exp\left\{-\frac{(y_n-\mu)^2}{2\sigma^2}\right\}$$
$$= \prod_{i=1}^{n} \frac{1}{\sqrt{2\pi\sigma^2}} \exp\left\{-\frac{(y_i-\mu)^2}{2\sigma^2}\right\}$$

로그의 성질을 이용하면 보다 쉽게 우도함수를 극대화시키는 μ, σ^2를 찾을 수 있습니다. $L(\mu, \sigma^2 : y_1, y_2, \cdots, y_n)$에 로그를 취하면 다음과 같은 로그 우도함수를 얻을 수 있습니다. 다음의 로그 우도함수를 최대화시키기 위해서는 우변의 맨 아래식의 마지막 항인 $\sum_{i=1}^{n}(y_i-\mu)^2$를 최소화시키는 μ를 찾은 다음, 전체를 최소화시키는 σ^2 값을 구하면 됩니다.

$$\log L(\mu, \sigma^2 : y_1, y_2, \cdots, y_n) = \sum_{i=1}^{n}\left[-\frac{1}{2}\log(2\pi) - \frac{1}{2}\log(\sigma^2) - \frac{1}{2\sigma^2}(y_i-\mu)^2\right]$$
$$= -\frac{n}{2}\log(2\pi) - \frac{n}{2}\log(\sigma^2) - \frac{1}{2\sigma^2}\sum_{i=1}^{n}(y_i-\mu)^2$$

로짓분석에서 우도함수와 최대우도추정법(Maximum Likelihood Estimation Methods)

1 또는 0의 값을 가지고 있는 y값이 n개 있습니다. 설명변수가 X라고 할 때 이를 로짓모델로 표현하면 다음과 같습니다.

$$\log\left(\frac{p}{1-p}\right) = X\beta$$
$$p(y_i = 1) = \frac{1}{1+e^{-X\beta}}$$

각 사건(y_i)이 서로 독립이라고 가정할 때 로짓모델의 우도함수는 다음과 같이 쓸 수 있습니다.

$$L(\beta : y_1, y_2, \cdots, y_n) = p(y_1)p(y_2)\cdots p(y_n) = \prod_{i=1}^{n} p(y_i)$$

y_i가 베르누이 분포를 따르고 있으므로, $p(y_i)=p_i^{y_i}(1-p_i)^{1-y_i}$ 입니다. 따라서 로짓분석의 우도함수는 다음과 같이 쓸 수 있습니다.

$$L(\beta)=\prod_{i=1}^{n}p(y_i)=\prod_{i=1}^{n}p_i^{y_i}(1-p_i)^{1-y_i}=\prod_{i=1}^{n}p_i^{y_i}(1-p_i)\frac{1}{(1-p_i)^{y_i}}$$
$$=\prod_{i=1}^{n}\left(\frac{p_i}{1-p_i}\right)^{y_i}(1-p_i)$$

위 식의 양변에 로그를 취하면,

$$\log L(\beta)=\prod_{i=1}^{n}y_i\log\left(\frac{p_i}{1-p_i}\right)+\prod_{i=1}^{n}\log(1-p_i)$$
$$=\prod_{i=1}^{n}y_i\cdot x_i\beta+\prod_{i=1}^{n}\log(1-p_i)$$
$$=\prod_{i=1}^{n}y_i\cdot x_i\beta-\prod_{i=1}^{n}\log(1+e^{x_i\beta})$$

로그 우도함수를 극대화하기 위한 β를 찾기 위해 양변을 β로 미분하면,

$$\frac{\partial\log L}{\partial\beta}=\prod_{i=1}^{n}y_ix_i-\prod_{i=1}^{n}x_i(1+e^{-x_i\beta})^{-1}$$
$$=\prod_{i=1}^{n}y_ix_i-\prod_{i=1}^{n}x_i\hat{y}_i\,,\ where\ \hat{y}=\frac{1}{1+e^{-X\beta}}$$

위와 같은 수식을 풀어서 $\hat{\beta}$을 구할 수 있습니다. 하지만 위의 식은 수식을 풀어서(closed form) 해를 구할 수 없으므로 뉴턴 방식(newton method)과 같은 수치계산(numerical estimation)으로 해를 구합니다.

Note 뉴턴 방법

뉴턴 방법은 계산이 쉽지 않은 해를 구하기 위한 방법 중 하나입니다. 로짓 회귀분석의 경우 로그 우도함수(log likelihood function)를 극대화시키는 β값을 구하기 위한 방법으로 사용합니다.

테일러 전개(Taylor Expansion)를 통해 $f(x)$ 값은 $f(x_n)$ 값에서 근사를 통해서 다음과 같이

구할 수 있습니다.

$$f(x) = f(x_n) + \frac{f^{'}(x_n)}{1!}(x - x_n)^1 + \frac{f^{''}(x_n)}{2!}(x - x_n)^2 + \cdots$$

테일러 전개의 의한 1차 근사식은 다음과 같습니다.

$$f(x) = f(x_n) + \frac{f^{'}(x_n)}{1!}(x - x_n)^1$$

위의 테일러 전개에 의한 1차 근사식을 로그 우도함수에 적용해봅시다.

$$\log L(\beta^{t+1}) = logL(\beta^t) + \frac{\partial \log L(\beta^t)}{\partial \beta^t}(\beta^{t+1} - \beta^t)$$

이때 우리는 가장 큰 $\log L(\beta)$를 가지는 β를 찾고 있기 때문에 $\log L(\beta^{t+1}) \geq \log L(\beta^t)$이어야 하며 이를 위해서는 $\frac{\partial \log L(\beta^t)}{\partial \beta^t}(\beta^{t+1} - \beta^t) \geq 0$이어야 합니다. 따라서 $\frac{\partial \log L(\beta^t)}{\partial \beta^t}$와 $(\beta^{t+1} - \beta^t)$가 부호가 같은 비례관계에 있어야 하며 이를 식으로 표현하면 다음과 같습니다.

$$\beta^{new} - \beta^{old} = \eta \frac{\partial \log L(\beta^t)}{\partial \beta^t}, \eta : \text{양수}, step\, size$$

위의 식을 다시 풀어쓰면,

$$\beta^{new} = \beta^{old} + \eta \frac{\partial \log L(\beta^{old})}{\partial \beta^{old}}, \eta : \text{양수}, step\, size$$

$\log L(\beta^{new})$와 $\log L(\beta^{old})$의 차이가 거의 없을 때까지 β를 구하며 이 경우는 $\frac{\partial \log L(\beta^t)}{\partial \beta^t}$가 거의 0에 가까운 경우입니다.

개념

11.3 분류평가지표

로짓분석의 예측의 정확성을 평가하는 데는 정확도(accuracy), 민감도(sensitivity), 특이도(specificity), 수신자판단특성곡선(Receiver Operation Characteristic Curve, ROC 곡선), 곡선아래넓이(Area Under Curve, AUC) 지표 등이 있습니다.

오분류표(Confusion Matrix)

로짓분석에서 예측 결과는 크게 네 가지로 구분할 수 있습니다. 이러한 네 가지 결과를 표로 나타낸 것이 오분류표입니다.

> 실제값 긍정(positive), 예측 긍정(positive)으로 한 경우: TP(True Positive),
> 실제값 부정(negative), 예측 부정(negative)으로 한 경우: TN(True Negative),
> 실제값 긍정(positive), 예측 부정(negative)으로 한 경우: FN(False Negative),
> 실제값 부정(negative), 예측 긍정(positive)으로 한 경우: FP(False Positive),

		예측(prediction)	
		긍정(positive)	부정(negative)
실제(actual)	긍정(positive)	TP	FN
	부정(negative)	FP	TN

그림 3 오분류표(Confusion Matrix)

정확도(accuracy)는 전체 데이터 건수에서 예측을 정확히 한 값을 나눈 비율입니다. 정확도는 모델 예측 성능을 나타내는 평가지표이지만, 불균형한 데이터에서 이용하는 데는 한계가 있습니다. 예를 들어, 전체 100건의 금융거래 중 95건이 정상거래이고 5건이 부도 거래인 경우 로짓분석에서 100건의 금융거래를 모두 정상 거래로 예측하면 정확도가 95%이기 때문입니다. 이와 같이 정확도가 가지는 분류평가지표로서의 한계점을 보완하기 위하여 다양한 분류자료를 함께 사용하는 것이 필요합니다.

$$\text{정확도} = \frac{TP+TN}{P+N} \equiv \frac{TP+TN}{TP+TN+FP+FN}$$

정밀도(precision)와 재현율(recall)은 긍정(positive) 데이터의 예측성능에 더 초점을 맞춘 평가지표입니다. 정밀도는 예측값을 긍정으로 한 경우에서 실제값이 긍정인 비율입니다. 재현율은 실제값이 긍정인데 예측을 긍정으로 분류한 비율입니다. 재현율은 TPR(True Positive Rate)로 민감도(sensitivity)로도 불립니다.

$$\text{정밀도} = \frac{TP}{TP+FP},\ \text{재현율} = \frac{TP}{TP+FN}$$

정밀도는 실제값이 부정인데 이를 긍정으로 판단(FP)하면 비율이 낮아집니다. 재현율은 실제값이 부정인데 이를 긍정으로 예측(FN)하면 낮아집니다. 가장 좋은 성능 평가는 정밀도와 재현율이 모두 높은 수치를 얻는 경우입니다. 정밀도와 재현율을 가지고 비교하기 힘들 때는 F1 score를 사용합니다. F1 score는 정밀도와 재현율의 조화평균값으로 구합니다. F1 score는 0부터 1까지의 값을 가지고 1에 가까울수록 좋은 분류지표입니다. 예를 들어, 모델 A의 경우 정밀도가 0.8, 재현율이 0.1이고, 모델 B의 경우 정밀도가 0.5, 재현율이 0.5이면 모델 A의 경우 모델 B에 비해 정밀도가 우수한 반면, 모델 B는 모델 A에 비해 재현율이 우수합니다. 이 경우 모델 A의 F1 score는 0.18인 반면, 모델 B의 F1 score는 0.5로 모델 B가 모델 A에 비해 우수하다고 볼 수 있습니다.

$$F1 = \frac{2}{\frac{1}{recall} + \frac{1}{pre\,cision}} = 2 \times \frac{pre\,csion \times recall}{pre\,cision + recall}$$

특이도(specificity)는 실제로 부정일 때 부정으로 예측되는 경우의 비율입니다. '1−특이도' 거짓양성률(False Positive Rate) 또는 거짓정보율(false alarm rate)로 불리며 실제로 부정인 경우를 긍정으로 예측한 비율입니다.

$$특이도 = \frac{TN}{FP + TN}$$

$$거짓양성률(FPR) = 1 - spcificity = \frac{TP}{FP + FN}$$

재현율(민감도)과 특이도는 의학분야에서 많이 사용되고 있습니다. 검사에 의해 특정 질병에 걸렸을 때 1로 표시할 경우 재현율(민감도)은 실제 병에 걸렸을 때 양성 진단을 받을 확률을 말합니다. 특이도는 실제 병에 걸리지 않았는데 음성 진단을 받은 경우입니다. 이때 민감도가 낮으면 실제 병에 걸렸는데 제때 치료를 받지 못하는 경우가 많다는 경우이며, 특이도가 낮으면 병에 걸리지 않았는데 불필요한 치료를 받은 사람이 많다는 의미입니다. 재판의 경우 민감도는 죄인 중에서 유죄판결을 받은 비율이고 특이도는 죄인이 아닌 사람 중에서 무죄 판결을 받은 경우입니다. 재판에서 민감도가 낮으면 죄인 중에서 무죄로 풀려나는 경우가 많다는 의미이며, 특이도가 낮으면 죄인이 아닌 사람 중에서 유죄판결을 받은 경우가 많다는 의미입니다. 민감도와 특이도는 높을수록 좋습니다.

수산자판단특성곡선(ROC)과 곡선아래면적(AUC)

로짓분석에서 확률예측값($\hat{p}$)이 0.5보다 크거나 같으면 1로 예측하고, 0.5보다 작으면 0으로 예측합니다. 이와 같이 예측 기준점을 보통 0.5로 사용하지만, 실제 예측할 때 예측 기준점을 어떻게 둘지는 연구자가 임의로 선택할 수 있습니다. 이때 판단에 도움이 되는 것이 수신자판단특성곡선입니다. ROC는 예측 기준점이 바뀔 때마다 예측성과를 보여주는 곡선입니다. 이때 예측성과는 민감도와 거짓양성률(1−특이도)을 사용합니다. 앞서 살펴본 대로 민감도(TPR)는 실제 값이 긍정인데 예측을 긍정으로 분류한 한 비율로 민감도는 높을수록 좋습니다. 거짓양성률(FPR)은 실제로 부정인 경우를 긍정으로 예측한 비율로 낮을수록 좋습니다. ROC는 거짓양성률(FPR)을 *X*축, 민감도(TPR)를 *Y*축으로 놓고 예측 기준점(threshold, 성공과 실패를 나누는 값, 보통 0.5)의 변화에 따라 평가지표의 값이 어떻게 달라지는지를 시각화한 곡선입니다. 의사가 환자의 암을 진단하는 경우 FPR은 암에 걸리지 않았는데 암에 걸렸다고 예측하는 경우이고 TPR은 암에 걸렸는데 암에 걸렸다고 예측하는 경우입니다. ROC 곡선의 의미는 동일한 FPR에 비해서 TPR이 높을수록 좋은 모델입니다. 즉, 잘못 예측한 비중이 같을 때 정확히 예측한 비중이 클수록 좋다는 의미입니다. AUC는 ROC 아래의 면적입니다. 면적이 클수록 좋은 모델입니다.

다음 그래프 〈그림 4〉는 예측 기준점이 달라질 때의 ROC를 보이고 있습니다. 아래 그래프에서 예측 기준점(α)이 0.5일 때 FPR, TPR은 각각 0.411과 0.894를 보이고 있으며 예측 기준점(α)이 0.3일 때 FPR, TPR은 각각 0.807과 0.985를 보이고 있습니다.

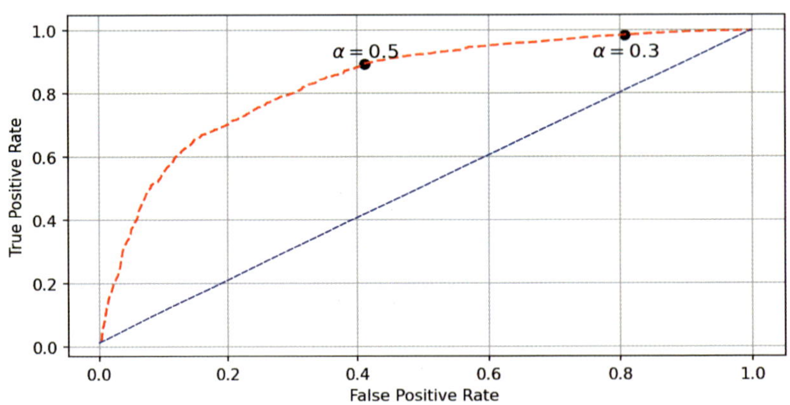

그림 4 ROC 곡선

11.4 파이썬 예외처리

파이썬을 실행하다 보면 오류를 만나게 됩니다. 오류가 발생하는 이유는 코딩 내용이 프로그램 파이썬 문법이나 논리에 맞지 않기 때문입니다. 오류가 발행하면 파이썬은 더 진행하지 않고 멈추게 됩니다. 하지만 이러한 오류를 무시하고 프로그램을 계속 진행할 필요가 있습니다. 이 경우 try, except 문을 사용하면 오류를 예외처리하고 프로그램이 계속 진행하게 할 수 있습니다.

```
try
    실행 코드
except Exception
    예외가 발생 시 실행 코드
```

DataFrame에서 존재하지 않는 항목에 데이터를 입력하고자 할 때 오류가 발생하는 경우 이를 무시하고 진행해보도록 합니다. 데이터가 열이 1개뿐일 때 2번째 열에 대한 데이터를 불러오는 명령어를 실행하면 IndexError가 발생하면 프로그램은 중단되고 더 실행되지 않습니다.

In
```
import numpy as np
import pandas as pd
```

In
```
roc = pd.DataFrame([1,2], columns=['data'])  # 데이터 2개 들어 있는 데이터프레임 생성
roc
```

Out

	data
0	1
1	2

In
```
a00 = roc.iloc[0,0]  # row 0번째, columns 0번째 데이터
a00
```

Out
```
1
```

In
```
a01 = roc.iloc[0,1]  # row 0번째, columns 1번째 데이터
```

Out
```
IndexError: single positional indexer is out-of-bounds
```

하지만 다음과 같이 try, except를 이용하여 오류를 예외처리하고 계속 진행할 것을 실행하면 오류가 발생하더라도 프로그램은 중단되지 않고 계속 실행됩니다. 그리고 필요한 경우 오류 내용을 출력하여 확인할 수 있습니다.

In
```
try:
    a00 = roc.iloc[0,0]
    a01 = roc.iloc[1,1]
except Exception as e:
        print(e)  # 오류 발생 시 오류 내용 출력
```

Out
```
single positional indexer is out-of-bounds
```

데이터 분석

11.5 공부시간이 합격에 미치는 영향

합격여부를 공부한 시간과의 관계에 대한 로짓분석을 통해 로짓분석의 원리를 알아봅니다. statsmodels 통계패키지를 이용하여 로짓분석을 실시합니다. 독립변수(x)는 공부시간이고 종속변수(y)는 시험에 합격 여부입니다. 시험에 합격했으면 1, 불합격이면 0입니다.

```
In
%matplotlib inline
import numpy as np
import matplotlib.pyplot as plt
import pandas as pd
import statsmodels.api as sm
from statsmodels.iolib.summary2 import summary_col
```

```
In
df = pd.read_excel("exam_pass.xlsx")
df.head(3)  # 공부시간(house), 시험 학격 여부(pass): 1 합격, 0 불합격
```

Out

	hours	pass
0	0.50	0
1	0.75	0
2	1.00	0

패키지를 이용한 로짓분석의 계수값은 로그 오즈(log odds)가 종속변수일 때의 계수값입니다. 예를 들어, 공부를 1시간 더 하면 로그 오즈값이 1.5046만큼 증가한다는 의미입니다.

$$\log\left(\frac{p}{1-p}\right) = \beta_0 + \beta_1 x_1$$

```
In
df['const'] = 1
logit = sm.Logit(endog = df['pass'], exog = df[['const', 'hours']])
results = logit.fit()
print(results.summary())
```

Out

```
                           Logit Regression Results
==============================================================================
Dep. Variable:                   pass   No. Observations:                   20
Model:                          Logit   Df Residuals:                       18
Method:                           MLE   Df Model:                            1
Date:                Wed, 11 May 2022   Pseudo R-squ.:                  0.4208
Time:                        09:43:51   Log-Likelihood:                -8.0299
converged:                       True   LL-Null:                       -13.863
Covariance Type:            nonrobust   LLR p-value:                 0.0006365
==============================================================================
                 coef    std err          z      P>|z|      [0.025      0.975]
------------------------------------------------------------------------------
const         -4.0777      1.761     -2.316      0.021      -7.529      -0.626
hours          1.5046      0.629      2.393      0.017       0.272       2.737
==============================================================================
```

로그 오즈값에 대한 독립변수의 계수 값을 우리가 구하고자 하는 확률값은 시그모이드 함수를 이용하여 구할 수 있습니다. 예를 들어, 공부한 시간이 1시간일 때 시험에 합격할 확률은 7.089%입니다.

$$p = \frac{1}{1+e^{-(\beta_0+\beta_1 x_1)}} = \frac{1}{1+e^{-z}}, \quad z = \beta_0 + \beta_1 x_1$$

In
```
beta0 = results.params[0]
beta1 = results.params[1]
```

In
```
def log_odds(x):
    return beta0 + beta1 * x
```

In
```
def prob(x):
    return 1/ (1 + np.exp(-(log_odds(x))))
```

In
```
prob(1)  # 1시간 공부할 때 합격할 확률
```

Out
```
0.07089195989968791
```

시그모이드 함수를 이용하여 공부를 1시간부터 5시간까지 했을 때 각각 합격할 확률을 구해보도록 합니다. 다음의 표는 공부 시간마다 합격할 확률을 보여주고 있습니다. 공부 시간이 2시간에서 3시간으로 1시간 증가할 때 합격할 확률이 가장 크게 변함을 알 수 있습니다.

In
```
n = 5
total = np.zeros((n,3))  # hours, log_odds, prob
```

In
```
for i in range(n):
    k = i + 1
    log_odds = beta0 + beta1 * k
    prob = 1/ (1 + np.exp(-(log_odds)))

    total[i-1][0] = k
    total[i-1][1] = log_odds
    total[i-1][2] = prob
```

In
```
df1 = pd.DataFrame(data = total, columns= ['hours', 'log_odds', 'prob'])
df1.sort_values(by = ['hours'])
```

Out

	hours	log_odds	prob
4	1.0	-2.573068	0.070892
0	2.0	-1.068423	0.255703
1	3.0	0.436223	0.607359
2	4.0	1.940868	0.874448
3	5.0	3.445514	0.969097

데이터 분석

11.6 소득, 나이, 교육연수 등이 결혼에 미치는 영향

2021년 가계금융복지조사 데이터를 이용하여 소득, 나이, 교육연수가 가구주의 배우자 유무에 미치는 영향을 살펴보기로 합니다. 가계금융복지조사에서 marriage code는 1. 미혼, 2. 배우자 없음, 3. 사별, 4. 이혼으로 이루어져 있습니다. 이 중 사별을 제외하고 '배우자 있음'과 '배우자 없음'으로 구분하도록 하겠습니다.

In
```
%matplotlib inline
import matplotlib.pyplot as plt
import numpy as np
import pandas as pd
import statsmodels.api as sm
```

In
```
df = pd.read_csv("household_2021a.csv")
df1 = df.copy()
```

In
```
# marrige code: 1 미혼, 2 배우자 있음, 3 사별, 4 이혼
df1 = df1.loc[df1['marriage'].isin([1,2,4])]  # 사별 제외
```

In
```
def status(x):  # 1. 배우자 있음, 0: 배우자 없음
    if x==2:
        return 1
    else:
        return 0
```

In
```
df1['marriage_type'] = df1['marriage'].apply(status)
df1['const'] = 1
df1['age2'] = df1['age']**2
df1['sex'] = (df1['sex']).astype(int)
x =df1[['const', 'income', 'age', 'age2', 'education_year']].to_numpy()
y =df3['marriage_type'].to_numpy()
```

In
```
logit = sm.Logit(y, x)
results = logit.fit(method='newton')
```

설명변수(x)로 소득, 나이, 나이 제곱, 교육연수, 종속변수(y)로 배우자 유무를 두고 배우자 있을 때는 1, 없을 때는 0으로 두었습니다. 로짓분석 결과 모든 변수는 1% 수준에서 유의하였습니다. 소득이 증가할수록, 교육연수가 증가할수록 로그 오즈값은 증가하였습니다. 나이는 감소할수록, 나이의 제곱은 증가할수록 로그 오즈값은 증가하였습니다.

In
```
print(results.summary())
```

Out
```
                           Logit Regression Results
==============================================================================
Dep. Variable:                      y   No. Observations:                12255
Model:                          Logit   Df Residuals:                    12250
Method:                           MLE   Df Model:                            4
Date:                Tue, 02 Aug 2022   Pseudo R-squ.:                  0.2690
Time:                        13:40:09   Log-Likelihood:                -5037.7
converged:                       True   LL-Null:                       -6891.7
Covariance Type:            nonrobust   LLR p-value:                     0.000
==============================================================================
                 coef    std err          z      P>|z|      [0.025      0.975]
------------------------------------------------------------------------------
const         -2.4639      0.350     -7.044      0.000      -3.149      -1.778
x1             0.0005   1.19e-05     38.769      0.000       0.000       0.000
x2            -0.0389      0.014     -2.795      0.005      -0.066      -0.012
x3             0.0011      0.000      7.747      0.000       0.001       0.001
x4             0.0236      0.008      3.043      0.002       0.008       0.039
==============================================================================
```

로짓분석 결과를 바탕으로 오분류표(confusion matrix)를 구합니다. 소득, 나이 교육연수 데이터를 이용하여 현재 결혼 상태인지 알아보는 분석에서는 배우자가 있는 경우 제대로 예측한 비율이 높았으나, 배우자가 없는 경우는 예측하는 비율이 절반에도 미치지 못한 것을 확인할 수 있습니다.

In
```
coef = results.params

def log_odds(x):
    return coef[0]*x[0] + coef[1]*x[1]+coef[2]*x[2]+coef[3]*x[3]+coef[4]*x[4]

def prob(x):                  # 배우자가 있을 확률 구하기 함수
    return 1 / (1 + np.exp(-(log_odds(x))))
```

In
```
p_m = []

for i in range(len(x)):   # 모든 관측치에 대해 배우자가 있을 확률 구하기
    x1 = x[i,:]
    x2 = prob(x1)
    p_m.append(x2)
```

In
```
y_Predicted = (np.array(p_m) > 0.5).astype(int)
y_Actual = y.copy()

data = {'y_Actual':    y_Actual,
        'y_Predicted': y_Predicted
        }

df = pd.DataFrame(data, columns=['y_Actual','y_Predicted'])
```

In
```
confusion_matrix = pd.crosstab(df['y_Actual'], df['y_Predicted'], rownames=['Actual'],
                               colnames=['Predicted'])

confusion_matrix
```

Out

Predicted	0	1
Actual		
0	1485	1579
1	694	8497

예측 기준점이 0.5인 경우 accuracy ratio는 81.4%, TPR은 92.4%, FPR은 51.5%를 보이고 있습니다.

In

```
TP = confusion_matrix.loc[1,1]
FP = confusion_matrix.loc[0,1]
FN = confusion_matrix.loc[1,0]
TN = confusion_matrix.loc[0,0]
```

In

```
ACC = (TP + TN)/(TP+TN+FN+FP)  # accuracy ratio
TPR  = TP/(TP+FN)              # true positive ratio
FPR  = FP/(FP+TN)              # false positive ratio
```

In

```
print('accuracy ratio:', ACC)
print('TPR: ',TPR)
print('FPR:', FPR)
```

Out

```
accuracy ratio: 0.8145246838025296
TPR:  0.9244913502339245
FPR: 0.5153394255874674
```

예측 기준점을 바꿀 때 TPR과 FPR의 관계를 보이는 곡선이 ROC이고 ROC 아래 면적인 AUC입니다. 예측기준점을 0부터 1까지 0.01 단위로 바꿔 가면서 ROC 곡선을 그려보도록 하겠습니다.

In

```
n = 100
roc = np.zeros([n,3])
```

In

```
for pr in range(0,100, 1):
    confusion_matrix = np.zeros([2,2])
    y_Predicted = (np.array(p_m) > pr/n).astype(int)
    y_Actual = y.copy()
    data = {'y_Actual': y_Actual, 'y_Predicted': y_Predicted}
    df = pd.DataFrame(data, columns = ['y_Actual', 'y_Predicted'])
    cross = pd.crosstab(df['y_Actual'], df['y_Predicted'], rownames = ['Actual'],
            colnames=['Predicted'])

    try :
        confusion_matrix[1,1] = cross.loc[1,1]
```

```
        confusion_matrix[0,1] = cross.loc[0,1]
        confusion_matrix[1,0] = cross.loc[1,0]
        confusion_matrix[0,0] = cross.loc[0,0]
    except Exception as e:
        print(e)

    TP  = confusion_matrix[1,1]
    FP  = confusion_matrix[0,1]
    FN  = confusion_matrix[1,0]
    TN  = confusion_matrix[0,0]
    roc[pr, 0] = pr/n
    roc[pr, 1] = FP/(FP+TN)
    roc[pr, 2] = TP/(TP+FN)
```

In

```
roc1 = pd.DataFrame(data=roc, columns = ['prob', 'FPR', 'TPR'])
roc2 = roc1.groupby('FPR').mean()
roc3 = roc2.drop(['prob'], axis = 1)
```

In

```
plt.plot(roc3.index, roc3['TPR'], color='red', label='ROC')
plt.plot([0, 1], [0, 1], color='green', linestyle='--', label='random')
plt.grid()
plt.show()
```

Out

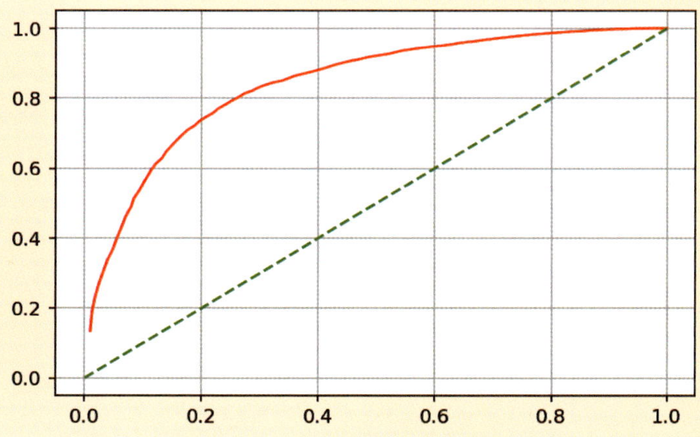

ROC의 아래 면적인 AUC는 ROC를 FPR을 기준으로 작은 직사각형으로 구분한 후 이를 더하는 방식으로 0.84를 구합니다.

In
```
roc3['FPR'] = roc3.index
roc3.head()
```

Out

FPR	TPR	FPR
0.010117	0.133827	0.010117
0.013381	0.191383	0.013381
0.018277	0.231422	0.018277
0.024804	0.270047	0.024804
0.031658	0.302470	0.031658

In
```
roc3['dFPR'] = roc3.FPR - roc3.FPR.shift(1)        # FPR 사이의 간격
roc3['aTPR'] = (roc3.TPR + roc3.TPR.shift(1))/2  # 인접한 TPR 높이의 평균
```

In
```
roc3['AREA'] = roc3.dFPR * roc3.aTPR  # FPR을 기준으로 직사각형의 면적
```

In
```
roc4 = roc3.dropna()
roc5 = roc4.sum()  # 직사각형 면적의 합
AUC = roc5.loc['AREA']
```

In
```
np.round(AUC, 2)
```

Out
```
0.84
```

분석 과제 결혼에 영향을 미치는 다양한 요인 분석

1. 최근 가계금융복지조사에서 아래 내용을 추출하여 코드 이름을 적당한 영문명으로 바꾸고 맨 마지막 5개 자료를 보입니다.

• "가구주성별코드", "가구주만연령", "가구주교육정도학력코드", "가구주혼인상태코드", "자산", "부채", "경상소득_보완", "입주형태코드", "직업형태"

2. 소득, 나이, 나이 제곱, 성별더미, 직업더미, 가구보유형태 더미를 설명변수로, 결혼여부를 종속변수로 두고 로짓분석을 실시하고 결과를 해석합니다.

• 배우자 있음: 1, 배우자 없음: 0

3. confusion matrix를 보이고 모델의 정확도(accuracy ratio)를 보입니다.

4. ROC 그래프를 보이고 이를 설명합니다.

5. AUC를 구하고 이를 설명합니다.

Chapter

12

로짓분석과 머신러닝

불황과 호황 예측

개념

12.1 두 가지 분류

12.2 세 가지 이상 분류

12.3 머신러닝 수행 시 고려사항

데이터 분석

12.4 시그모이드, 소프트맥스 함수

12.5 한국은행 경제통계시스템(ECOS)에 가입하고 인증키 받기

12.6 ECOS API를 이용하여 거시데이터 입수하기

12.7 불황과 호황 예측

12.8 주거행태 예측

분석 과제

개념

12.1 두 가지 분류

결과값을 두 가지로 분류할 때 머신러닝에서는 시그모이드 함수(sigmoid function)를 이용합니다. 선형회귀식에서 얻은 값(Z로 표현)은 $-\infty$에서 $+\infty$ 값을 갖지만, 해당 값이 시그모이드 함수를 통과하여 얻는 값($H(X)$)은 0과 1 사이의 값을 갖게 됩니다. 일반적으로 $H(X)$가 0.5보다 크거나 같으면 1로 분류하고 0.5보다 작으면 0으로 분류합니다.

$$H(X) = \frac{1}{1+e^{-Z}}, \text{ 이때 } Z = W^T X$$

머신러닝에서는 비용함수의 설정이 중요합니다. 추정치와 실제값 차이의 제곱합으로 표현된 로짓 모형의 비용함수는 시그모이드 함수 내에 지수함수를 포함하고 있고, 실제값(y^i)은 0과 1로 이루어진 계단식 함수 형태를 가지고 있습니다. 이에 따라 로짓 모형의 비용함수는 완만한 기울기를 가진 곡선이 아니라 구부러진 형태를 가지고 있습니다. 따라서 비용함수 중간에 평평한 구간에서 멈출 수 있고 시작하는 지점

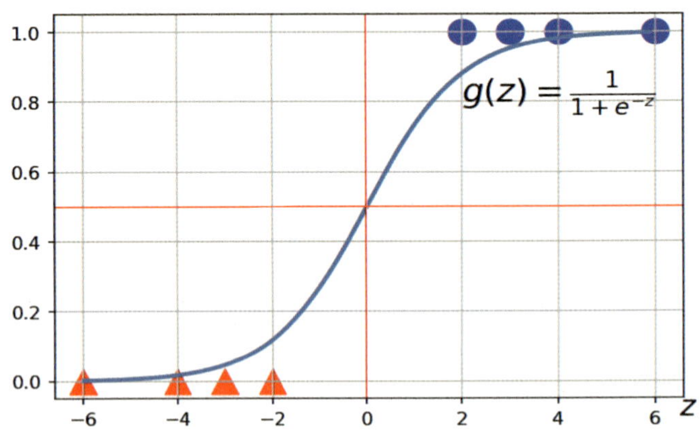

그림 1 시그모이드 함수

이 달라지면 결과가 달라지기 때문에 경사하강법을 적용할 수 없습니다.

$$\text{cost}(W) = \frac{1}{n}\sum_{i=1}^{n}(H(Wx^i) - y^i)^2, \text{ 이때 } H(X)\text{는 시그모이드 함수}$$

로그함수를 이용하여 지수함수를 부드럽게 만들어준 수정된 비용함수는 다음과 같습니다.

$$Cost(H_\theta(x), y) = \begin{cases} -\log(H_\theta(x)) & \text{if } y=1 \\ -\log(1-H_\theta(x)) & \text{if } y=0 \end{cases}$$

로짓분석의 비용함수는 y=0, 1일 때 각각 다릅니다. 다음 <그림 2>에서와 같이 y 값이 1일 때 예측값(z)이 1로 제대로 예측한 경우 비용함수 $-\log(h_\theta(x))$의 값은 0의 값을 갖게 되지만, 0으로 예측하면 비용함수는 무한대의 값을 갖게 됩니다. 마찬가지로 y의 값이 0일 때 0으로 예측한 경우 비용함수 $-\log(h_\theta(x))$는 0의 값을 갖지만, 예측을 1로 한 경우 해당 비용함수 값은 무한대의 값을 갖게 됩니다.

두 비용함수를 하나의 식으로 표현하면 다음과 같습니다. y가 0이면 앞의 $\log(H(x))$가 0가 되고 y가 1이면 식의 뒷부분인 $\log(1-H(x))$가 0이 됩니다.

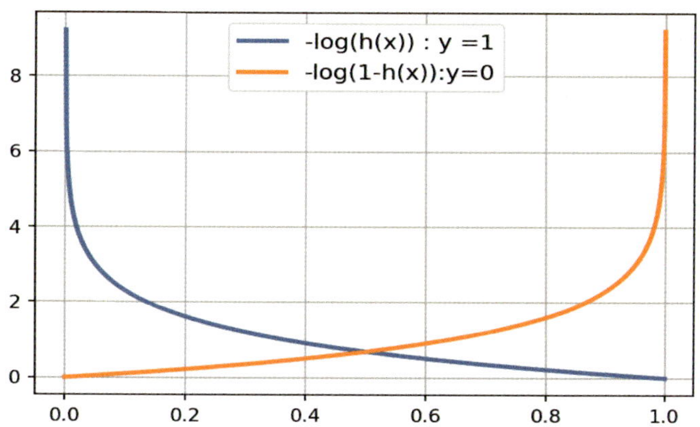

그림 2 로짓분석에서 비용함수

$$Cost(W) = \frac{1}{n}\sum_{i=1}^{n} y \cdot \log(H(x)) + (1-y) \cdot \log(1-H(x))$$

위의 경사하강법으로 비용함수가 최소가 되는 가중치를 찾아갑니다.

$$W := W - \alpha \frac{\partial}{\partial W} \text{cost}(W)$$

개념

12.2 세 가지 이상 분류

머신러닝을 이용하여 세 가지 이상으로도 분류도 가능합니다. 예를 들어, 좌표상의 점들을 세 가지로 분류하는 경우를 살펴봅시다. x_1과 x_2가 주었을 때 해당 점을 A, B, C와 같이 세 가지 집단으로 구분한다고 할 때 세 개의 구분선을 그을 수 있습니다. 각각의 구분선은 각 점들을 A인지 아닌지, B인지 아닌지, C인지 아닌지로 구분할 수 있습니다.

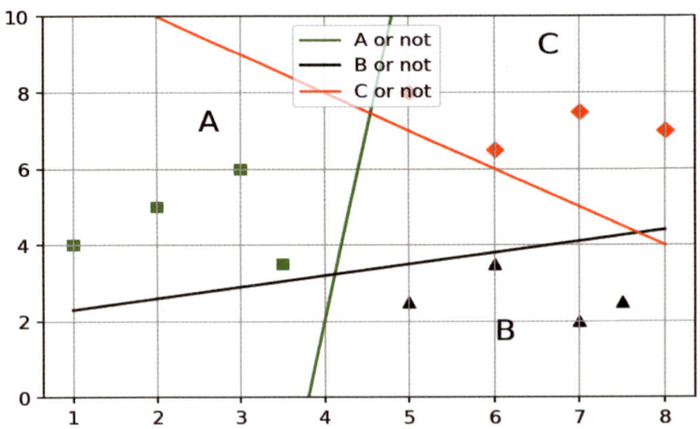

그림 3 3가지로 분류되는 경우

두 개의 변수 x_1과 x_2가 주어졌을 때 해당 점이 'A인지 아닌지'를 판단하는 이진 분류(Binary Classification)를 수식으로 작성하고, 이를 행렬로 표현하면 다음과 같습니다.

$$f(x) = w_1x_1 + w_2x_2 + b$$

$$(w_1, w_2, b)\begin{pmatrix} x_1 \\ x_2 \\ 1 \end{pmatrix} = (w_1x_1 + w_2x_2 + b)$$

두 개의 변수 x_1과 x_2가 주어졌을 때 해당 점이 A, B, C가 어디에 포함되는지를 살펴보기 위한 선형식을 행렬을 다음과 같이 표현할 수 있습니다.

$$\begin{pmatrix} w_{a1} & w_{a2} & b_a \\ w_{b1} & w_{b2} & b_b \\ w_{c1} & w_{c2} & b_c \end{pmatrix}\begin{pmatrix} x_1 \\ x_2 \\ 1 \end{pmatrix} = \begin{pmatrix} w_{a1}x_1 + w_{a2}x_2 + b_a \\ w_{b1}x_1 + w_{b2}x_2 + b_b \\ w_{c1}x_1 + w_{c2}x_2 + b_c \end{pmatrix} = \begin{pmatrix} \overline{y_a} \\ \overline{y_b} \\ \overline{y_c} \end{pmatrix}$$

이진분류에서는 선형식을 시그모이드(sigmoid) 함수를 사용하여 통과시켜 0과 1 사이의 값이 되도록 변형시켰지만 다중분류(multinomial classification)에서는 시그모이드 함수 대신에 소프트맥스 함수(softmax function)를 사용합니다. 아래의 소프트맥스 함수는 k개의 해당 클래스에 속할 확률은 0부터 1 사이의 값으로 변환해 줍니다.

$$p(y_i|X) = \frac{e^{y_i}}{\sum_{i=1}^{k} e^{y_i}}$$

예를 들어, 각각 2, 1, 0.5로 계산된 $\overline{y}$를 소프트맥스 함수를 대입하면 각각 확률이 0.7, 0.2, 0.1로 표시됩니다. 이 중 가장 큰 확률을 가지는 값에 1을 주고 A로 예측합니다. 이와 같이 확률이 가장 높은 곳에 1을 주고 나머지를 0으로 주는 과정을 원 핫 부호화(one hot encoding)라고 합니다.

$$\overline{y}\begin{cases} 2 \\ 1 \\ 0.5 \end{cases} \xrightarrow{softmax\,function} \begin{cases} 0.7 \\ 0.2 \\ 0.1 \end{cases} \xrightarrow{one\,hot\,encoding} \begin{cases} 1\ A \\ 0\ B \\ 0\ C \end{cases}$$

Note 소프트맥스 함수 도출

2개의 분류대상(K)으로 C_1, C_2 두 가지가 있을 때, $p(C_1|X) = p$라고 하면 $p(C_2|X) = 1-p$입니다. 로짓 함수는 $\log\left(\frac{p}{1-p}\right) = s$와 같습니다. 양변에 지수를 취하면 $\frac{p}{1-p} = e^s$와 같이 오즈(odds)의 형태로 나타낼 수 있습니다.

위 식을 일반화하여 K개의 클래스 (C_1, C_2, ⋯, C_k)가 있을 때, $\frac{p(C_i|X)}{p(C_k|X)} = e^{s_i}$이며 이는 오즈의 형태입니다. 여기서 k의 경우를 제외한 모든 경우의 오즈(odds)를 더하면 $\sum_{i=1}^{K-1}\frac{p(C_i|X)}{p(C_k|X)} = \sum_{i=1}^{K-1}e^{s_i}$입니다. 이는 k가 일어날 확률에 대비한 여타 모든 확률의 합계를 의미합니다. 따라서 $\frac{1-p(C_k|X)}{p(C_k|X)} = \sum_{i=1}^{K-1}e^{s_i}$이며, 다음과 같이 정리할 수 있습니다.

$$1-p(C_k|X) = \sum_{i=1}^{K-1}e^{s_i}\times p(C_k|X)$$

$$1 = p(C_k|X) + \sum_{i=1}^{K-1}e^{s_i}\times p(C_k|X)$$

$$1 = p(C_k|X)(1+\sum_{i=1}^{K-1}e^{s_i})$$

$$p(C_k|X) = \frac{1}{(1+\sum_{i=1}^{K-1}e^{s_i})}$$

$p(C_i|X) = e^{s_i}\cdot p(C_k|X)$이고, $e^{s_k} = 1$이므로

$$p(C_i|X) = \frac{e^{s_i}}{(1+\sum_{i=1}^{K-1}e^{s_i})} = \frac{e^{s_i}}{(e^{s_k}+\sum_{i=1}^{K-1}e^{s_i})} \equiv \frac{e^{s_i}}{\sum_{i=1}^{K}e^{s_i}}$$

Note 원 핫 부호화(one-hot encoding)

하나의 변수를 하나의 벡터로 변환하는 것이 원 핫 부호화입니다. 명목 변수가 가질 수 있는 값들과 벡터의 성분과 일대일로 대응합니다. 예를 들어, 주거 형태라는 변수가 자가, 전세, 월세를 가진다면 아래와 같이 세 개의 성분을 가진 벡터로 대응됩니다.

주거 형태 변수		벡터
자가	→	1 0 0
전세	→	0 1 0
월세	→	0 0 1

다중 로짓분석에서도 예측값과 실제값의 차이로 비용함수를 만들고 이 비용함수를 최소화시키는 계수값을 찾습니다. 다중 로짓분석에서는 비용함수로 크로스 엔트로피(cross entropy) 함수를 사용합니다. 아래의 크로스 엔트로피 함수에서 S는 예측값이고 L은 실제값입니다.

$$H(S,L) = -\sum_{i=1}^{n} L_i \log(S_i) = \sum_{i=1}^{n} L_i \bullet -\log(S_i)$$

크로스 엔트로피 함수가 어떠한 과정을 통해 비용함수를 최소화시키는 가중치를 구하는지 살펴봅시다. 크로스 엔트로피 함수를 비용함수로 이용하는 경우 예측을 정확히 하면 비용은 0이고 예측을 잘못하면 비용은 무한대(∞)입니다.

먼저 예측을 잘한 경우를 살펴봅시다. 실제값이 $L=\begin{bmatrix}1\\0\end{bmatrix}$이고 예측값이 $S=\begin{bmatrix}1\\0\end{bmatrix}$으로 예측이 정확하게 예측된 경우 크로스 엔트로피로 계산된 비용함수는 0입니다. 여기서 ⊙ 표시는 행렬에서 같은 원소끼리 곱하라는 뜻입니다.

$$\begin{bmatrix}1\\0\end{bmatrix} \odot -\log\begin{bmatrix}1\\0\end{bmatrix} = \begin{bmatrix}1\\0\end{bmatrix} \odot \begin{bmatrix}0\\\infty\end{bmatrix} = \begin{bmatrix}0\\0\end{bmatrix} \Rightarrow 0$$

마찬가지로 실제값이 $L=\begin{bmatrix}0\\1\end{bmatrix}$이고 예측값이 $S=\begin{bmatrix}0\\1\end{bmatrix}$으로 예측한 경우 크로스 엔트로피 함수로 계산된 값은 0입니다.

$$\begin{bmatrix}0\\1\end{bmatrix} \odot -\log\begin{bmatrix}0\\1\end{bmatrix} = \begin{bmatrix}0\\1\end{bmatrix} \odot \begin{bmatrix}\infty\\0\end{bmatrix} = \begin{bmatrix}0\\0\end{bmatrix} \Rightarrow 0$$

다음으로 예측을 잘못한 경우를 살펴봅시다. 실제값이 $L=\begin{bmatrix}1\\0\end{bmatrix}$이고 예측값이 $S=\begin{bmatrix}0\\1\end{bmatrix}$인 경우 크로스 엔트로피로 계산된 비용함수는 무한대입니다.

$$\begin{bmatrix}1\\0\end{bmatrix} \odot -\log\begin{bmatrix}0\\1\end{bmatrix} = \begin{bmatrix}1\\0\end{bmatrix} \odot \begin{bmatrix}\infty\\0\end{bmatrix} = \begin{bmatrix}\infty\\0\end{bmatrix} \Rightarrow \infty$$

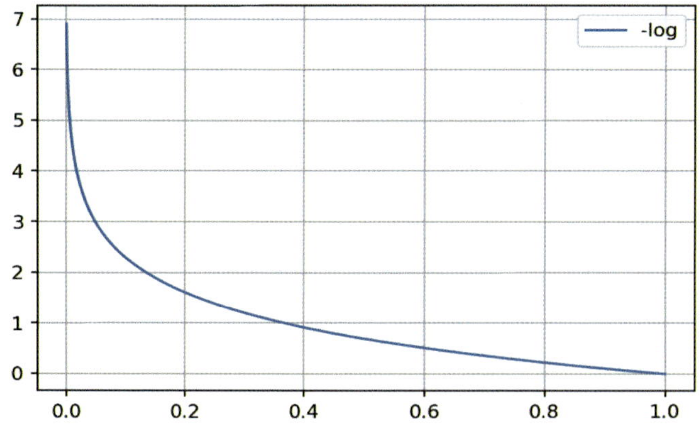

그림 4 $-\log(S_i)$함수

마찬가지로 실제값이 $L=\begin{bmatrix}0\\1\end{bmatrix}$이고 예측값이 $S=\begin{bmatrix}1\\0\end{bmatrix}$인 경우에도 크로스 엔트로피로 계산된 비용함수는 무한대입니다.

$$\begin{bmatrix}0\\1\end{bmatrix}\odot-\log\begin{bmatrix}1\\0\end{bmatrix}=\begin{bmatrix}0\\1\end{bmatrix}\odot\begin{bmatrix}0\\\infty\end{bmatrix}=\begin{bmatrix}0\\\infty\end{bmatrix}\Rightarrow\infty$$

Note 크로스 엔트로피(Cross Entropy)

1 엔트로피(Entrophy): 통계학에서 엔트로피는 정보량을 나타냅니다. 불확실성이 높을수록 엔트로피가 크고, 불확실성이 낮을수록 엔트로피가 낮습니다. 엔트로피를 구하는 공식은 다음과 같습니다.

$$H(X)=-\sum_{i=1}^{n}p_i\cdot\log_2 p_i$$

만약, 구분해야 할 범주(class)가 2개이면 엔트로피는 0부터 1 사이의 값을 가지며, 구분해야 할 범주가 3개이면 최대 엔트로피는 3입니다(2^3=8). 예를 들어, 동전의 앞면이 나올 확률이 0.5인 엔트로피는 1, 휘어진 동전에서 앞면이 나올 확률이 0.1인 엔트로피는 0.469, 앞면만 있는 동전이 앞면만 나올 확률이 0.9999, 동전이 세워질 확률이 0.00001인 엔트로피는 0.00002입니다. 이와 같이 동전의 앞면이 나올 경우가 가장 불확실한 경우(동전의 앞면이 나올 확률 0.5)의 엔트로피는 1입니다.

2. 샤논 엔트로피(Sannon Entrophy): 정보량의 기대값, 즉 평균 정보량을 의미합니다. 샤논 엔트로피의 도출과정은 다음과 같습니다.

$$\begin{aligned} H(X) &= -\sum_{i=1}^{n} p_i(x) \cdot \log_2 p_i(x) = \sum_{i=1}^{n} p_i(x) \cdot -\log_2 p_i(x) \\ &= \sum_{i=1}^{n} p_i(x) \cdot \log_2 p_i(x)^{-1} = \sum_{i=1}^{n} p_i(x) \cdot \log_2 \frac{1}{p_i(x)} \\ &= \sum_{i=1}^{n} \log_2 \frac{1}{p_i(x)} p_i(x) \end{aligned}$$

위 식은 기대값과 같은 형태를 띠고 있습니다. $(E(X) = \sum_{i=1}^{n} x_i p_i)$ 샤논 엔트로피에서 $\log_2 \frac{1}{p_i(x)}$는 정보의 양을 나타냅니다. 정보의 양이 확률의 역수의 형태이므로 일어나 확률이 적을수록 정보의 양이 많습니다.

3. 크로스 엔트로피(Cross Entrophy): 틀릴 수 있는 정보(q)를 가지고 만든 최적의 엔트로피(실제 확률 분포 p, 예측한 확률 q)입니다. 이때 $\log_2 \frac{1}{q_i}$가 정보의 양입니다. 정보의 양이 크면 확률이 작아야 하지만 정보의 양이 클 때 해당하는 실제 확률(p)이 크면 크로스 엔트로피는 매우 커집니다. 로짓 모형의 비용함수에 이러한 성질을 이용합니다.

$$H(p,q) = \sum_{i=1}^{n} \log_2 \frac{1}{q_i} p_i$$

Note 로지스틱 비용함수와 크로스 엔트로피와의 관계

로지스틱 비용함수는 다음과 같습니다.

$$C(H(x), y) = -(y \cdot \log(H(x)) + (1-y) \cdot \log(1-H(x)))$$

로지스틱 비용함수의 오른쪽을 다음과 같이 고쳐서 쓸 수 있습니다.

$$\begin{aligned} &-(y \cdot \log(H(x)) + (1-y) \cdot \log(1-H(x))) \\ &-(p_1 \cdot \log(q_1) + p_2 \cdot \log(q_2)) \end{aligned}$$

이를 다음과 같이 고쳐 쓸 수 있습니다.

$$-(\sum_{i=1}^{2} p_i \cdot \log(q_i))$$

이를 일반화하면 크로스 엔트로피 형태입니다.

$$-\sum p_i \cdot \log(q_i))$$

개념

12.3 머신러닝 수행 시 고려사항

학습률(Learning rate)

머신러닝을 이용한 로짓분석에서 최적의 가중치는 학습률(α)과 비용함수의 미분계수 $\frac{\partial}{\partial W}\mathrm{cost}(W)$와의 조합을 통해서 찾을 수 있습니다. 학습률을 정할 때는 특별한 정답이 없습니다. 학습률은 분석하는 사람이 임의로 정합니다. 단, 학습률이 너무 크면 비용함수가 좌우를 무질서하게 이탈하게 되어 비용함수의 최저점을 도달하기가 어렵습니다. 반면, 학습률이 너무 작으면 최저점까지 도달하는 데 시간이 많이 걸립니다. 보통 학습률을 0.01로 해보다가 비용함수가 발산하면 학습률을 더 작게 설정하고, 비용값이 너무 적게 하락하면 학습률을 더 크게 하는 방법이 있습니다.

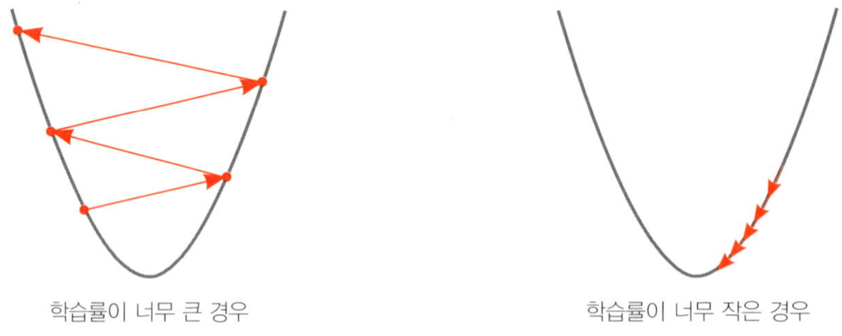

그림 5 머신러닝에서 학습률이 큰 경우와 작은 경우의 비용함수

수행횟수에 따라 학습률을 조절할 수 있습니다. 예를 들어, 일정한 시행횟수가 진행될 때마다 학습률을 조정하거나 학습률을 지수적으로 조정하는 방법 등이 있습니다.

$$W := W - \alpha \frac{\partial}{\partial W} \mathrm{cost}(W)$$

정규화(normalization) 및 표준화(standardization)

데이터는 각기 다른 단위를 가지고 있고 그 의미도 매우 다릅니다. 분석이 데이터의 단위에 영향을 받지 않게 데이터를 전처리하는 방법 중에 표준화와 정규화 방법이 있습니다. 정규화는 데이터를 최소값을 0, 최대값을 1로 데이터를 변경하는 것이고 표준화는 데이터의 평균 0, 표준편차 1로 데이터를 변경하는 것입니다. 정규화와 표준화의 구체적인 방법은 다음과 같습니다.

$$\text{정규화: } x_{new} = \frac{x - x_{min}}{x_{max} - x_{min}}, \quad \text{표준화: } x_{new} = \frac{x - \mu}{\sigma}$$

다음의 〈그림 6〉은 원자료(raw data)를 이용하여 정규화와 표준화된 형태를 보이고 있습니다. 데이터의 산포도는 변화가 없지만, *x*축과 *y*축이 각기 다른 모습을 보이고 있습니다. 정규화와 표준화는 분석에 사용된 모든 변수를 동일한 기준으로 분

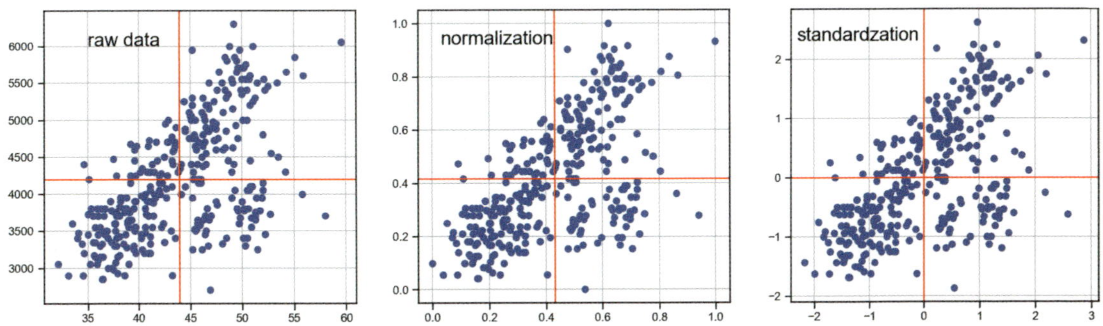

그림 6 정규화 및 표준화

석하여 분석의 정확도를 높이는 데 의미가 있습니다.

오버피팅(overfitting) & 언더피팅(underfitting)

오퍼피팅은 학습데이터에 대해 너무 과하게 학습된 경우입니다. 따라서 학습데이터에는 잘 맞지만, 학습데이터 이외의 데이터를 사용하면 정확성이 떨어집니다. 언더피팅은 학습데이터를 이용하여 학습을 제대로 하지 못하게 모델링되어 있는 경우입니다. 이는 데이터의 특성이 비해 모델이 너무 간단하거나 학습 반복횟수가 너무 적거나, 또는 학습데이터의 양이 너무 적을 때 주로 나타납니다.

다음의 〈그림 7〉은 오버피팅과 언더피팅을 보여주고 있습니다. 언더피팅은 편향(bias)이 큽니다. 모델이 실제 데이터를 제대로 표현하고 있지 못합니다. 오퍼피팅은 분산(variance)이 높습니다. 즉, 데이터가 조금만 달라도 예측값이 크게 변합니다.

다음의 〈그림 8〉은 분산(variance)과 편향(bias)을 직관적으로 보여주고 있습니다. 분산은 데이터가 퍼져있는 정도를 나타내고 편향은 데이터가 원하는 값으로부터 얼마나 떨어져 있는지를 보여주고 있습니다. 편향은 데이터 내에 있는 정보를 모두 고려하지 않아 지속적으로 잘못된 것을 학습하는 경향을 말하며 언더피팅 결과를 보여줍니다. 반면 분산은 데이터 내에 있는 에러나 잡음(noise)까지 반영하도록 데이터를 학습하는 것을 말하며 오버피팅 결과를 보여줍니다.

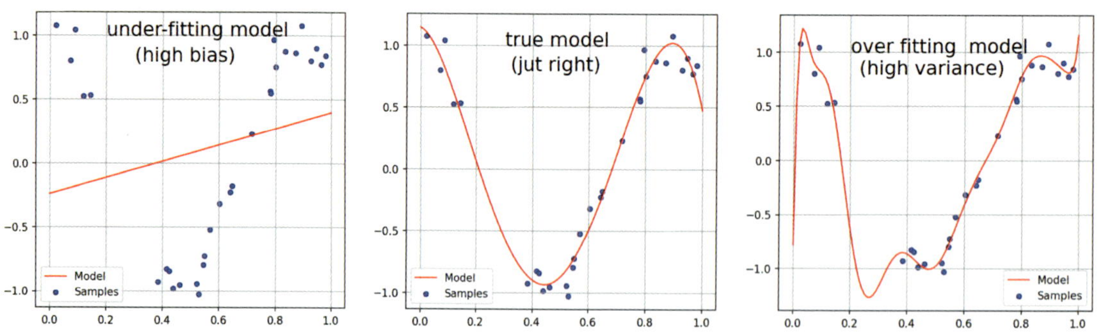

그림 7 오버피팅과 언더피팅

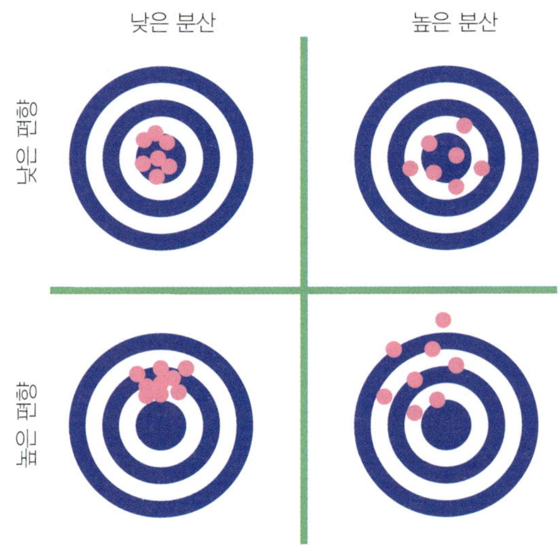

그림 8 분산(variance)과 편향(bias)

규제화(regularization)

머신러닝에서는 오퍼피팅을 줄이기 위해 규제화를 실시합니다. 규제화는 비용함수에 w^2항을 추가시키고 여기에 가중치인 람다(λ)를 주는 방식으로 실시합니다. 람다가 매우 큰 값이면 w값이 거의 0일 때 해당 비용함수를 최소화시킵니다. 이와 같이 규제화는 계수값에 페널티를 주는 것입니다. 계수값에 페널티를 부여하면 오버피팅하게 될 계수의 차수가 줄어들게 됩니다. 람다값이 너무 크면 맨 왼쪽 그래프와 같이 추정해야 할 w가 0에 가까워져 절편만 남을 수 있습니다. 반면, 람다 값이 너무 작으면 w가 모두 살아나서 오버피팅하게 될 가능성이 커집니다.

$$\text{비용함수:}\quad L(w) = \frac{1}{n}\sum_{i=1}^{n} H(S(wx_i + b), L_i) + \lambda \sum_{j=1}^{n} w_j^2$$

다음의 〈그림 9〉는 시험점수 1(Exam 1 score)과 시험점수 2(Exam 2 score)를 가지고 합격(admitted)과 불합격(Not admitted)을 구분하는 로짓 모형입니다. 람다값을 0, 1, 20으로 두었을 때 합격과 불합격을 나타내는 분류선이 달라지는 것을

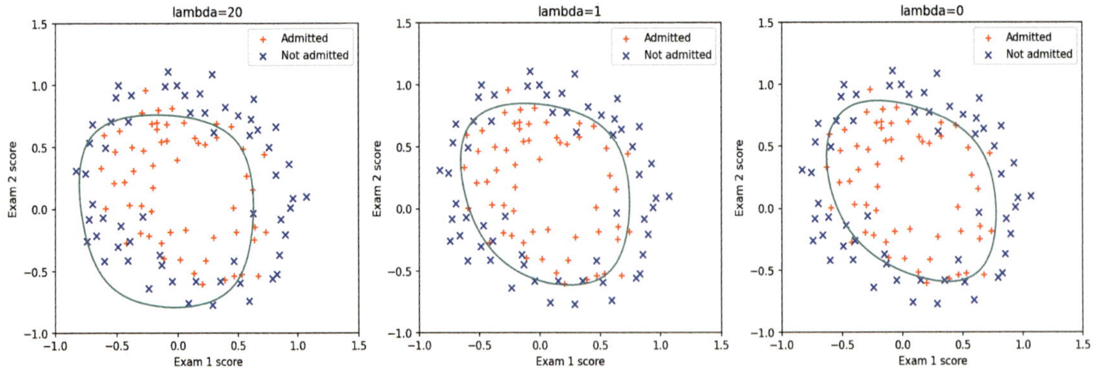

그림 9 로짓 모형에서 규제화 수준에 따른 분류선

볼 수 있습니다. 페널티가 없을 때(λ=0)는 오버피팅되는 모습을 보이고 있으며, 페널티가 매우 강할 때(λ=20)는 로짓 모형이 분류를 제대로 하지 못하는 모습을 보여주고 있습니다.

Note Mean Squared Error를 bais, variance로 분해

편향과 분산은 상충(trade off) 관계를 보이고 있습니다. 즉, 에러의 제곱항은 편향과 분산으로 나누어져 동시에 편향과 분산을 줄일 수 없습니다.

$$\text{Exprected}\, MSE = E[(Y-\hat{Y})^2|X]$$

$$= E[(Y-E[\hat{Y}]+E[\hat{Y}]-\hat{Y})^2]$$

$$= E[(Y-E[\hat{Y}])^2+(E[\hat{Y}]-\hat{Y})^2+2(Y-E[\hat{Y}])(E[\hat{Y}]-\hat{Y})]^2$$

$$= E[(Y-E[\hat{Y}])^2]+E[(E[\hat{Y}]-\hat{Y})^2]+E[2(Y-E[\hat{Y}])(E[\hat{Y}]-\hat{Y})]^2]$$

$$= E[(Y-E[\hat{Y}])^2]+E[(E[\hat{Y}]-\hat{Y})^2]+2E[(Y-E[\hat{Y}])(E[\hat{Y}]-\hat{Y})]^2],\ \because Y-E[\hat{Y}]=constant$$

$$= E[(Y-E[\hat{Y}])^2]+E[(E[\hat{Y}]-\hat{Y})^2]+2[(Y-E[\hat{Y}])(E[\hat{Y}]-E[\hat{Y}])]^2],\ \because E[\hat{Y}]=constant$$

$$= E[(Y-E[\hat{Y}])^2]+E[(E[\hat{Y}]-\hat{Y})^2]$$

$$= Bias(Y,\hat{Y})^2+Var(\hat{Y})$$

데이터 분석

12.4 시그모이드, 소프트맥스 함수

시그모이드 함수

로짓분류 모델에서 사용하는 시그모이드 함수는 다음과 같습니다. 일반적으로 시그모이드 함수로 구한 확률이 0.5 이상이면 1로 분류하고 나머지는 0으로 분류합니다.

$$H(Z) = \frac{1}{1+e^{-Z}},\ \text{이 때 } Z = W^T X$$

In
```
import matplotlib.pyplot as plt
import numpy as np
```

In
```
def sigmoid(z):
    return 1 / (1 + np.exp(-z))
```

In
```
z = np.arange(-6., 6., 0.2)
sig = sigmoid(z)
plt.plot(z, sig)
plt.grid()
plt.show()
```

Out

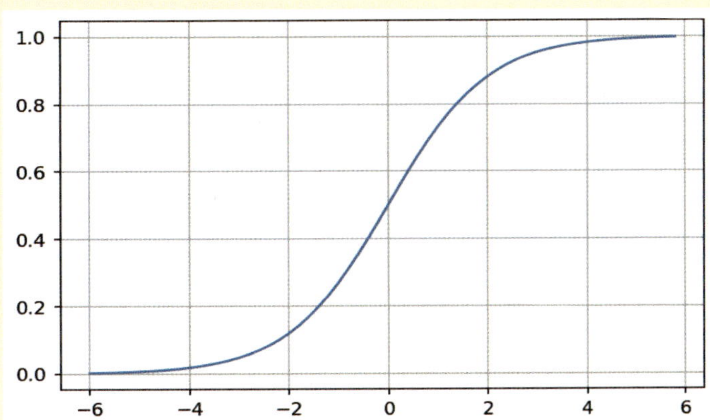

소프트맥스 함수

로짓분류 모델에서 두 가지 이상으로 분류할 때 사용하는 소프트맥스 함수입니다. 소프트맥스 함수를 통과한 확률 중 가장 큰 확률을 가진 값을 1로 보내고 나머지는 0으로 보냅니다. 이러한 과정을 one-hot-encoding이라고 합니다.

$$p(y_i|X) = \frac{e^{y_i}}{\sum_{i=1}^{k} e^{y_i}}$$

다음의 예와 같이 소프트맥스 함수를 통과한 숫자의 합은 1입니다. 5개의 확률 중 가장 큰 확률의 위치는 3번째(파이썬에서는 0부터 시작)입니다.

In	`score = [1.0, 2.0, 5.0, 4.0, 1.0 -10]`
	`soft = np.exp(score)/np.sum(np.exp(score))`
	`soft`

Out	`rray([0.01275, 0.03467, 0.69639, 0.25619, 0.      ])`
In	`soft.sum()`
Out	`1.0`
In	`h1 = tf.reshape(soft, [1, 5])` `tf.argmax(h1, 1).numpy()`
Out	`array([2], dtype=int64)  # 가장 큰 숫자의 위치`

데이터 분석

12.5 한국은행 경제통계시스템(ECOS)에 가입하고 인증키 받기

Open API 인증키 발급

거시경제 데이터를 한국은행 경제통계시스템(ECOS)에서 제공하는 Open API를 이

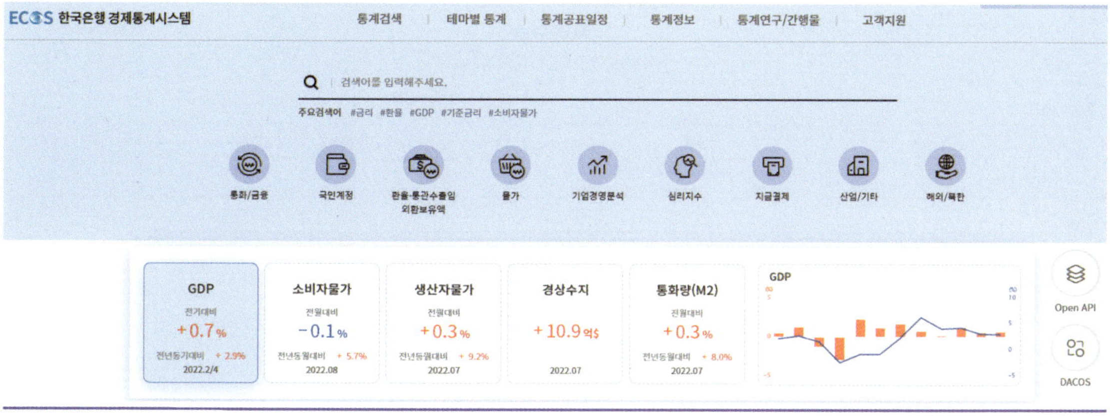

그림 10 한국은행 경제통계시스템 초기화면

용하여 입수하여 분석하고자 합니다. 한국은행 경제통계시스템(https://ecos.bok.or.kr)에서 제공하는 API를 이용하여 데이터를 수집하기 위해서는 회원가입을 해야 합니다. 회원가입을 한 후 화면 오른쪽 아래에 있는 Open API 항목을 클릭하여 해당 웹페이지에 들어가면 Open API를 이용하는 다양한 방법이 나와 있습니다. 먼저 Open API 인증키를 신청하도록 하겠습니다.

OPEN API를 이용할 수 있는 인증키 내용은 "MyPage"에서 확인할 수 있습니다.

그림 11 한국은행 경제통계시스템 OPEN API 이용 절차

그림 12 한국은행 경제통계시스템 OPEN API 인증키 확인

Open API 이용 방법

그림 13 한국은행 경제통계시스템 OPEN API 개발명세서

한국은행 경제통계시스템에서는 오픈 API를 통해 '서비스 통계목록', '통계 용어사전' , '통계 세부항목 목록', '통계 조회 조건 설정', '100대 통계지표', '통계 메타DB'를 제공하고 있습니다. 예를 들어, 〈그림 13〉은 서비스통계 목록에 대한 상세주소, 출력값, 샘플 URL을 보여주고 있습니다.

12.6 ECOS API를 이용하여 거시데이터 입수하기

Open API 서비스 통계목록

ECOS Open API로 제공되는 전체 통계목록을 살펴보기로 합니다. Open API에서 제공하는 샘플 URL은 다음과 같습니다. 샘플 URL 형식에 맞추어서 데이터를 입수합니다.

```
샘플 URL: https://ecos.bok.or.kr/api/StatisticTableList/sample/xml/kr/1/10/102Y004
# sample 위치에 자신의 인증키 값을 입력
# 1: 요청시작건수
# 10: 요청종료건수
# 102Y004: 본원통화 구성내역(평잔, 계절조정계열)에 대한 통계목록
```

ECOS Open API에서 요구하는 URL을 작성합니다. URL을 request 패키지로 저장하고, 이를 BeautifulSoup 패키지를 이용하여 읽습니다.

In
```
import datetime
import requests
import pandas as pd
import numpy as np
from bs4 import BeautifulSoup
```

In
```
key='본인의 인증키'  # 본인의 인증키
```

In
```
url="http://ecos.bok.or.kr/api/StatisticTableList/"+str(key)+"/xml/kr/1/1000/"  # 모든 통계목록 입수
```

In
```
raw = requests.get(url)
xml = BeautifulSoup(raw.text,'xml')
```

In
```
raw_data = xml.find_all("row")
```

BeautifulSoup 패키지를 이용하여 읽은 〈row〉 단위로 읽은 자료에서 각 항목 이름에 해당하는 데이터를 리스트에 저장합니다.

In
```
raw_data
```

Out
```
[<row>
 <P_STAT_CODE>*</P_STAT_CODE>
 <STAT_CODE>0000000001</STAT_CODE>
 <STAT_NAME>1. 통화/금융</STAT_NAME>
 <CYCLE/>
 <SRCH_YN>N</SRCH_YN>
 <ORG_NAME/>
 </row>,
 <row>
 <P_STAT_CODE>0000000001</P_STAT_CODE>
 <STAT_CODE>0000000002</STAT_CODE>
 <STAT_NAME>1.1. 통화/유동성</STAT_NAME>
 <CYCLE/>
 <SRCH_YN>N</SRCH_YN>
 <ORG_NAME/>
 </row>,
 ⋮
 </row>]
```

In
```
data = []

for i in range(len(raw_data)):
    P_STAT_CODE = raw_data[i].P_STAT_CODE.string.strip()
    STAT_CODE = raw_data[i].STAT_CODE.string.strip()
    STAT_NAME = raw_data[i].STAT_NAME.string.strip()
    CYCLE = raw_data[1].find('CYCLE').text
    USED = raw_data[i].SRCH_YN.string.strip()
    ORG_NAME = raw_data[i].ORG_NAME.string

    total = [P_STAT_CODE, STAT_CODE, STAT_NAME, CYCLE, USED, ORG_NAME]
    data.append(total)
```

리스트 형태의 데이터를 판다스 데이터프레임 형태로 저장합니다. 2022년 9월 현재 한국은행 경제통계시스템은 OPEN API를 통해 총 797개 통계목록을 제공하고 있습니다.

In
```
temp = pd.DataFrame(data,columns=["P_STAT_CODE", "STAT_CODE","STAT_NAME", "CYCLE",
        "USED", "ORG_NAME"])
temp  # temp 출력
```

Out

	P_STAT_CODE	STAT_CODE	STAT_NAME	CYCLE	USED	ORG_NAME
0	*	0000000001	1. 통화/금융		N	None
1	0000000001	0000000002	1.1. 통화/유동성		N	None
2	0000000002	0000000003	1.1.1. 본원통화		N	None
3	0000000003	0000000004	1.1.1.1. 본원통화 구성내역		N	None
4	0000000004	102Y004	1.1.1.1.1. 본원통화 구성내역(평잔, 계절조정계열)		Y	한국은행
...	...	...	...	...	...	...
792	0000000394	0000000396	9.2. 북한 관련 통계		N	None
793	0000000396	0000000447	9.2.1. 남북한 주요지표 비교		N	None
794	0000000447	251Y003	9.2.1.1. 총량		Y	None
795	0000000447	251Y002	9.2.1.2. 한국/북한 배율		Y	None
796	0000000396	251Y001	9.2.2. 북한의 경제활동별 실질 국내총생산		Y	한국은행

797 rows × 6 columns

In
```
temp.to_csv('BOK_Total_LIST.csv', encoding='CP949')  # 저장
```

Open API 서비스 통계 세부항목 목록

한국은행 경제통계시스템의 Open API 개발목록에서 Open API로 제공되는 통계 세부항목 목록을 살펴보기로 합니다. 통계 세부항목을 알아야 해당 데이터를 입수할 수 있습니다. 해당 통계목록에 해당하는 통계 세부목록을 알기 위해 기존에 저장한 통계목록을 불러와서 정리합니다. 796개 통계목록에서 입수 가능한 통계목록은 585개임을 확인할 수 있습니다.

```
In   df = pd.read_csv('BOK_TOTAL_LIST.csv', encoding='CP949')
```

```
In   df.tail()
```

Out

	Unnamed: 0	P_STAT_CODE	STAT_CODE	STAT_NAME	CYCLE	USED	ORG_NAME
792	792	0000000394	0000000396	9.2. 북한 관련 통계	NaN	N	NaN
793	793	0000000396	0000000447	9.2.1. 남북한 주요지표 비교	NaN	N	NaN
794	794	0000000447	251Y003	9.2.1.1. 총량	NaN	Y	NaN
795	795	0000000447	251Y002	9.2.1.2. 한국/북한 배율	NaN	Y	NaN
796	796	0000000396	251Y001	9.2.2. 북한의 경제활동별 실질 국내총생산	NaN	Y	한국은행

```
In   df1 = df[df['USED'].isin(['Y'])]
     stat_code = df1['STAT_CODE'].tolist()
     len(stat_code)
```

```
Out  585
```

ECOS Open API에서 세부 통계목록을 구하기 위해 제공하는 샘플 URL은 다음과 같습니다. 먼저, 샘플 URL 형식에 맞추어서 데이터를 입수합니다.

> 샘플 URL: https://ecos.bok.or.kr/api/StatisticItemList/sample/xml/kr/1/10/601Y002
> # sample 위치에 자신의 인증키 값을 입력
> # 1: 요청시작건수
> # 10: 요청종료건수 10건
> # 601Y002: '지역별 소비유형별 개인 신용카드'에 해당하는 통계목록

판다스 데이터프레임 형태로 데이터를 저장합니다. 2022년 9월 현재 한국은행 경제통계시스템에서는 OPEN API를 통해 총 11,217개의 통계 세부목록에 해당하는 데이터를 제공하고 있습니다.

In

```
data = []

key='H4MNGW6FSSUM2SSYFHJO'

for i in range(len(stat_code)):
    code = stat_code[i]
    url = "http://ecos.bok.or.kr/api/StatisticItemList/"+str(key)+"/xml/
          kr/1/100/"+str(code)+"/"
    raw = requests.get(url)
    xml = BeautifulSoup(raw.text,'xml')
    raw_data = xml.find_all("row")

    for j in range(len(raw_data)):
        STAT_CODE = raw_data[j].STAT_CODE.string.strip()
        STAT_NAME = raw_data[j].STAT_NAME.string.strip()
        GRP_CODE = raw_data[j].GRP_CODE.string.strip()
        GRP_NAME = raw_data[j].GRP_NAME.string.strip()
        ITEM_CODE = raw_data[j].ITEM_CODE.string.strip()
        ITEM_NAME = raw_data[j].ITEM_NAME.string.strip()
        CYCLE = raw_data[j].find('CYCLE').text
        START_TIME = raw_data[j].START_TIME.string.strip()
        END_TIME = raw_data[j].END_TIME.string.strip()
        DATA_CNT = raw_data[j].DATA_CNT.string.strip()

        total = [STAT_CODE, STAT_NAME, GRP_CODE, GRP_NAME, ITEM_CODE, ITEM_NAME, CYCLE,
            START_TIME, END_TIME, DATA_CNT]
        data.append(total)
```

In

```
temp = pd.DataFrame(data,columns=["STAT_CODE", "STAT_NAME", "GRP_CODE", "GRP_NAME",
     "ITEM_CODE", "ITEM_NAME", "CYCLE", "START_TIME", "END_TIME", "DATA_CNT"])
temp.head()
```

Out

	STAT_CODE	STAT_NAME	GRP_CODE	GRP_NAME	ITEM_CODE	ITEM_NAME	CYCLE	START_TIME	END_TIME	DATA_CNT
0	102Y004	1.1.1.1.1. 본원통화 구성내역(평잔, 계절조정계열)	Group1	계정항목	ABA1	본원통화(평잔, 계절조정계열)	A	2002	2021	20
1	102Y004	1.1.1.1.1. 본원통화 구성내역(평잔, 계절조정계열)	Group1	계정항목	ABA1	본원통화(평잔, 계절조정계열)	M	200112	202207	248
2	102Y004	1.1.1.1.1. 본원통화 구성내역(평잔, 계절조정계열)	Group1	계정항목	ABA104	현금통화	A	2002	2021	20
3	102Y004	1.1.1.1.1. 본원통화 구성내역(평잔, 계절조정계열)	Group1	계정항목	ABA104	현금통화	M	200112	202207	248
4	102Y004	1.1.1.1.1. 본원통화 구성내역(평잔, 계절조정계열)	Group1	계정항목	ABA103	중앙은행 대 예금취급기관부채	A	2002	2021	20

In

```
len(temp)
```

```
Out    11217
```

```
In     temp.to_csv('BOK_DetailTotal.csv', encoding='CP949')  # 저장
```

Open API를 이용하여 M2 통화량 입수

한국은행 경제통계시스템에서는 Open API 개발 가이드에서 통계코드를 검색할 수 있습니다. 통화/금융 통계에서 M2(광의통화)의 통계표는 '101Y001'이고 M2(말잔, 계절조정계열)의 통계항목 코드는 'BBGS00'입니다.

ECOS Open API에서 세부 통계목록에서 M2 항목을 찾아 M2를 입수하기 위해 필요한 정보를 구하도록 하겠습니다. M2(말잔, 계절조정계열)의 ITEM_CODE는 'BBGS00'임을 확인할 수 있습니다. 2022년 9월 말 현재 M2 데이터는 1970년 1월부터 2022년 7월까지 구할 수 있습니다.

```
In     df = pd.read_csv('BOK_DetailTotal.csv', encoding='CP949')
```

```
In     df1 = df[df['STAT_CODE'].isin(['101Y001'])]  # M2 상품별 구성내역 말잔(계절조정)
```

```
In     df1.head()
```

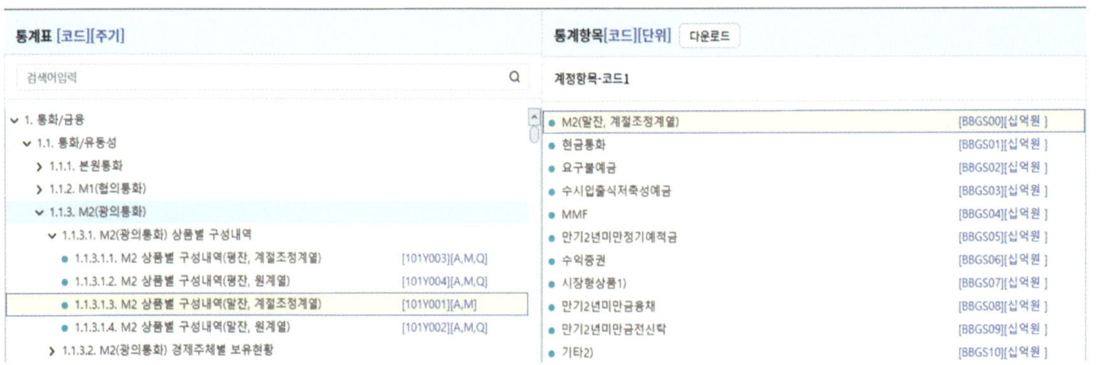

그림 14 ECOS 개발 가이드에서 통계코드 검색

Out

	Unnamed: 0	STAT_CODE	STAT_NAME	GRP_CODE	GRP_NAME	ITEM_CODE	ITEM_NAME	CYCLE	START_TIME	END_TIME	DATA_CNT
141	141	101Y001	1.1.3.1.3. M2 상품별 구성 내역(말잔, 계절조정계열)	Group1	계정항목	BBGS00	M2(말잔, 계절조정계열)	M	197001	202207	631
143	143	101Y001	1.1.3.1.3. M2 상품별 구성 내역(말잔, 계절조정계열)	Group1	계정항목	BBGS01	현금통화	M	200112	202207	248
145	145	101Y001	1.1.3.1.3. M2 상품별 구성 내역(말잔, 계절조정계열)	Group1	계정항목	BBGS02	요구불예금	M	200112	202207	248

개별 항목에 대한 데이터를 입수하기 위해 Open API에서 제공하는 샘플 URL은 다음과 같습니다. 개별 항목을 입수하기 위해서는 샘플 URL 형식에 맞추어야 합니다.

```
샘플 URL:
https://ecos.bok.or.kr/api/StatisticSearch/sample/xml/kr/1/10/101Y001/
M/202001/202107/BBGS00/?/?/?
# sample 위치에 자신의 인증키 값을 입력
# 101Y001: 'M2(광의통화)'에 해당하는 통계 목록
# M: 매월
# 1: 요청시작건수
# 10: 요청종료건수 10건
# 202001: 시작하는 월
# 202107: 끝나는 월
# BBGS00: 'M2(말잔, 계절조정계열)'에 해당하는 ITEM CODE
```

샘플 URL을 바탕으로 Open API를 이용한 한국은행 통계시스템에서 데이터를 입수하는 과정을 함수로 만들어 보겠습니다.

In

```
key='H4MNGW6FSSUM2*****'  # 개인 인증키
```

In

```
def EcosDownload(Statname, Statcode, Freq, Begdate, Enddate, Item_Code, Subcode1,
                 Subcode2, Subcode3):

    url = "https://ecos.bok.or.kr/api/StatisticSearch/"+str(key)+"/xml/kr/1/10000/%s/
        %s/%s/%s/%s/%s/%s/%s/"%(Statcode, Freq, Begdate, Enddate, Item_Code, Subcode1,
        Subcode2, Subcode3)
    print(url)  # url 프린트

    raw = requests.get(url)
    xml = BeautifulSoup(raw.text,'xml')
    raw_data = xml.find_all("row")
    date_list = []
    value_list = []

    for item in raw_data:
            value = item.find('DATA_VALUE').text.encode('utf-8')
            date_str = item.find('TIME').text
            value = float(value)
            date_list.append(datetime.datetime.strptime(date_str,'%Y%m'))
            value_list.append(value)

    df = pd.DataFrame(index = date_list)  # Pandas 데이터프레임으로 전환합니다.
    df['%s'%(Statname)] = value_list
    return df
```

In

```
df_M2 = EcosDownload('M2', '101Y001', 'M', '200001', '202207', 'BBGS00', '','', '')
```

Out

```
https://ecos.bok.or.kr/api/StatisticSearch/H4MNGW6FSSUM2SSYFHJO/xml/kr/1/10000/101Y001/
M/200001/202207/BBGS00////
```

In

```
df_M2.tail(3)
```

Out

	M2
2022-05-01	3700645.9
2022-06-01	3691386.1
2022-07-01	3720343.6

데이터 분석

12.7 불황과 호황 예측

로짓분석 머신러닝 방식을 이용하여 거시경제 데이터를 이용하여 학습목적으로 호황과 불황을 예측해보도록 하겠습니다. 해당 데이터는 한국은행 경제통계시스템 Open API를 이용하여 입수할 수 있습니다.

변수 설명

2006년 9월부터 2020년 3월까지 분기별 한국의 거시경제 데이터를 이용하여 호황과 불황을 예측하는 머신러닝 방식으로 로짓분석을 하겠습니다. 호황과 불황을 예측하는 데 이용되는 데이터는 다음과 같습니다. 호황과 불황을 나타내는 이진목표변수(binary target variable)는 현 분기의 RealGDP가 RealGDP 12분기 이동평균(moving average)을 초과하면 호황으로 1을 할당하고 그렇지 않으면 0을 할당합니다. 아래의 설명변수를 사용하여 1분기 후의 호황과 불황을 머신러닝을 활용한 로짓분석으로 예측하고자 합니다.

표 1 호황과 불황을 예측하는 데 사용한 변수

변수	설명	단위
RealGDP	실질 국내 총생산	전분기 대비 증가율
RealCons	실질 민간소비	전분기 대비 증가율
INV	총 투자	전분기 대비 증가율
M2	M2 통화량	전분기 대비 증가율
UNEMP	실업률	현 분기 실업율
EMPLOY	취업자수	전분기 대비 증가율
CD_3M	CD 3개월 유통 수익률	현 분기 수준
INFL	소비자물가	전분기 대비 증가율

```
In   df = pd.read_csv('MACRO_Binary.csv')
```

```
In   x_data = df1[['REALGDP', 'REALCONS', 'INV', 'M2', 'INFL', 'UNEMP', 'EMPLOY', 'CD_3M']]
     to_numpy()
```

```
In   df.TARGET1.value_counts()
```

```
Out  0.0    32  # 불황 32, 호황 31
     1.0    31
```

```
In   y_data = df1.TARGET1
```

변수 정규화

설명변수의 최대값과 최소값이 각각 1, 0이 되도록 변수값을 정규화합니다.

```
In   def normalization(data):
         numerator = data - np.min(data, 0)
         denominator = np.max(data, 0) - np.min(data, 0)
         return numerator / denominator
```

```
In   x_data = normalization(x_data)
```

```
In   X = np.asarray(x_data, dtype=np.float32)  # convert into numpy and float format
     y = np.asarray(y_data, dtype=np.float32)
```

```
In   print(X.shape)
     print(y.shape)
```

```
Out  (63, 8)
     (63,)
```

머신러닝으로 10,001번 실행합니다. 2,000번 실행될 때마다 비용값을 보여줍니다. 머신러닝을 이용한 로짓분석의 정확도는 55.5%를 보이고 있습니다.

In

```
k = x_data.shape[1]

learning_rate = tf.Variable(0.003)

W = tf.Variable(tf.random.normal(([k, 1])), name='weight')
b = tf.Variable(tf.random.normal(([1])), name='bias')

for i in range(10000+1):
    with tf.GradientTape() as tape:
        hypothesis  = tf.sigmoid(tf.matmul(X, W) + b)
        cost = -tf.reduce_mean(y * tf.math.log(hypothesis) +
                               (1 - y) * tf.math.log(1 - hypothesis))  # 비용함수
        W_grad, b_grad = tape.gradient(cost, [W, b])
        W.assign_sub(learning_rate * W_grad)
        b.assign_sub(learning_rate * b_grad)
        predicted = tf.cast(hypothesis > 0.5, dtype=tf.float32)        # 2,000번마다 출력
    if i % 2000 == 0:
        print("{:5} | {:10.6f}".format(i, cost.numpy()))
```

Out

```
    0 |   1.652866
 2000 |   0.715224
 4000 |   0.712235
 6000 |   0.709923
 8000 |   0.708013
10000 |   0.706415
```

In

```
y_Predicted = predicted.numpy().flatten()
y_Actual = y.flatten()

data = {'y_Actual': y_Actual,
        'y_Predicted': y_Predicted}

df = pd.DataFrame(data, columns = ['y_Actual', 'y_Predicted'])
cross = pd.crosstab(df['y_Actual'], df['y_Predicted'],
        rownames = ['Actual'], colnames=['Predicted'])
cross
```

Out

Predicted	0.0	1.0
Actual		
0.0	17	15
1.0	13	18

In
```
confusion_matrix = np.zeros([2,2])  # 비어 있는 오분류표 작성
```

In
```
try :
    confusion_matrix[1,1] = cross.loc[1,1]
    confusion_matrix[0,1] = cross.loc[0,1]
    confusion_matrix[1,0] = cross.loc[1,0]
    confusion_matrix[0,0] = cross.loc[0,0]

except Exception as e:
    print(e)

TP  = confusion_matrix[1,1]
FP  = confusion_matrix[0,1]
FN  = confusion_matrix[1,0]
TN  = confusion_matrix[0,0]
```

In
```
confusion_matrix  # 오분류표
```

Out
```
array([[17., 15.],
       [13., 18.]])
```

In
```
TOT  = TP + FP + TN + FN
accuracy = (TP + TN)/TOT
accuracy          # 정확도
```

Out
```
0.5555555555555556
```

데이터 분석

12.8 주거행태 예측

로짓분석 머신러닝 방식으로 이용하여 가구의 주거행태를 예측하고자 합니다.

변수 설명

2020년 가계금융복지조사 데이터를 이용하여 가구의 주거행태 예측을 머신러닝 방식을 이용한 로짓분석을 하겠습니다. 가구의 주거행태는 자가(0), 전세(1), 월세(2)로 구분합니다. 다음 표는 가구의 주거 형태를 로짓분석하기 위해 사용한 설명하는 설명변수입니다.

표 2 주거형태를 예측하는 데 사용한 변수

변수	설명	단위
income	가구 소득	만 원
asset	가구 자산	만 원
debt	가구 부채	만 원
age	나이	세
number	가구원 수	명
education_year	교육연수	년
sex	성별	성별 더미
marriage	혼인 여부	혼인여부 더미
metro	거주지	수도권, 비수도권 더미
job	직업	직업 더미

분석에 이용한 패키지

In

```
%matplotlib inline
import numpy as np
import pandas as pd
import matplotlib.pyplot as plt
import tensorflow as tf
```

데이터 전처리

로짓분석 머신러닝 방식으로 이용하여 가구의 주거행태를 예측하고자 합니다. 이때 주거형태에서 기타를 제외합니다. 분석에 필요한 성별, 결혼여부, 거주지, 직업에 해당하는 더미변수를 만듭니다.

In
```
df = pd.read_csv("education2020.csv")
```

In
```
# 1 자기집, 2 전세, 3 보증금 있는 월세, 4 보증금 없는 월세, 5 기타
df1 = df[~df['house'].isin([5])]  # 기타 제외
```

In
```
def h_status(x):                    # 자가 0, 전세 1, 월세 2로 만드는 함수
    if x <= 2:
        return x-1
    else:
        return 2
```

In
```
df2 = df1.copy()
df2['house_type'] = df2['house'].apply(h_status)
```

In
```
df2 = df2[["sex","age","marriage", "education_year","asset", "debt", "income", "metro",
"number", "job", "house_type", ]]
```

In
```
#성별, 결혼, 거주지, 직업 더미
sex_dummies = pd.get_dummies(df2['sex']).rename(columns=lambda x: 's'+str(x))
marriage_dummies = pd.get_dummies(df2['marriage']).rename(columns=lambda x: 'm'+str(x))
metro_dummies = pd.get_dummies(df2['metro']).rename(columns=lambda x: 'g'+str(x))
job_dummies = pd.get_dummies(df2['job']).rename(columns=lambda x: 'j'+str(x))
```

In
```
df2 = pd.concat([df2, sex_dummies, marriage_dummies, metro_dummies, job_dummies], axis=1)
df3 = df2.copy()
df3['age2'] = df3['age']**2
```

In
```
x_data = df3[['income', 'asset', 'debt', 'age', 'age2', 'number', 'education_year',
          's2', 'm2', 'm3', 'm4', 'gG2', 'j2', 'j3', 'j4', 'j5', 'j6', 'j7', 'j8', 'j9',
          'jA']].to_numpy()  # 더미변수 통합
y.data = df3[['house_type']]
```

다양한 단위를 가지는 설명변수를 최대값 1, 최소값이 0을 갖도록 정규화시킵니다.

In
```
X = np.asarray(x_data, dtype=np.float32)
y = np.asarray(y_data, dtype=np.float32)
rows = y.shape[0]
```

In

```
def normalization(data):  # 정규화를 위한 함수(최대값, 최소값을 1과 0으로 바꿉니다)
    numerator = data - np.min(data, 0)
    denominator = np.max(data, 0) - np.min(data, 0)
    return numerator / denominator
```

TensorFlow를 이용하여 로짓분석을 합니다.

In

```
x_train = normalization(X)
k = x_data.shape[1]                              # 설명변수 개수
nb_classes = 3                                   # y의 분류 개수
Y_one_hot = tf.one_hot(y.astype(np.int32), nb_classes)
# 변수 y를 3개의 one hot encoding 방식으로 표현
Y_one_hot = tf.reshape(Y_one_hot,[rows, -1] )  # 차원을 2차원으로 변경
Y_one_hot
```

Out

```
<tf.Tensor: shape=(12529, 3), dtype=float32, numpy=
array([[0., 1., 0.],
       [0., 0., 1.],
       [0., 1., 0.],
       ...,
       [1., 0., 0.],
       [0., 1., 0.],
       [1., 0., 0.]], dtype=float32)>
```

In

```
W = tf.Variable(tf.random.normal((k, nb_classes)), name='weight')  # 무작위로 가중치 선택
b = tf.Variable(tf.random.normal((nb_classes,)), name='bias')      # 무작위로 절편 선택

for i in range(10000+1):
    with tf.GradientTape() as tape:
        logits = tf.matmul(x_train, W) + b
        hypothesis  = tf.nn.softmax(logits)  # 분류를 위한 소프트맥스 함수 사용
        cost_i = tf.keras.losses.categorical_crossentropy(y_true=Y_one_hot,
                 y_pred=logits, from_logits=True)
        reg= tf.nn.l2_loss(W) * 0.01         # 규제화(regularization) 변수로 0.01 사용
        cost = tf.reduce_mean(cost_i+ reg)
        lr_schedule = tf.keras.optimizers.schedules.ExponentialDecay(initial_learning_
                      rate=0.005,decay_steps=1000,decay_rate=0.96,staircase=True)
```

In

```
        # 초기 학습률을 0.005를 이용하다가 점차 감소
        optimizer = tf.optimizers.SGD(learning_rate=lr_schedule)
        # Stochastic Gradient Descent algorithm

        grads = tape.gradient(cost, [W, b])
        optimizer.apply_gradients(grads_and_vars=zip(grads,[W,b]))

        predicted = tf.argmax(hypothesis, 1)
        correct_prediction = tf.equal(predicted, tf.argmax(Y_one_hot,1))
        accuracy = tf.reduce_mean(tf.cast(correct_prediction, dtype=tf.float32))

    if i % 1000 == 0:  # 1,000번 시행마다 비용과 정확도 출력
        print("Steps: {:5} | Costs: {:10.4f} | Accuracy {:10.4f}".format(i, cost.numpy(),
            accuracy.numpy()))
```

머신러닝을 이용한 로짓분석의 예측력이 높다고 볼 수 없습니다. 자가의 예측력은 높은 편이지만 전세나 월세의 경우 예측력이 매우 낮습니다. 이와 같이 예측력이 낮을 경우 주거형태를 결정하는 주요 변수가 누락되어 있을 가능성이 높습니다. 아울러 로짓분석 이외의 다른 모델도 고려할 필요가 있습니다.

Out

```
Steps:     0 | Costs:     2.2322 | Accuracy     0.2026
Steps:  1000 | Costs:     1.2239 | Accuracy     0.6382
Steps:  2000 | Costs:     1.1053 | Accuracy     0.6553
Steps:  3000 | Costs:     1.0355 | Accuracy     0.6691
Steps:  4000 | Costs:     0.9861 | Accuracy     0.6738
Steps:  5000 | Costs:     0.9487 | Accuracy     0.6756
Steps:  6000 | Costs:     0.9196 | Accuracy     0.6775
Steps:  7000 | Costs:     0.8964 | Accuracy     0.6799
Steps:  8000 | Costs:     0.8778 | Accuracy     0.6810
Steps:  9000 | Costs:     0.8626 | Accuracy     0.6823
Steps: 10000 | Costs:     0.8502 | Accuracy     0.6830
```

In

```
y_Predicted = predicted.numpy().flatten()
y_Actual = y.flatten()
data = {'y_Actual': y_Actual,
        'y_Predicted': y_Predicted}
```

In

```
df = pd.DataFrame(data, columns = ['y_Actual', 'y_Predicted'])
cross = pd.crosstab(df['y_Actual'], df['y_Predicted'], rownames = ['Actual'],
     colnames=['Predicted'])
cross
```

Out

Predicted	0	1	2
Actual			
0.0	8008	3	344
1.0	1478	2	262
2.0	1871	14	547

분석 과제 Colab을 이용한 로짓분석

1. 최근 가계금융복지조사에서 다음의 내용을 추출하여 코드 이름을 적당한 영문명으로 바꾸고 맨 마지막 5개 자료를 보입니다.

> "가구주성별코드", "가구주만연령", "가구주교육정도학력코드", "가구주혼인상태코드", "자산", "부채", "경상소득_보완", "입주형태코드", "직업형태"

2. 위의 자료를 Colab에서 불러옵니다.

3. Colab에서 소득, 나이, 나이 제곱, 성별더미, 직업더미, 가구보유형태 더미를 설명변수로, 결혼여부를 종속변수로 두고 로짓분석을 실시하고 결과를 해석합니다.

> • 배우자 있음: 1, 배우자 없음: 0

Chapter

13

시계열분석

이동평균법과
지수평활법으로 주가 예측

개념

13.1 시계열 데이터

13.2 시계열 회귀분석

13.3 이동평균법과 지수평활법

데이터 분석

13.4 시계열 예측모델

13.5 이동평균법으로 주가 예측

13.6 단일지수평활법으로 주가 예측

13.7 이중지수평활법으로 주가 예측

분석 과제

개념

13.1 시계열 데이터

시계열 데이터는 시간의 흐름에 따라 순서대로 관측되어 시간의 영향을 받는 데이터를 말합니다. 예를 들어 매월, 매일, 매시간, 매초마다의 주가 데이터, 매월, 매년의 실업률 데이터, 통화량, 금리와 같은 데이터입니다. 시계열 데이터 분석은 과거의 시계열 데이터의 패턴을 식별하고, 이 패턴을 이용하여 미래의 시계열의 움직임을 예측하는 데에 있습니다.

시계열 데이터의 패턴을 추세(trend), 순환변동(cycle), 계절변동(seasonal variations), 우연변동(random fluctuations)으로 구분하여 분석할 수 있습니다. 추세는 장기간에 걸쳐서 이루어지는 변동입니다. 계절변동은 계절에 따라 나타나는 변

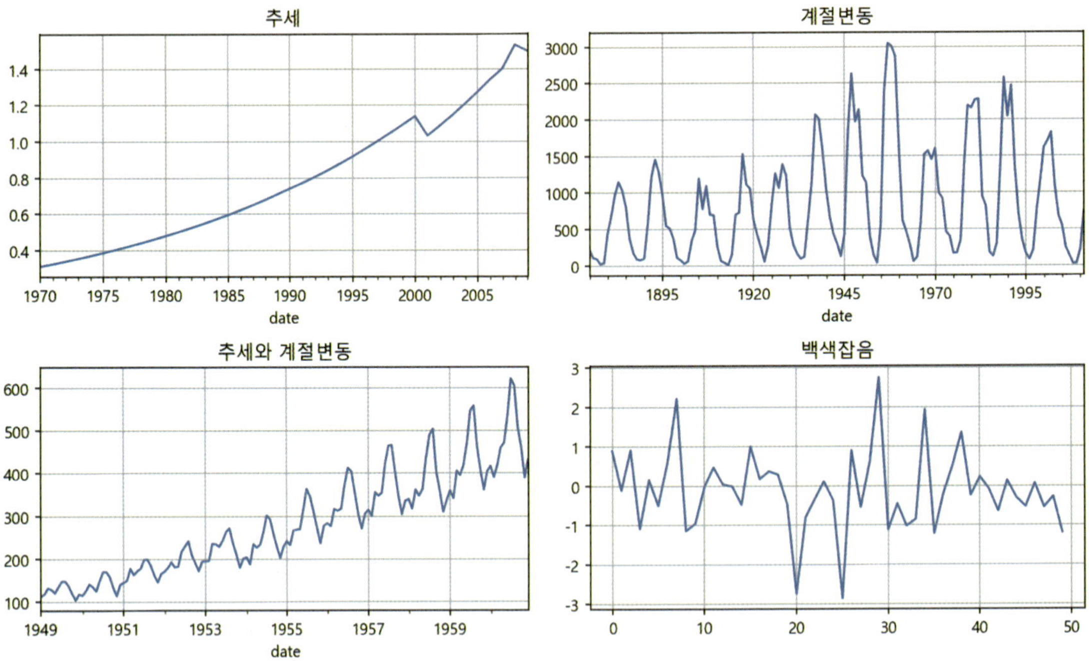

그림 1 시계열 데이터의 추세와 변동

동이고 순환변동은 계절변동이 아닌 주기적으로 나타나는 변동입니다. 우연변동은 규칙적인 움직임이 없는 변동으로, 평균이 0이고 분산이 일정한 변동입니다. 대표적인 우연 변동이 백색잡음(white noise)입니다.

개념

13.2 시계열 회귀분석

시계열 데이터 예측모델은 크게 시계열 회귀분석(time series regression), 이동평균법(moving average)과 지수평활법(exponential smoothing), ARIMA 모델, 그리고 다양한 머신러닝 방법(hidden markov models, deep learning models) 등이 있습니다.

시계열 회귀분석 모델은 시계열 데이터를 예측하는 데 있어서 회귀분석을 이용하는 것입니다. 시계열 회귀분석에서 이용하는 설명변수는 시간(t)이 유일합니다. 시계열 회귀분석에서 추세를 선형, 비선형과 같이 다양하게 모델링할 수 있습니다.

추세(trend) 모델

추세를 추정할 때 추세가 없는 경우(no trend), 선형 추세(linear trend), 이차함수 추세(quadratic trend), 다차함수 추세(k *th* order polynomial) 모델이 있습니다.

$$y_t = TR_t + \epsilon_t$$

추세가 없는 모델: $TR_t = \beta_0$
선형 추세 모델: $TR_t = \beta_0 + \beta_1 t$
이차함수 추세 모델: $TR_t = \beta_0 + \beta_1 t + \beta_2 t^2$
다차함수 추세 모델: $TR_t = \beta_0 + \beta_1 t + \beta_2 t^2 + \cdots + \beta_k t^k$

추세가 없는 모델은 시계열 데이터의 단순평균을 이용하는 모델입니다. 추세가 있는 모델은 회귀분석 모델로 추세를 추정합니다. 다차함수 추세모델의 경우 회귀분석 모델은 다음과 같이 설정할 수 있습니다.

$$y_t = \beta_0 + \beta_1 t + \beta_2 t^2 + \cdots + \beta_k t^k + \epsilon_t,\ \epsilon_t \sim N(0, \sigma^2)$$

해당 모델을 다음과 같이 일반적인 최소제곱법으로 β값을 추정합니다.

$$\hat{\beta} = \operatorname{argmin} L(\beta),\ \text{이때}\ \ L(\beta) = \sum_{t=1}^{T} (y_t - (\beta_0 + \beta_1 t + \beta_2 t^2 + \cdots + \beta_k t^k))^2$$

추세(trend)와 변동(cycle) 모델

추세는 선형모델을 가정하고 변동은 삼각함수 모델을 가정하면 다음과 같이 모델을 설정할 수 있습니다. 모델 1은 계절변동요인을 고려한 일반적인 모델이고 모델 2는 계절변동요인이 다소 복잡하게 들어 있는 모델입니다. 모델에서 L은 보통 일 년 영업일수인 245일을 사용합니다. 다음 〈그림 2〉는 삼각함수를 이용한 계절변동을 모습을 보이고 있습니다.

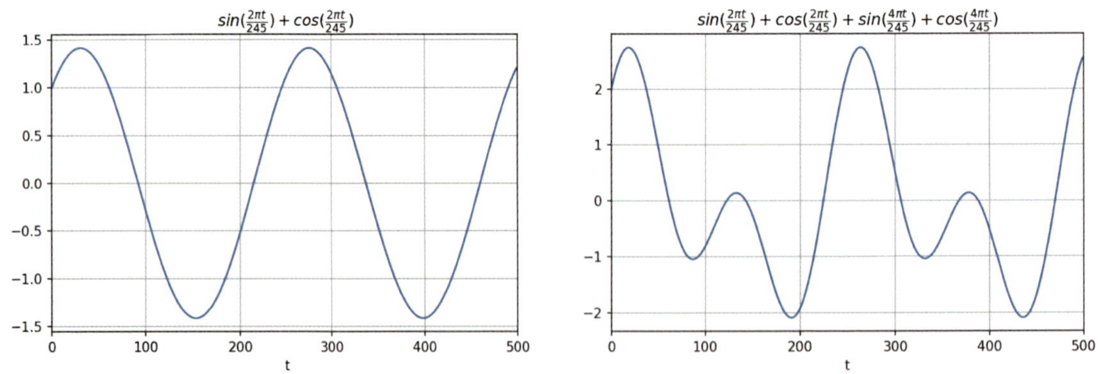

그림 2 삼각함수를 이용한 변동

모델 1:

$$y_t = \beta_0 + \beta_1 t + \beta_2 sin\left(\frac{2\pi t}{L}\right) + \beta_3 cos\left(\frac{2\pi t}{L}\right) + \epsilon_t$$

모델 2:

$$y_t = \beta_0 + \beta_1 t + \beta_2 sin\left(\frac{2\pi t}{L}\right) + \beta_3 cos\left(\frac{2\pi t}{L}\right) + \beta_4 sin\left(\frac{4\pi t}{L}\right) + \beta_5 cos\left(\frac{4\pi t}{L}\right) + \epsilon_t$$

개념

13.3 이동평균법과 지수평활법

이동평균법과 지수평활법은 자신의 과거 값에서 일정한 패턴을 파악하여 자신의 미래값을 예측하는 방법입니다. 이동평균법은 과거 데이터에 동일한 가중치를 주는 방식이라면, 지수평활법은 현재보다 멀리 떨어진 데이터일수록 낮은 가중치를 주는 방법입니다.

이동평균법(moving average)

이동평균법은 과거 일정 기간(N)의 평균을 이용하여 다음 시점을 예측하는 방법입니다. 이동평균법에서는 기간(N)을 작게 하면 이동평균값에 최근 데이터의 경향이 많이 반영되고, 기간(N)을 크게 하면 과거 데이터의 경향을 많이 반영되게 됩니다. 이동평균법에서는 n개 데이터에 동일한 가중치를 주는 방식입니다.

$$\begin{aligned} L_t &= (D_t + D_{t-1} + \cdots + D_{t-N+1})/N \\ &= \frac{1}{N}\sum_{i=t+1-N}^{N} D_i \end{aligned}$$

예를 들어, N=3일 때 이동평균은 다음과 같이 계산됩니다. 이렇게 계산된 이동평균값을 다음 기를 숫자를 예측할 때 이용합니다.

$$L_t = (D_t + D_{t-1} + D_{t-2})/3$$

표 1 이동평균법

기간	데이터	구간평균치(N=3)	예측값
1	10		
2	20		
3	30	20=(10+20+30)/3	
4	40	30=(20+30+40)/3	
5	50	40=(30+40+50)/3	
6			40
7			40

이동평균법은 주가 예측에 빈번히 이용되고 있습니다. 다음 〈그림 3〉은 삼성전자 주가의 종가(Close), 5일 이동평균(MA5), 60일 이동평균(MA60), 120일 이동평균(MA 120)선을 보여주고 있습니다. 주식시장에서 영업일 기준 1주일에 해당하는 5일 이동평균선은 단기 추세를 파악하는 데 이용되고, 분기를 나타내는 60일 이동평균

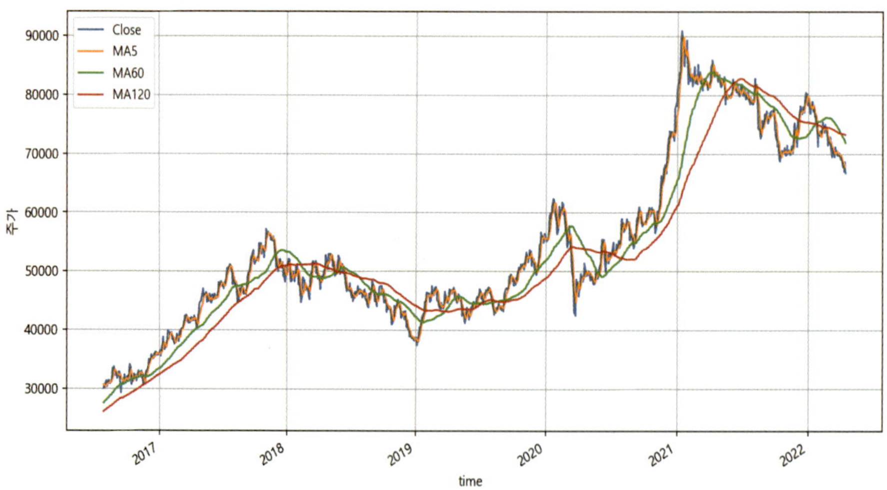

그림 3 삼성전자 주가의 이동평균선

선은 수요와 공급을 나타내는 수급선으로 이용하고 있고, 반년을 나타내는 120일 이동평균선은 중장기 추세를 파악하는 데 이용되고 있습니다.

단순 지수평활법(exponential smoothing)

지수평활법은 시계열 데이터를 단순평균이 아닌 가중평균하는 방법입니다. 최근 데이터에 보다 많은 가중치를 두고, 과거에 갈수록 가중치가 줄어드는 지수함수에 근거하여 가중치를 결정합니다. 초기값(L_0)이 있을 때 단순 지수평활법에 대한 예측은 다음과 같이 진행합니다.

$$L_0(\text{초기 값})\ \text{계산:}\ L_0 = \frac{1}{N}\sum_{i=1}^{N} D_i$$

$$L_t\ \text{계산:}\ L_t = \alpha D_t + (1-\alpha)L_{t-1}$$

$$\text{예측:}\ F_{t+1} = L_t,\ F_{t+n} = L_t$$

예를 들어, 1, 2, 3기의 지수평활법을 계산하면 과거 데이터에 가중치가 작아지는 것을 확인할 수 있습니다. 지수평활법에서는 과거의 모든 데이터가 이용된다는 특징이 있습니다.

$$L_1 = \alpha D_1 + (1-\alpha)L_0$$

$$L_2 = \alpha D_2 + (1-\alpha)L_1 = \alpha D_2 + (1-\alpha)(\alpha D_1 + (1-\alpha)L_0) = \alpha D_2 + (1-\alpha)\alpha D_1 + (1-\alpha)^2 L_0$$

$$L_3 = \alpha D_3 + (1-\alpha)\alpha D_2 + (1-\alpha)^2\alpha D_1 + (1-\alpha)^3 L_0$$

다음 그림은 시간이 지남에 따른 가중치의 변화를 보여주고 있습니다. 예를 들어, 현재(t=10)에 대한 가중치는 α인 반면 1기 전(9기)의 가중치는 $\alpha(1-\alpha)$, 2기 전(8기)의 가중치는 $\alpha(1-\alpha)^2$입니다. 시간이 지남에 따라 과거의 가중치가 지수적으로 감소하는 것을 확인할 수 있습니다. 한편, 가중치가 1에 가까울수록 과거 시점의 가중치

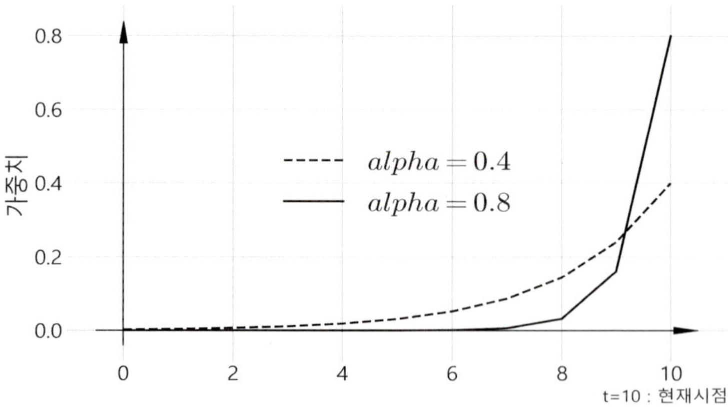

그림 4 지수평활법에서 시간에 따른 가중치(alpha) 변화

가 급격히 감소합니다.

다음 〈표 2〉는 가중치가 0.4인 경우 지수평활법에 의한 예측값을 보여주고 있습니다. 6기 이후의 예측값은 36.9로 모두 동일합니다.

표 2 단일지수평활법(α=0.4)

기간	데이터	지수평활법	예측값
1	10	–	
2	20	14.0=20×0.4+10×0.6	
3	30	20.4=30×0.4+14×0.6	14.0
4	40	28.2=40×0.4+20.4×0.6	20.4
5	50	36.9=0.4×50+28.2×0.6	28.2
6	–		36.9
7	–		36.9

다음 그림은 초기값을 10일 이동평균값으로 사용하고 가중치가 0.4일 때 단순지수평활법에 의한 삼성전자의 주가의 예측값을 보여주고 있습니다. 한편 일반적으로 가중치는 예측오차($SSE = \sum_{t=1}^{T}(y_t - \hat{y}_{t|t-1})^2 = \sum_{t=1}^{T} e_t^2$)를 최소화시키는 방식으로 선택합니다.

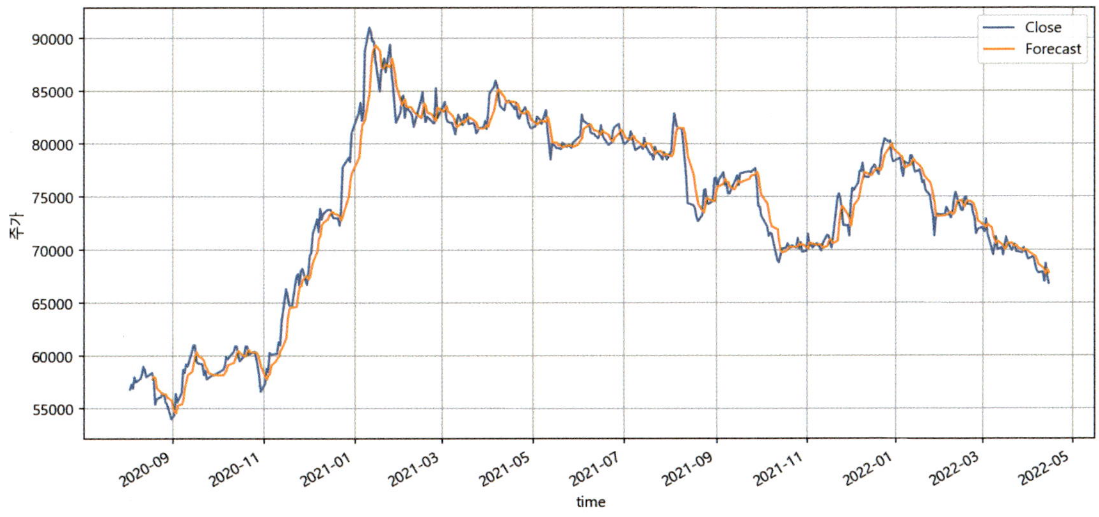

그림 5 삼성전자 주가의 단일지수평활법에 의한 예측

이중지수평활법(double exponential smoothing)

이중지수평활법은 추세가 있는 시계열 데이터 예측에 적합합니다. 이중지수평활법은 단일지수평활법을 두 번 적용합니다. 최초 기울기(B_0)와 절편(L_0)은 이용 가능한 데이터를 회귀분석하여 구합니다. 이때 종속변수는 관측값이고 독립변수는 시간 인덱스입니다. 하지만 최초 절편을 첫 번째 데이터(D_0)를 사용하거나, 기울기를 첫 번째 데이터와 두 번째 데이터의 차이($D_1 - D_0$)를 이용하기도 합니다. 주어진 데이터(D_t)를 이용하여 다음과 같이 기울기(B_t)와 절편(L_t)을 갱신하여 예측합니다. 여기서 지수평활법을 이용한 예측은 예측시점에 따라 예측값이 달라집니다.

절편: $L_t = \alpha D_t + (1 - \alpha)(L_{t-1} + B_{t-1})$

기울기: $B_t = \beta(L_t - L_{t-1}) + (1 - \beta)B_{t-1}$

예측값: $F_{t+1} = L_t + B_t$

$F_{t+2} = L_t + 2 \times B_t$

다음 〈표 3〉은 α=0.4, β=0.4이고, 기존 데이터로 회귀분석하여 절편이 20, 기울기가 5를 가정한 경우 기간에 따른 절편과 기울기 그리고 예측값을 보이고 있습니다. 예를 들어, 1기와 5기의 절편과 기울기를 이용하여 6기와 7기 값을 예측하면 다음과 같습니다.

$$L_1 = 0.4 \times D_1 + (1-0.4)(L_0 + B_0) = 0.4 \times 10 + (1-0.4)(20+5) = 19$$

$$B_1 = 0.4 \times (L_1 - L_0) + (1-0.4)B_0 = 0.4 \times (19-20) + (1-0.4) \times 5 = 2.6$$

$$\vdots$$

$$L_5 = 0.4 \times D_5 + (1-0.4)(L_4 + B_4) = 0.4 \times 50 + (1-0.4)(33.6+6.9) = 43.2$$

$$B_5 = 0.4 \times (L_5 - L_4) + (1-0.4)B_4 = 0.4 \times (43.2-33.6) + (1-0.4) \times 5.1 = 6.9$$

$$F_6 = L_5 + B_5 = 43.2 + 6.9 = 50.2$$

$$F_7 = L_5 + 2 \times B_5 = 43.2 + 2 \times 6.9 = 57.2$$

표 1 이중지수평활법(α=0.4, β=0.4)

기간	데이터	절편	기울기	예측값
		20.0	5.0	
1	10	19.0	2.6	
2	20	20.9	2.3	
3	30	26.0	3.4	
4	40	33.6	5.1	
5	50	43.2	6.9	
6	–			50.2
7	–			57.2

다음 그림은 초기값으로 10일 데이터를 회귀분석하여 구한 기울기와 절편을 이용하고, α=0.4, β=0.4일 때 이중지수평활법에 의한 삼성전자의 주가의 예측값을 보여주고 있습니다.

그림 6 삼성전자 주가의 이중지수평활법에 의한 예측

데이터 분석

13.4 시계열 예측모델

분석에 이용한 패키지

In

```
import numpy as np
import pandas as pd
import FinanceDataReader as fdr
pd.set_option("display.max_rows", 560)  # DataFrame에서 최대 rows 출력 개수
```

자료 불러오기

한국 증권거래소에 상장되어 거래되고 있는 ETF 목록을 FinanceDataReader 패키지(https://github.com/financedata-org/FinanceDataReader/wiki)를 이용하여 받아옵니다. FinanceDataReader 패키지는 한국의 주식시장뿐만 아니라 미국 주식시장의 주요 지수, 국가별 대표 지수, 상품선물, 환율 등에 대한 정보를 파이썬 코드를 이용하여 불러올 수 있습니다.

In
```
etf = fdr.StockListing("ETF/KR")
etf
```

Out

	Symbol	Name
0	069500	KODEX 200
1	371460	TIGER 차이나전기차SOLACTIVE
2	133690	TIGER 미국나스닥100
3	122630	KODEX 레버리지
4	252670	KODEX 200선물인버스2X

In
```
df = fdr.DataReader('360750', '2020-08-01')  # TIGER 미국S&P500, 2020년 8월에 상장
df.tail()
```

Out

Date	Open	High	Low	Close	Volume	Change
2022-03-28	13950	13995	13950	13980	1091293	0.005755
2022-03-29	14085	14105	14045	14075	1799302	0.006795
2022-03-30	14125	14150	14060	14110	1502502	0.002487
2022-03-31	14080	14085	14035	14085	1477081	-0.001772
2022-04-01	13910	13955	13910	13945	1075487	-0.009940

추세 예측

다음과 같은 선형 추세 모델을 설정해 봅니다. 설명변수로는 시간 자체 변수입니다. 피설명변수는 주가 데이터입니다.

$$y_t = \beta_0 + \beta_1 t + \epsilon_t$$

In

```
m_price = df['Close'].resample('M').ffill()         # 매월 말 데이터 추출
df1 = m_price.to_frame()                              # series 데이터를 dataframe으로 변환
df1 = df1.reset_index()                               # index를 column으로 변환
T = list(range(1,len(df1)+1))                         # time 변수 추가
df1['T'] = pd.DataFrame(T, columns = ['T'])           # time 변수를 dataframe에 추가
df1.head()
```

Out

	Date	Close	T
0	2020-08-31	10382	1
1	2020-09-30	9787	2
2	2020-10-31	9149	3
3	2020-11-30	9925	4
4	2020-12-31	10137	5

In

```
stock = ols("Close ~ T", data=df1).fit()
print(stock.summary())
```

Out

```
                            OLS Regression Results
==============================================================================
Dep. Variable:                  Close   R-squared:                       0.897
Model:                            OLS   Adj. R-squared:                  0.892
Method:                 Least Squares   F-statistic:                     165.4
Date:                Fri, 01 Apr 2022   Prob (F-statistic):           7.96e-11
Time:                        17:46:16   Log-Likelihood:                -160.52
No. Observations:                  21   AIC:                             325.0
Df Residuals:                      19   BIC:                             327.1
Df Model:                           1
Covariance Type:            nonrobust
==============================================================================
                 coef    std err          t      P>|t|      [0.025      0.975]
------------------------------------------------------------------------------
Intercept   9279.9095    240.276     38.622      0.000    8777.006    9782.813
T            246.1208     19.136     12.862      0.000     206.070     286.172
==============================================================================
Omnibus:                        0.381   Durbin-Watson:                   0.989
Prob(Omnibus):                  0.827   Jarque-Bera (JB):                0.512
Skew:                          -0.029   Prob(JB):                        0.774
Kurtosis:                       2.237   Cond. No.                         26.2
==============================================================================
```

시계열 회귀분석의 결과를 이용하여 추세선을 그려보도록 합니다.

In

```
X = df1['T']
ypred = stock.predict(X)
yactual = df1['Close']
df1['yym']=df1['Date'].dt.to_period('M')
df1['ypred'] = ypred
```

In

```
fig, ax = plt.subplots(nrows=1, figsize=(8, 4), sharex=True)
df1.plot(x = 'yym', y='Close', ax=ax)
df1.plot(x = 'yym', y='ypred',  ax=ax)
ax.set(xlabel="time", ylabel="Index")
ax.grid('on',  which='minor', axis='x' )
ax.grid('off', which='major', axis='x' )
plt.savefig("tsRegression01.png", dpi=150, bbox_inches='tight')
plt.show()
```

Out

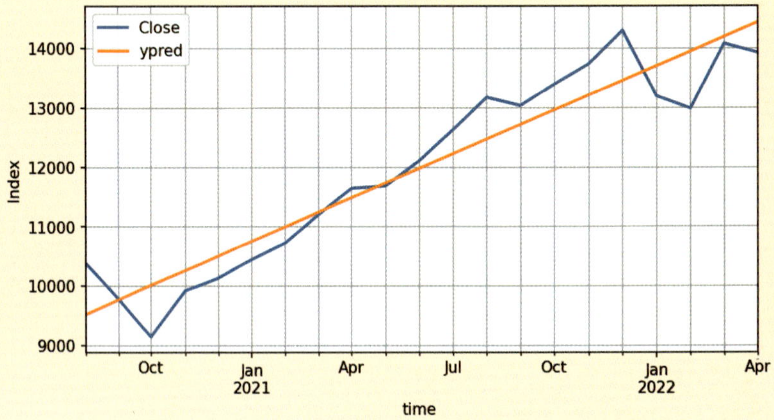

데이터 분석

13.5 이동평균법으로 주가 예측

분석에 이용한 패키지

In
```
import numpy as np
import pandas as pd
import FinanceDataReader as fdr
```

In
```
from statsmodels.compat import lzip
import statsmodels.api as sm
from statsmodels.formula.api import ols
```

In
```
import matplotlib.pyplot as plt
%matplotlib inline

from matplotlib import rcParams
from matplotlib import font_manager, rc
rcParams['axes.unicode_minus'] = False

font_name = font_manager.FontProperties(fname="c:/Windows/Fonts/malgun.ttf").get_name()
rc('font', family=font_name)
```

이동평균법으로 주가 예측하기

FinanceDataReader를 이용하여 삼성전자 주가를 불러옵니다. 이동평균을 나타내는 함수를 만들고, 이를 이용하여 다음 시기를 예측합니다.

In
```
df = fdr.DataReader('005930', '2015-08-01')  # 삼성전자
```

In
```
df = df[['Close']]
df1 = df.copy()
```

In
```
def ma(dframe, n):                              # 이동평균법
    dframe['MA{}'.format(n)] = dframe.loc[:, ('Close')].rolling(window=n).mean().shift(1)
```

In

```
ma(df1,5)                        # 5일 이동평균
ma(df1,60)                       # 60일 이동평균
ma(df1,120)                      # 120일 이동평균
```

실제값과 이동평균법으로 예측값을 이용하여 그래프를 그립니다.

In

```
df1 = df1.reset_index()
df1 = df1.dropna()
```

In

```
fig, ax = plt.subplots(nrows=1, figsize=(12, 6), sharex=True)
df1.plot(x = 'Date', y='Close', ax=ax)
df1.plot(x = 'Date', y='MA5',  ax=ax)
df1.plot(x = 'Date', y='MA60',  ax=ax)
df1.plot(x = 'Date', y='MA120',  ax=ax)
ax.set(xlabel="time", ylabel="주가")
ax.grid(True)
plt.show()
```

Out

데이터 분석

13.6 단일지수평활법으로 주가 예측

분석에 이용한 패키지

In
```
import numpy as np
import pandas as pd
import FinanceDataReader as fdr
```

In
```
from statsmodels.compat import lzip
import statsmodels.api as sm
from statsmodels.formula.api import ols
```

In
```
import matplotlib.pyplot as plt
%matplotlib inline
```

```
from matplotlib import rcParams
from matplotlib import font_manager, rc
rcParams['axes.unicode_minus'] = False

font_name = font_manager.FontProperties(fname="c:/Windows/Fonts/malgun.ttf").get_name()
rc('font', family=font_name)
```

자료 불러오기

FinanceDataReader를 이용하여 삼성전자 주가를 불러옵니다. 이동평균을 나타내는 함수를 만들고, 이를 이용하여 다음 시기를 예측합니다. 이때 alpha는 0.4를 사용했습니다.

In
```
df = fdr.DataReader('005930', '2015-08-01')  # 삼성전자
```

In
```
df = df[['Close']]
df1 = df.copy()
df1a = df1.reset_index()
df1['es'] = None  # 단순지수평활법으로 구한 자료 저장 위치
```

In

```
dfla.loc[dfla.index[9], 'es'] = dfla.loc[dfla.index[0:10], 'Close'].mean()  # 초기값, index 0~9까지 평균
```

In

```
alpha = 0.4

for i in range(10, dfla.shape[0]):
    dfla.loc[dfla.index[i], 'es'] = alpha * dfla.loc[dfla.index[i], 'Close'] + (1-alpha)*
                                    dfla.loc[dfla.index[i-1],'es']
```

실제값과 단순지수평활법으로 예측한 값을 이용하여 그래프를 그립니다.

In

```
dfla['Forecast'] = dfla['es'].shift(1)
dfla.head(15)
```

Out

	Date	Close	es	Forecast
0	2020-08-03	56800	None	NaN
1	2020-08-04	57300	None	None
2	2020-08-05	56900	None	None
3	2020-08-06	58000	None	None
4	2020-08-07	57500	None	None
5	2020-08-10	57800	None	None
6	2020-08-11	58200	None	None
7	2020-08-12	59000	None	None
8	2020-08-13	58700	None	None
9	2020-08-14	58000	57820.0	None
10	2020-08-18	58400	58052.0	57820.0
11	2020-08-19	57800	57951.2	58052.0
12	2020-08-20	55400	56930.72	57951.2
13	2020-08-21	55900	56518.432	56930.72
14	2020-08-24	56100	56351.0592	56518.432

In

```
fig, ax = plt.subplots(nrows=1, figsize=(12, 6), sharex=True)
dfla.plot(x = 'Date', y='Close', ax=ax)
dfla.plot(x = 'Date', y='Forecast',  ax=ax)
ax.set(xlabel="time", ylabel="주가")
ax.grid(True)
plt.show()
```

Out

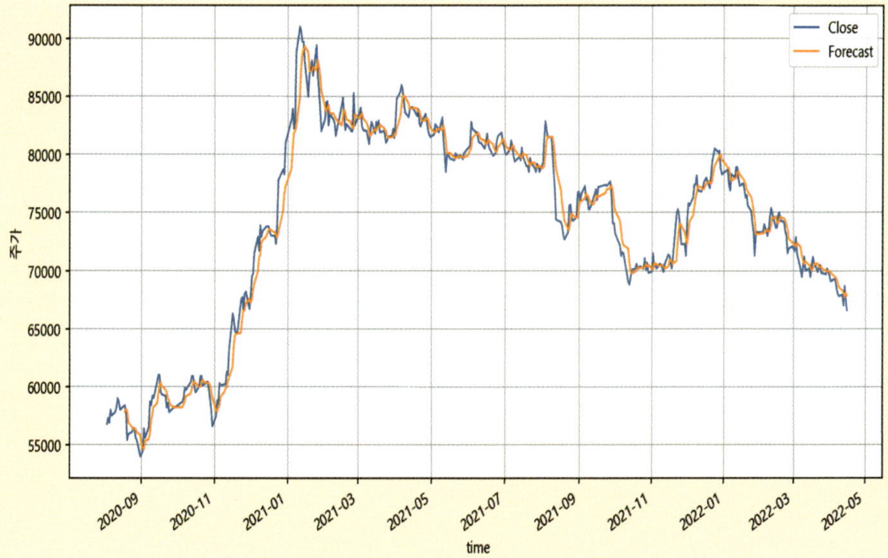

단순 지수평활법에서 어떤 가중치를 이용할지 결정해야 합니다. 다양한 가중치의 예측오차($SSE = \sum_{t=1}^{T}(y_t - \hat{y}_{t|t-1})^2 = \sum_{t=1}^{T} e_t^2$)를 계산하여, 예측오차가 가장 작은 가중치를 선택할 수 있습니다. 가중치가 0.4일 때 예측오차는 다음과 같습니다.

In

```
df1a['er'] = df1a['Forecast'] - df1a['Close']
df2 = df1a.dropna()
```

In

```
error = df2['er'].to_numpy()

error2 = []

for i in range(len(error)):
    er2 = error[i] ** 2
    error2.append(er2)
```

In

```
sse = np.sum(error2)
np.round(sse,2)
```

Out

```
748131199.44
```

13.7 이중지수평활법으로 주가 예측

분석에 이용한 패키지

In
```
import numpy as np
import pandas as pd
import FinanceDataReader as fdr
```

In
```
from statsmodels.compat import lzip
import statsmodels.api as sm
from statsmodels.formula.api import ols
```

In
```
import matplotlib.pyplot as plt
%matplotlib inline

from matplotlib import rcParams

from matplotlib import font_manager, rc
rcParams['axes.unicode_minus'] = False

font_name = font_manager.FontProperties(fname="c:/Windows/Fonts/malgun.ttf").get_name()
rc('font', family=font_name)
```

이중지수평활법으로 주가 예측하기

FinanceDataReader 패키지를 이용하여 삼성전자 주가를 불러옵니다. 10개의 데이터를 이용하여 초기 추세와 절편을 생성합니다.

In
```
df = fdr.DataReader('005930', '2015-08-01')    # 삼성전자
```

In
```
df = df[['Close']]
df1 = df.iloc[0:11, :]                          # 10개 데이터 추출
df1 = df1.reset_index()
```

In
```python
df1['level'] = None                         # 절편 위치 추가
df1['trend'] = None                         # 추세 위치 추가
```

In
```python
T = list(range(1,len(df1)+1))
result = ols("Close ~ T", data=df1).fit()   # 10개 초기 데이터를 이용하여 회귀분석
beta = result.params
df1.loc[df1.index[10], 'level']  = beta[0]
df1.loc[df1.index[10], 'trend']= beta[1]
```

11번째 데이터 이후 이중지수평활법으로 데이터를 생성합니다.

In
```python
n = 11; alpha = 0.4; beta = 0.4

for i in range(n, len(df1)):

    df1.loc[df1.index[i], 'level']= alpha * df1.loc[df1.index[i], 'Close'] +
           (1-alpha)*(df1.loc[df1.index[i-1], 'level']+df1.loc[df1.index[i-1], 'trend'])
    df1.loc[df1.index[i], 'trend']= beta *(df1.loc[df1.index[i],'level'] -
           df1.loc[df1.index[i-1], 'level']) + (1-beta)*(df1.loc[df1.index[i-1],'trend'])
```

In
```python
df1['Forecast']= (df1['level']  + df1['trend']).shift(1)
```

In
```python
df1a = df1.dropna()
```

실제값과 이동평균법으로 예측값을 이용하여 그래프를 그립니다.

In
```python
fig, ax = plt.subplots(nrows=1, figsize=(12, 6), sharex=True)
df1a.plot(x = 'Date', y='Close', ax=ax)
df1a.plot(x = 'Date', y='Forecast',  ax=ax)
ax.set(xlabel="time", ylabel="주가")
ax.grid(True)
plt.show()
```

Out

Close
Forecast
90000
85000
80000
75000
70000
65000
60000
55000
주가
2020-09
2020-11
2021-01
2021-03
2021-05
2021-07
2021-09
2021-11
2022-01
2022-03
2022-05
time

분석 과제 시계열모델과 이중지수평활법으로 주가 예측

※ 시계열 분석모델로 주가 예측

1. 이용 가능한 API를 통해 본인이 관심 있는 기업의 주가 데이터를 2020년 1월부터 최근까지 매일 기준으로 불러옵니다.

2. 통계분석 패키지를 이용하여 다음과 같은 시계열 분석모델의 결과를 보입니다.

$$y_t = \beta_0 + \beta_1 t + \beta_2 t^2 + \beta_3 t^3 + \epsilon_t,\ \epsilon_t \sim N(0, \sigma^2)$$

3. 실제값과 모델에 의한 추정치를 그래프로 보입니다.

※ 이중지수평활법으로 주가 예측

4. 다음의 조건에 따라 본인이 선택한 주가 데이터를 이용하여 이중지수평활법으로 1일 후의 주가를 예측합니다.

- 회귀분석 기간: 24일
- alpha, beta: 본인이 선택

5. 실제값과 모델에 의한 추정치를 그래프로 나타냅니다.

Chapter

14

ARIMA모델

ARIMA모델을 이용한 주가 예측

개념

데이터 분석

분석 과제

개념

14.1 ARIMA 모델

계량경제학자들은 불규칙한 시계열 데이터에서 규칙을 찾기 위한 다양한 모델을 개발하고자 노력하고 있습니다. 대표적인 시계열 모델로 AR(Autoregressive), MA(Moving Average), ARMA(Autoregressive Moving Average), ARIMA(Autoregressive Integrated Moving Average) 모델이 있습니다. 간단히 모델을 설명하자면 AR모델은 시계열의 이전 값이 현재 시계열 값에 영향을 미친다는 모델이며, MA모델은 과거의 충격이 현재의 시계열 값에 영향을 미친다는 모델입니다. ARMA는 두 모델을 합한 모델입니다. ARMA모델을 이용하기 위해서는 시계열 데이터가 정상과정(stationary process)을 가져야 합니다. 시계열 데이터의 정상과정은 이어지는 절에서 설명하도록 하겠습니다. ARIMA는 ARMA모델로 변환시키기 위한 차분의 차수(I)가 포함된 모델입니다. 비정상성 시계열 데이터인 경우에는 차분(differencing)을 실시하여 데이터의 비정상성(non stationary process)을 제거한 데이터를 이용합니다.

AR(p) 과정(AutoRegressive process of order p)

과거 p기까지의 데이터는 현재 시계열 데이터(Y_t)에 영향을 주지만, p기 이후의 과거 시계열 데이터는 현재 시계열 데이터에 영향을 주지 않는다고 가정하는 경우 해당 시계열을 $AR(p)$ 과정을 따른다고 합니다. 이때 p개의 파라미터를 추정해야 합니다. 과거 시계열 값에 대한 계수값에 대한 추정은 다중 선형회귀식과 유사한 방식으로 추정할 수 있습니다.

$$Y_t = \delta + \phi_1 Y_{t-1} + \phi_2 Y_{t-2} + \cdots + \phi_p Y_{t-p} + \epsilon_t$$

MA(q) 과정(Moving Average process of order q)

과거 q기까지 충격(ϵ_t)이 현재 시계열 데이터(Y_t)에 영향을 주지만, q기 이후의 충격은 현재 시계열 데이터에 영향을 주지 않는다는 가정입니다. MA(q) 모델은 과거 q개의 충격항의 가중 이동평균으로 현재의 시계열 값을 예측하여 그 이름을 얻었습니다. MA(q) 과정은 q개의 파라미터를 추정합니다. 이때 과거 충격은 관찰되지 않기 때문에 최소제곱법에 의한 회귀분석을 사용하지 않고 최대우도추정법을 사용해서 추정합니다.

$$Y_t = \mu + \epsilon_t + \theta_1 \epsilon_{t-1} + \theta_2 \epsilon_{t-2} + \cdots + \theta_q \epsilon_{t-q}$$

ARMA(p,q) 과정

AR(p)와 MA(q)의 혼합한 모델을 ARMA(p, q)이라고 합니다. 과거 p기까지의 데이터와 과거 q기까지 충격(ϵ_t)이 현재 시계열 데이터(Y_t)에는 영향을 미친다는 가정을 바탕으로 만들어진 모델입니다.

$$Y_t = \delta + \phi_1 Y_{t-1} + \cdots + \phi_p Y_{t-p} + \epsilon_t + \theta_1 \epsilon_t + \cdots + \theta_q \epsilon_{t-q}$$

Note 시간연산자(Lag Operater)를 이용한 ARMA(1) 과정 표현

(1) Lag Operator

$$L Y_t = Y_{t-1}$$
$$L^2 Y_t = L L Y_t = L Y_{t-1} = Y_{t-2}$$
$$L^3 Y_t = L L L Y_t = L L Y_{t-1} = L Y_{t-2} \equiv Y_{t-3}$$

(2) Lag Operator를 이용한 ARMA (1) 과정

$$Y_t = \mu + \phi Y_{t-1} + \epsilon_t + \theta \epsilon_{t-1}$$
$$Y_t = \mu + \phi L Y_t + \epsilon_t + \theta L \epsilon_t$$

$$(1-\phi L)Y_t = \mu + (1+\theta L)\epsilon_t$$
$$\phi(L)Y_t = \mu + \theta(L)\epsilon_t, where\ \phi(L) = 1-\phi L, \theta(L) = 1+\theta L$$

양변을 $\phi(L)$로 나누면, 다음과 같습니다.

$$Y_t = \frac{\theta(L)}{\phi(L)}\epsilon_t = \psi(L)\epsilon_t, where\ \psi(L) = \frac{\theta(L)}{\phi(L)}$$

개념

14.2 정상시계열 데이터

정상시계열 데이터

시계열분석에서 가장 많이 사용되는 모델이 정상모델(stationary model)입니다. 시간과 관계없이 평균과 분산이 일정한 시계열 데이터를 정상과정(stationary process)을 따른다고 하고, 이러한 데이터를 정상시계열 데이터라고 합니다. 정상시

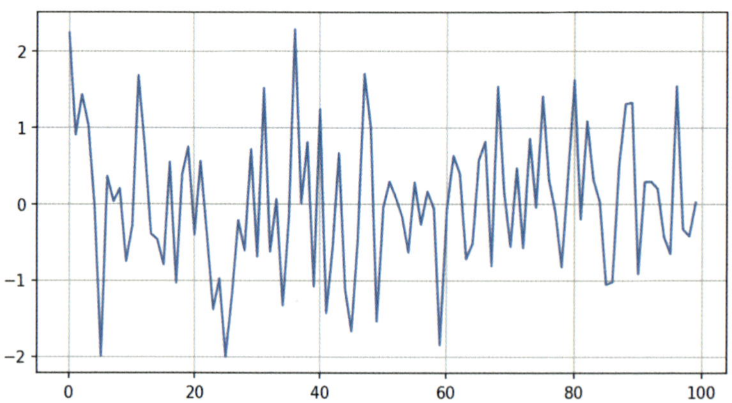

그림 1 백색잡음(white noise)

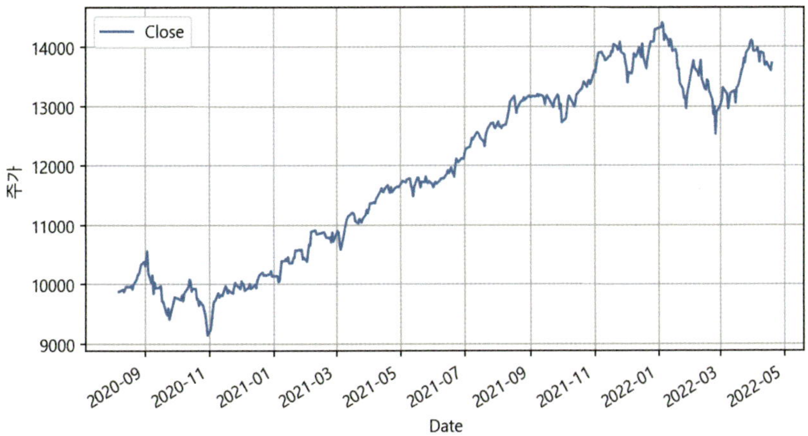

그림 2 비정상프로세스 데이터

계열 데이터는 평균값에 머물고자 하는 평균회귀(mean reversion) 성향이 있습니다. 이는 정상시계열이 어떤 수준보다 높으면 떨어지고, 어떤 수준보다 낮으면 올라갈 것으로 예상할 수 있다는 뜻입니다. 대표적인 정상과정을 보이는 데이터는 백색잡음(white noise)입니다. 우리가 공부하고 있는 ARMA 과정을 따르는 시계열 데이터는 정상시계열 데이터로 표현할 수 있습니다.

시간에 따라 평균과 분산이 달라지는 시계열 데이터를 비정상과정(nonstationary process)을 따른다고 하고, 이러한 데이터를 비정상시계열 데이터라고 합니다. 이러한 시계열은 대부분 평균에서 벗어나서 불규칙하게 움직이며 시간에 따라 완만하게 움직이는 추세(trend)를 보입니다. 다음 〈그림 2〉는 TIGER 미국 S&P ETF 주가 데이터를 보여주고 있습니다. 시간에 따라 상승세(trend)를 가지고 있으며 시기에 따라 변동성이 달라지고 있음을 보여주고 있습니다.

비정상시계열 데이터를 정상시계열 데이터로 변환

ARIMA 시계열분석에서는 정상프로세스를 가진 시계열 데이터를 분석대상으로

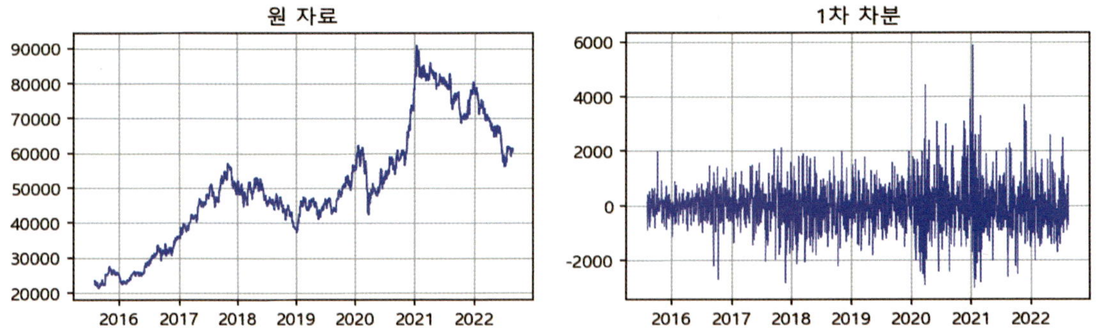

그림 3 비정상시계열 데이터 정상시계열 데이터 변환

하고 있습니다. 비정상과정을 띠는 시계열 데이터는 차분(differencing)을 이용하여 정상시계열 데이터로 바꾼 다음 사용합니다. d차 차분은 현시점 데이터 값에서 d 시점 이전의 데이터 값을 빼서 계산합니다.

$$\begin{aligned} &\text{1차 차분}: \ Y_t^1 = Y_t - Y_{t-1} \\ &\text{2차 차분}: \ Y_t^2 = Y_t - Y_{t-2} \\ &\ \vdots \\ &\text{d차 차분}: \ Y_t^d = Y_t - Y_{t-d} \end{aligned}$$

〈그림 3〉은 비정상시계열 데이터를 1차 차분한 내용입니다. 이와 같이 시계열 데이터를 정상시계열로 전환한 후 ARMA 분석을 실시합니다.

정상시계열 데이터의 특징

정상시계열 데이터(Y_t)는 결정요인(deterministic component)과 확률요인(stochastic component)으로 분리할 수 있습니다.

$$Y_t = \mu + \epsilon_t + \psi_1 \epsilon_{t-1} + \psi_2 \epsilon_{t-2} + \cdots$$

이때 μ는 결정요인(deterministic component)을 의미합니다. 결정요인(μ)이 반드시 선형일 필요는 없습니다. sine 함수나 cosine 함수는 선형이 아니지만 예측할 수 있으므로 결정요인이 될 수 있습니다. 확률요인(stochastic component)은 시계열 데이터(Y_t)에서 결정요인을 제외한 부분($\epsilon_t + \psi_1\epsilon_{t-1} + \psi_2\epsilon_{t-2} + \cdots$)입니다. 확률요인은 현재($\epsilon_t$) 및 과거의 충격($\epsilon_{t-1}, \epsilon_{t-2}, \cdots$)의 가중치의 합으로 나타낼 수 있습니다. 과거의 충격에 대해서 다음과 같이 평균은 0이고 분산이 σ^2인 동일독립분포(identically independent distribution)를 가정합니다.

$$\epsilon_t \sim iid(0, \sigma^2)$$

위와 같은 가정에 따라 정상프로세스를 가지고 있는 시계열 데이터(Y_t)의 평균과 분산은 다음과 같습니다. 이때 Y_t의 분산은 유한하다고 가정합니다.

$$E(Y_t) = \mu$$

$$Var(Y_t) = \sigma^2 + \psi_1^2\sigma^2 + \psi_2^2\sigma^2 + \cdots = \sigma^2\sum_{i=0}^{\infty}\psi_i^2 < \infty$$

이때 Y_t의 예측해보기로 합니다. Y_t의 비조건부 예측치(unconditional expectation)는 $E(Y_t) = \mu$입니다. 그렇다면 $t-1$기까지 모든 정보가 주어졌을 때의 조건부 예측치 $E(Y_t|I_{t-1})$는 무엇일까요? 이때 아직 실현되지 않은 정보는 ϵ_t뿐이므로 t기에서 Y_t의 조건부 예측값(conditional expectation)은 다음과 같습니다.

$$E(Y_t|I_{t-1}) = \mu + \psi_1\epsilon_{t-1} + \psi_2\epsilon_{t-2} + \cdots$$

예측오차(prediction error)는 다음과 같이 ϵ_t로 나타낼 수 있으며 이는 예측하지 못하였다는 의미에서 충격(shock)으로 불리기도 합니다.

$$Y_t - E(Y_t|I_{t-1}) = \epsilon_t$$

조건부 분산(conditional variance)은 과거의 모든 정보를 알고 있으므로 모르는 것은 현재의 충격입니다. 따라서 조건부 분산은 현재 충격에 대한 분산입니다.

$$Var(Y_{t_t}|I_{t-1}) = Var(\epsilon_t) = \sigma^2$$

정상프로세스 데이터를 추정하기 위해서는 무한개의 파라미터(parameter)를 추정해야 하지만 이것은 불가능합니다. 만약 $\psi_1 = \phi^1$, $\psi_2 = \phi^2$, $\cdots$, $\psi_j = \phi^j$ 라고 가정하면 Y_t는 1개의 파라미터(ϕ)만 추정하면 됩니다.

$$\begin{aligned} Y_t &= \mu + \epsilon_t + \psi_1\epsilon_{t-1} + \psi_2\epsilon_{t-2} + \cdots \\ &= \mu + \epsilon_t + \phi^1\epsilon_{t-1} + \phi^2\epsilon_{t-2} + \cdots \end{aligned}$$

AR모델을 정상시계열 데이터로 표현

Y_t이 AR(1) 과정을 따른다고 할 때 정상시계열 데이터 형태인 결정요인과 확률요인으로 구분되는지 확인하여 봅니다.

$$\begin{aligned} Y_t &= \delta + \phi Y_{t-1} + \epsilon_t \\ &= \delta + \phi(\delta + \phi Y_{t-2} + \epsilon_{t-1}) + \epsilon_t \\ &= \delta + \phi\delta + \phi^2 Y_{t-2} + \phi\epsilon_{t-1} + \epsilon_t \\ &= \delta + \phi\delta + \phi^2(\delta + \phi Y_{t-3} + \epsilon_{t-2}) + \phi\epsilon_{t-1} + \epsilon_t \\ &= \delta + \phi\delta + \phi^2\delta + \phi^3 Y_{t-3} + \phi^2\epsilon_{t-2} + \phi\epsilon_{t-1} + \epsilon_t \\ &\vdots \\ &= \delta(1 + \phi + \phi^2 + \cdots + \phi^{j-1}) + \phi^j Y_{t-j} + \phi\epsilon_{t-1} + \cdots + \phi^j\epsilon_{t-j} \end{aligned}$$

이때 $|\phi| < 1$이라고 하면 $j \to \infty$일 때 ϕ^j는 0으로 수렴하므로 $\phi^j Y_{t-j}$도 0으로 수렴합니다. 따라서 $\frac{1}{1-\phi} = 1 + \phi + \phi^2 + \cdots + \phi^{j-1}$이므로 AR(1) 과정을 따르는 시계열 데이터는 다음과 같이 결정요인과 확률요인을 가지는 정상시계열 데이터로 표현할 수 있습니다.

$$
\begin{aligned}
Y_t &= \frac{\delta}{1-\phi} + \epsilon_t + \phi\epsilon_{t-1} + \phi^2\epsilon_{t-2} + \cdots + \phi^j\epsilon_{t-j} \\
&= \mu + \epsilon_t + \psi_1\epsilon_{t-1} + \psi_2\epsilon_{t-2} + \cdots + \cdots + \psi_j\epsilon_{t-j}
\end{aligned}
$$

정상시계열 확인

AR(1) 과정을 따르는 시계열 데이터가 정상시계열을 갖기 위해서는 $\phi<1$이어야 합니다. $\phi=1$인 경우 시계열 데이터는 단위근(unit root)을 가진다고 합니다.

$$Y_t = \delta + \phi Y_{t-1} + \epsilon_t$$

분석대상 시계열 데이터가 단위 근을 갖게 되면 해당 데이터는 정상시계열 데이터가 아니므로 ARMA(p, q) 모형을 사용할 수 없습니다. 따라서 먼저 시계열 데이터가 단위근을 갖는지 검정해야 합니다. 이때 귀무가설과 대립가설을 다음과 같습니다. 해당 가설검정을 위해서는 Augmented Dickey–Fuller 검정통계량을 이용할 수 있습니다. 해당 검정통계량은 t–분포를 따른다고 알려져 있습니다.

$$H_0 : \phi = 1$$

$$H_1 : \phi < 1$$

개념

14.3 MA모델과 자기상관계수

정상시계열 데이터가 AR(p) 과정을 따르는지, MA(q) 과정을 따르는지, ARMA(p,q) 과정을 따르는지를 판단해야 합니다. 이를 위해서는 자기공분산과 자기상관계수의 개념을 이해할 필요가 있습니다. 자기상관계수를 이용하여 MA(q)모델은 시차 q를 결정할 수 있습니다.

자기공분산(Autocovariance)과 자기상관계수(Autocorrelation)

정상과정을 따르는 시계열 데이터(Y_t) 간의 공분산을 알아보도록 합니다. 보통 두 확률변수 X, Y의 기대값 $E(X)$, $E(Y)$는 서로 다르지만 정상과정을 가지고 있는 시계열 데이터인 $E(Y_t)$, $E(Y_{t-j})$의 기대값은 같은 확률변수입니다. 시차가 h만큼 차이가 나는 시계열 데이터의 공분산을 자기공분산(aucovariance)이라고 $\gamma(h)$로 표시합니다. 자기공분산은 다음과 같은 특성을 갖습니다.

$$cov(Y_t, Y_{t+h}) = E[(Y_t - E(Y_t))(Y_{t-j} - E(Y_{t-j}))] = \gamma(h)$$

$$\gamma(0) = cov(Y_t, Y_t) = Var(Y_t)$$

$$\gamma(-h) = cov(Y_{t-h}, Y_t) = cov(Y_t, Y_{t-h}) = \gamma(h)$$

다음으로 시차가 h만큼 차이가 나는 시계열 데이터의 상관계수를 자기상관계수(autocorrelation)라고 하고 $\rho(h)$로 표시합니다. 자기상관계수는 다음과 같은 특징을 가지고 있습니다.

$$corr(Y_t, Y_{t+h}) = \frac{cov(Y_t, Y_{t+h})}{\sqrt{Var(Y_t) \cdot Var(Y_{t+h})}} = \frac{\gamma_h}{\sqrt{\gamma_0 \gamma_0}} = \frac{\gamma_h}{\gamma_0} = \rho(h)$$

$$\rho(0) = \frac{\gamma_0}{\gamma_0} = 1$$

$$\rho(-h) = \rho(h), \text{ for all } h$$

$$-1 \le \rho(h) \le 1$$

Note 백색잡음(white noise)의 자기공분산과 자기상관계수

백색잡음(ϵ_t)의 평균, 분산, 자기공분산 및 자기상관계수는 다음과 같습니다.

$$\epsilon_t \sim iid(0, \sigma^2)$$

$$E(\epsilon_t) = 0 \ , \ Var(\epsilon_t) = \sigma^2, \text{ for all } t$$

$$\gamma_h = cov(\epsilon_t, \epsilon_{t+h}) = \begin{cases} \sigma^2, & h = 0 \\ 0, & h \neq 0 \end{cases}$$

$$\rho(h) = \begin{cases} 1, h = 0 \\ 0, h \neq 0 \end{cases}$$

자기상관계수를 이용한 MA(*q*) *q*시차 확인

시계열 데이터의 자기상관계수가 q+1시차 이후 급속히 떨어지면 해당 시계열 모델은 MA(q) 과정을 따를 가능성이 높습니다. 이를 MA(1) 모델과 MA(2) 모델을 이용하여 확인해보도록 합니다.

먼저 MA(1) 과정의 기대값, 분산, 자기공분산, 자기상관계수값을 구해보도록 합니다.

$$\begin{aligned} Y_t &= \mu + \epsilon_t + \theta\epsilon_{t-1}, \ \epsilon_t \sim iid(0, \sigma^2) \\ E(Y_t) &= E(\mu) + E(\epsilon_t) + \theta E(\epsilon_{t-1}) = \mu, \ \therefore E(\epsilon_t) = E(\epsilon_{t-1}) = 0 \\ Var(Y_t) &= Var(\mu + \epsilon_t + \theta\epsilon_{t-1}) = Var(\epsilon_t + \theta\epsilon_{t-1}), \ \therefore \mu\text{는 상수} \\ &= Var(\epsilon_t) + \theta^2 Var(\epsilon_{t-1}) + 2\theta Cov(\epsilon_t \cdot \epsilon_{t-1}) \\ &= Var(\epsilon_t) + \theta^2 Var(\epsilon_{t-1}), \ \because Cov(\epsilon_t \cdot \epsilon_{t-1}) = 0, \epsilon_t\text{와 } \epsilon_{t-1}\text{는 상호 독립} \\ &= \sigma^2 + \theta^2\sigma^2 = (1+\theta^2)\sigma^2 \end{aligned}$$

논의를 간편하게 하기 위해 μ=0이라고 가정하고 자기공분산을 구해보도록 합니다. 이러한 가정은 논의의 진행에 전혀 문제를 일으키지 않습니다.

$$\begin{aligned} \gamma(1) &= Cov(Y_t, Y_{t-1}) = E((Y_t - E(Y_t))(Y_{t-1} - E(Y_{t-1}))) \\ &= E(Y_t \bullet Y_{t-1})), \ \because \mu = 0\text{이라는 가정에 의해 } E(Y_t) = E(Y_{t-1}) = 0 \\ &= E[(\epsilon_t + \theta\epsilon_{t-1})(\epsilon_{t-1} + \theta\epsilon_{t-2})] \end{aligned}$$

$$
\begin{aligned}
&= E(\epsilon_t\epsilon_{t-1} + \theta\epsilon_t\epsilon_{t-1} + \theta\epsilon_{t-1}\epsilon_{t-1} + \theta^2\epsilon_{t-1}\epsilon_{t-2}) \\
&= E(\epsilon_t\epsilon_{t-1}) + \theta E(\epsilon_t\epsilon_{t-1}) + \theta E(\epsilon_{t-1}\epsilon_{t-1}) + \theta^2(\epsilon_{t-1}\epsilon_{t-2}) \\
&= \theta E(\epsilon_{t-1}\epsilon_{t-1}) \\
&= \theta\sigma^2
\end{aligned}
$$

$$
\begin{aligned}
\gamma(2) &= Cov(Y_t, Y_{t-2}) = E(Y_t \cdot Y_{t-2}) \\
&= E[(\epsilon_t + \theta\epsilon_{t-1})(\epsilon_{t-2} + \theta\epsilon_{t-3})] \\
&= E(\epsilon_t\epsilon_{t-2} + \theta\epsilon_t\epsilon_{t-3} + \theta\epsilon_{t-1}\epsilon_{t-2} + \theta^2\epsilon_{t-1}\epsilon_{t-3}) \\
&= 0
\end{aligned}
$$

MA(1)의 경우 2기 이상 떨어진 경우에는 $\gamma(2)=\gamma(3)=\cdots=0$입니다. 이를 이용하여 MA(1) 모델의 자기상관계수는 다음과 같이 구할 수 있습니다.

$$\rho(0) = \frac{\gamma(0)}{\gamma(0)} = 1$$

$$\rho(1) = \frac{\gamma(1)}{\gamma(0)} = \frac{\theta\sigma^2}{(1+\theta^2)\sigma^2} = \frac{\theta}{(1+\theta^2)}$$

$$\rho(2) = \frac{\gamma(2)}{\gamma(0)} = \frac{0}{(1+\theta^2)\sigma^2} = 0$$

$$\rho(2) = \rho(3) = \ldots = 0$$

추가로 MA(2) 과정의 기대값, 분산, 자기공분산, 자기상관계수값을 구해보도록 합니다.

$$Y_t = \mu + \epsilon_t + \theta_1\epsilon_{t-1} + \theta_2\epsilon_{t-2},\ \epsilon_t \sim iid(0, \sigma^2)$$

$$
\begin{aligned}
&E(Y_t) = E(\mu) + E(\epsilon_t) + \theta_1 E(\epsilon_{t-1}) + \theta_2 E(\epsilon_{t-2}) = \mu, \\
&\therefore E(\epsilon_t) = E(\epsilon_{t-1}) = E(\epsilon_{t-2}) = 0
\end{aligned}
$$

$$
\begin{aligned}
Var(Y_t) &= Var(\mu + \epsilon_t + \theta_1\epsilon_{t-1} + \theta_2\epsilon_{t-2}) = Var(\epsilon_t + \theta\epsilon_{t-1} + \theta_2\epsilon_{t-2}),\ \therefore \mu\text{는 상수} \\
&= Var(\epsilon_t) + \theta_1^2 Var(\epsilon_{t-1}) + \theta_2^2 Var(\epsilon_{t-2}) + 2Cov(\cdots) \\
&= Var(\epsilon_t) + \theta^2 Var(\epsilon_{t-1}),\ \because Cov(\cdots) = 0, \epsilon_t, \epsilon_{t-1}, \epsilon_{t-2}\text{는 상호 독립} \\
&= \sigma^2 + \theta_1^2\sigma^2 + \theta_2^2\sigma^2 = (1 + \theta_1^2 + \theta_2^2)\sigma^2
\end{aligned}
$$

$\mu=0$이라고 가정하고 자기공분산을 구해보도록 합니다.

$$
\begin{aligned}
\gamma(1) &= Cov(Y_t, Y_{t-1}) = E((Y_t - E(Y_t))(Y_{t-1} - E(Y_{t-1}))) \\
&= E(Y_t \bullet Y_{t-1})), \because \mu = 0\text{이라는 가정에 의해 } E(Y_t) = E(Y_{t-1}) = 0 \\
&= E[(\epsilon_t + \theta_1\epsilon_{t-1} + \theta_2\epsilon_{t-2})(\epsilon_{t-1} + \theta_1\epsilon_{t-2} + \theta_2\epsilon_{t-3})] \\
&= E(\theta_1\epsilon_{t-1}\epsilon_{t-1} + \theta_1\theta_2\epsilon_{t-1}\epsilon_{t-2}), \because \text{1기 이상 떨어진 충격은 서로 관계가 없음} \\
&= \theta_1\sigma^2 + \theta_1\theta_2\sigma^2 = (\theta_1 + \theta_1\theta_2)\sigma^2
\end{aligned}
$$

$$
\begin{aligned}
\gamma(2) &= Cov(Y_t, Y_{t-2}) = E((Y_t - E(Y_t))(Y_{t-2} - E(Y_{t-2}))) \\
&= E(Y_t \bullet Y_{t-1})), \because \mu = 0\text{이라는 가정에 의해 } E(Y_t) = E(Y_{t-1}) = 0 \\
&= E[(\epsilon_t + \theta_1\epsilon_{t-1} + \theta_2\epsilon_{t-2})(\epsilon_{t-2} + \theta_1\epsilon_{t-3} + \theta_2\epsilon_{t-4})] \\
&= E(\theta_2\epsilon_{t-2}\epsilon_{t-2}), \because \text{1기 이상 떨어진 충격은 서로 관계가 없음} \\
&= \theta_2\sigma^2
\end{aligned}
$$

MA(2)의 경우 3기 이상 떨어진 경우에는 $\gamma(3)=\gamma(4)=\cdots=0$으로 자기상관계수는 다음과 같이 구할 수 있습니다.

$$
\begin{aligned}
\rho(0) &= \frac{\gamma(0)}{\gamma(0)} = 1 \\
\rho(1) &= \frac{\gamma(1)}{\gamma(0)} = \frac{(\theta_1 + \theta_1\theta_2)\sigma^2}{(1+\theta_1^2+\theta_2^2)\sigma^2} \equiv \frac{\theta_1 + \theta_1\theta_2}{1+\theta_1^2+\theta_2^2} \\
\rho(2) &= \frac{\gamma(2)}{\gamma(0)} = \frac{\theta_2\sigma^2}{(1+\theta_1^2+\theta_2^2)\sigma^2} = \frac{\theta_1}{1+\theta_1^2+\theta_2^2} \\
\rho(3) &= \rho(4) = \ldots = 0
\end{aligned}
$$

AR 과정의 자기상관함수

시계열 데이터가 AR(p) 과정을 따를 경우 자기상관계수는 p와 관계없이 서서히 감소합니다. 따라서 자기상관계수를 이용하여 AR(p)를 식별할 수 없습니다. 예를 들어 AR(1) 과정의 기대값, 분산, 자기공분산, 자기상관계수를 구해보도록 합니다.

$$
\begin{aligned}
Y_t &= \delta + \phi Y_{t-1} + \epsilon_t \\
E(Y_t) &= \delta + \phi E(Y_{t-1}) + E(\epsilon_t)
\end{aligned}
$$

정상과정(stationary process) 가정에 따라 $E(Y_t) = E(Y_{t-1})$이고 $E(\epsilon_t)=0$이기 때문에 위 식은 다음과 같이 표현할 수 있습니다.

$$(1-\phi)E(Y_t) = \delta$$

$$E(Y_t) = \frac{\delta}{(1-\phi)}$$

한편, $t-1$까지 정보를 알고 있을 때 t시기에 조건부 기대값은 다음과 같습니다.

$$E(Y_t | I_{t-1}) = \delta + \phi Y_{t-1}$$

AR(1) 과정을 보이는 Y_t의 분산은 다음과 같습니다.

$$Var(Y_t) = Var(\delta) + Var(\phi Y_{t-1}) + Var(\epsilon_t) + 2Cov(Y_{t-1}, \epsilon_t)$$

$$Var(Y_t) = \phi^2 Var(Y_{t-1}) + Var(\epsilon_t), \;\; Var(\delta)=0, 2Cov(Y_{t-1}, \epsilon_t)=0$$

정상과정 가정에 따라 $Var(Y_t) = Var(Y_{t-1})$이고 $Var(\epsilon_t)=\sigma^2$이기 때문에 위 식은 다음과 같이 표현됩니다.

$$(1-\phi^2)Var(Y_t) = \sigma^2,$$

$$Var(Y_t) = \frac{\sigma^2}{(1-\phi^2)}(=\gamma(0))$$

분산은 Y_t에 가해지는 충격의 크기인 σ^2뿐만 아니라 충격의 지속성을 나타내는 ϕ^2에 따라 분산이 달라집니다. 충격의 지속성(ϕ)이 크면 분산은 커지고, 충격의 지속성이 작아지면 분산은 작아집니다.

AR(1) 과정의 자기공분산은 다음과 같습니다.

$$\begin{aligned} cov(Y_t, Y_{t+1}) &= cov(Y_t, \delta + \phi Y_t + \epsilon_{t+1}) = \phi cov(Y_t, Y_t) + cov(Y_t \epsilon_{t+1}) \\ &= \phi \, Var(Y_t) = \phi \frac{\sigma^2}{1-\phi^2} = \phi\gamma(0) \end{aligned}$$

결국, $\gamma(1) = \phi\gamma(0)$ 입니다.

$$
\begin{aligned}
cov(Y_t, Y_{t+2}) &= cov(Y_t, \delta + \phi Y_{t+1} + \epsilon_{t+2}) = \phi\, cov(Y_t, Y_{t+1}) + cov(Y_t \epsilon_{t+2}) \\
&= \phi\gamma(1) = \phi\,\phi\gamma(0) = \phi^2\gamma(0)
\end{aligned}
$$

이를 일반화하면, $\gamma(h) = \phi^h\gamma(0)$ 입니다.

그리고 양변을 $\gamma(0)$로 나누어주면 자기상관계수를 구할 수 있습니다.

$$
\rho(h) = \frac{\gamma(h)}{\gamma(0)} = \phi\frac{\gamma(h-1)}{\gamma(0)} = \phi^h\frac{\gamma(0)}{\gamma(0)} = \phi^h
$$

따라서 $\rho(\infty) = \phi^\infty$ 입니다. 이때 시계열 데이터가 정상과정을 가지려면 무한대로 떨어진 값들의 영향이 0이 되어야 하며, 이러기 위해서는 $|\phi| \le 1$이어야 합니다.

정상과정을 보이는 AR(2) 과정의 기대값, 분산, 자기공분산, 자기상관계수값을 구해보도록 합니다.

$$
Y_t = \delta + \phi_1 Y_{t-1} + \phi_2 Y_{t-2} + \epsilon_t
$$

AR(2) 과정을 따르는 시계열 데이터의 기대값은 다음과 같습니다.

$$
\begin{aligned}
E(Y_t) &= \delta + \phi_1 E(Y_{t-1}) + \phi_2 E(Y_{t-2}) + E(\epsilon_t) \\
E(Y_t) &= \delta + \phi_1 E(Y_t) + \phi_2 E(Y_t), \quad \because E(Y_{t-2}) = E(Y_{t-1}) = E(Y_t), E(\epsilon_t) = 0 \\
E(Y_t) &= \frac{\delta}{(1 - \phi_1 - \phi_2)}
\end{aligned}
$$

AR(2) 과정을 따르는 시계열 데이터의 자기공분산은 구하도록 합니다. μ=0이라는 가정을 추가해봅니다. 이러한 가정은 논의의 전개에 영향을 주지 않습니다. 양변에 Y_{t-h}를 곱한 후에 공분산을 취해보도록 합니다.

$$Y_t\, Y_{t-h} = \delta\, Y_{t-h} + \phi_1 Y_{t-1}\, Y_{t-h} + \phi_2 Y_{t-2}\, Y_{t-h} + \epsilon_t Y_{t-h}$$

$$cov(Y_t\, Y_{t-h}) = cov(\delta\, Y_{t-h}) + \phi_1 cov(Y_{t-1}\, Y_{t-h}) + \phi_2 cov(Y_{t-2}\, Y_{t-h}) + cov(\epsilon_t Y_{t-h})$$

$$\gamma(h) = \phi_1 \gamma(h-1) + \phi_2 \gamma(h-2), \ \because\ cov(\epsilon_t Y_{t-h}) = 0$$

양변을 $\gamma(0)$으로 나누면, 다음과 같습니다.

$$\rho(h) = \frac{\gamma(h)}{\gamma(0)} = \phi_1 \frac{\gamma(h-1)}{\gamma(0)} + \phi_2 \frac{\gamma(h-2)}{\gamma(0)}$$

$$\rho(h) = \phi_1 \rho(h-1) + \phi_2 \rho(h-2)$$

Note ARMA(1)의 자기상관함수

시간연산자(Lag Operater)를 이용하여 ARMA(1) 과정의 자기상관함수를 구해보도록 합니다.

$$\begin{aligned}
Y_t &= \mu + \phi Y_{t-1} + \epsilon_t + \theta \epsilon_{t-1} \\
Y_t &= \phi L Y_t + \epsilon_t + \theta L \epsilon_t, \text{ 가정 } \mu = 0 \\
(1-\phi L) Y_t &= \epsilon_t + \theta \epsilon_{t-1} \\
Y_t &= (1-\phi L)^{-1} (\epsilon_t + \theta \epsilon_{t-1}) \\
Y_t &= (1 + \phi L + \phi^2 L^2 + \phi^3 L^3 + \cdots)(\epsilon_t + \theta \epsilon_{t-1}), \text{ 무한등비급수 성질 이용} \\
Y_t &= \epsilon_t + (\phi + \theta)\epsilon_{t-1} + (\phi^2 + \phi\theta)\epsilon_{t-2} + (\phi^3 + \phi^2\theta)\epsilon_{t-3} + \cdots \\
Y_t &= \epsilon_t + \psi_1 \epsilon_{t-1} + \psi_2 \epsilon_{t-2} + \psi_3 \epsilon_{t-3} + \cdots \quad \text{식 } (1)
\end{aligned}$$

Y_t의 양변에 Y_{t-h}를 곱한 후에 자기공분산을 취해보도록 합니다.

$$\begin{aligned}
&Y_t = \phi Y_{t-1} + \epsilon_t + \theta \epsilon_{t-1} \\
&Y_t Y_{t-h} = \phi Y_{t-1} Y_{t-h} + \epsilon_t Y_{t-h} + \theta \epsilon_{t-1} Y_{t-h} \\
&cov(Y_t, Y_{t-h}) = \phi\, cov(Y_{t-1}, Y_{t-h}) + cov(\epsilon_t, Y_{t-h}) + \theta\, cov(\epsilon_{t-1}, Y_{t-h}) \\
&cov(Y_t, Y_{t-h}) = \phi\, cov(Y_{t-1}, Y_{t-h}) + E(\epsilon_t, Y_{t-h}) + \theta E(\epsilon_{t-1}, Y_{t-h}) \ \cdots \ \text{식 } (2) \\
&\qquad \because E(\epsilon_t) = E(\epsilon_{t-1}) = 0
\end{aligned}$$

식 (2)을 이용하여 $h = 0$일 때 자기공분산을 구해봅시다.

$$\begin{aligned}
\gamma(0) &= \phi\gamma(1) + \sigma^2 + \theta\psi_1 \sigma^2 \\
\gamma(0) &= \phi\gamma(1) + \sigma^2 + \theta(\theta + \phi)\sigma^2 \ \cdots \text{식 } (3)
\end{aligned}$$

(참고) $E[\epsilon_t Y_t] = E[\epsilon_t(\epsilon_t + \psi_1\epsilon_{t-1} + \psi_2\epsilon_{t-2} + \psi_3\epsilon_{t-3} + \cdots)]$ *by* 식 (1)
$= E[\epsilon_t\epsilon_t] + \psi_1 E[\epsilon_t\epsilon_{t-1}] + \psi_2 E[\epsilon_t\epsilon_{t-2}] + \cdots)]$
$= \sigma^2$
$E[\epsilon_{t-1} Y_t] = E[\epsilon_{t-1}(\epsilon_t + \psi_1\epsilon_{t-1} + \psi_2\epsilon_{t-2} + \psi_3\epsilon_{t-3} + \cdots)]$ *by* 식 (1)
$= E[\epsilon_t - 1\epsilon_t] + \psi_1 E[\epsilon_{t-1}\epsilon_{t-1}] + \psi_2 E[\epsilon_{t-1}\epsilon_{t-2}] + \cdots)]$
$= \psi_1\sigma^2$

식 (1)을 이용하여 h=1일 때 자기공분산을 구해봅시다.

$$\gamma(1) = \phi\gamma(0) + \theta_1\sigma^2 \quad \cdots \text{ 식 } (4)$$

식 (3)과 식 (4)의 연립방정식을 이용하여

$$\gamma(0) = \frac{1+2\theta\phi+\theta^2}{(1-\phi^2)}\sigma^2$$
$$\gamma(1) = \frac{(1+\theta\phi)(\theta+\phi)}{(1-\phi^2)}\sigma^2$$

식 (1)을 이용하여 h≥2일 때 자기공분산을 구해봅시다.

$$\gamma(h) = \phi\gamma(h-1) + 0$$
$$\gamma(h) = \phi^{h-1}\gamma(1)$$
$$\gamma(h) = \phi^{h-1}\left(\frac{(1+\theta\phi)(\theta+\phi)}{(1-\phi^2)}\right)\sigma^2$$

ARMA(1)의 자기상관함수는 다음과 같습니다.

$$\rho(0) = \frac{\gamma(0)}{\gamma(0)} = 1$$
$$\rho(1) = \frac{\gamma(1)}{\gamma(0)} = \frac{(1+\theta\phi)(\theta+\phi)}{1+2\theta\phi+\theta^2}$$
$$\rho(h \geq 2) = \frac{\gamma(h)}{\gamma(0)} = \frac{\phi^{h-1}(1+\theta\phi)(\theta+\phi)}{1+2\theta\phi+\theta^2}$$

개념

14.4 AR모델과 편자기상관함수

AR(p) 과정을 따르는 시계열 데이터는 자기상관 계수를 이용하여 모델을 식별할 수 없습니다. AR(p) 모델의 p를 식별하는 데 편자기상관함수가 이용됩니다.

편자기상관함수(Partial Autocorrelation function)

시계열 데이터가 AR(p) 과정을 따른다고 할 때 우리는 'p'를 사전적으로 알 수 없습니다. 따라서 모든 AR(p) 모형을 가능성 있는 후보로 생각하고 각각의 모형을 회귀분석하여 'p'를 식별하고자 하는 것이 편자기상관함수를 이용합니다. 시계열 데이터의 모든 AR(p) 모형을 고려해보면 다음과 같습니다.

$$\mathrm{AR(1)} : Y_t = \delta + \phi_{11} Y_{t-1} + \epsilon_t$$

$$\mathrm{AR(2)} : Y_t = \delta + \phi_{21} Y_{t-1} + \phi_{22} Y_{t-1} + \epsilon_t$$

$$\vdots$$

$$\mathrm{AR(j)} : Y_t = \delta + \phi_{j1} Y_{t-1} + \phi_{j2} Y_{t-2} + \cdots + \phi_{jj} Y_{t-j} + \epsilon_t$$

우리는 어떤 모형이 우리가 가진 시계열 데이터를 가장 잘 설명하는 모형인지 모르기 때문에 차례대로 회귀분석을 실시하여 계수값을 구해야 합니다. 만약 시계열 데이터가 AR(1) 모델을 따른다면, 모델의 추정값 $\hat{Y}_t = \hat{\delta} + \hat{\phi}_{11} Y_{t-1}$에서 추정값($\hat{\phi}_{11}$)과 실제값($\phi_{11}$)은 매우 비슷한 값을 갖게 될 것입니다. 즉, $\hat{\phi}_{11} \approx \phi_{11}$입니다. 하지만 우리가 AR(2) 모형을 가지고 회귀분석을 실시하여 $\hat{Y}_t = \hat{\delta} + \hat{\phi}_{11} Y_{t-1} + \hat{\phi}_{22} Y_{t-2}$에서 추정한 $\hat{\phi}_{22}$의 유의성에 대해 가설검정을 해보면 이 추정치는 유의하지 않게 나올 것입니다. 즉, $\hat{\phi}_{22} \approx 0$입니다.

AR(p)에서 p를 식별하기 위해서는 값 ϕ_{jj}에 대한 유의성검정이 유의해야 합니다. 결국 가설검정은 $\hat{\phi}_{jj} \neq 0$인 j를 찾는 것입니다. 그러므로 귀무가설과 대립가설을 다음과 같습니다. 이와 같이 편자기상관 함수는 AR모델의 추정식의 계수에 대해 유의성을 검정함으로써 AR(p) 모델의 'p'를 식별합니다.

$$H_0 : \phi_{jj} = 0$$

$$H_1 : \phi_{jj} \neq 0$$

개념

14.5 BOX-JENKINS ARIMA 모델

분석하고자 하는 시계열 데이터에 대한 사전정보가 없는 경우 해당 데이터가 AR 모델인지, MA모델인지 또는 ARMA모델인지 식별해야 합니다. Box와 Jenkins는 시계열 데이터의 식별을 단계적으로 할 수 있는 방법을 개발하였는데, 이를 Box-Jenkins ARIMA모델이라고 합니다. Box-Jenkins의 식별방법은 다음과 같습니다.

첫째, 분석대상 시계열 데이터가 정상과정(stationary process)인지 확인합니다. 정상시계열인지 여부는 Augmented Dickey-Fuller 단위근 검정을 통해 확인합니다. 만약 시계열 데이터가 정상시계열이 아닌 경우 이를 차분이나 추세(trend)를 제거하는 방식으로 정상시계열로 바꾸어 줍니다.

둘째, 컴퓨터 프로그램을 이용하여 정상시계열로 바뀐 시계열 데이터의 자기상관 함수와 편자기상관함수를 그림으로 보여줍니다.

셋째, 자기상관함수와 편자기상관함수를 보고 가능성이 있는 모형의 후보군을 선정하고, 후보 모형의 파라미터를 추정합니다. MA(q)모델의 경우 시차 q 이후 자기상관함수가 0으로 절단되며, AR(p)모델의 경우 시차 p 이후 편자기상관함수가 0으

표 1 ARMA 모델의 식별방법

모델	자기상관함수(ACF)	편자기함수(Patial ACF)
MA(q)	시차 q 이후 0으로 절단	지수적으로 감소, sine 함수 형태로 소멸
AR(p)	지수적으로 감소, sine 함수 형태로 소멸	시차 p 이후 0으로 절단
ARMA(p,q)	시차 q–p 이후 소멸	시차 q–p 이후 소멸

로 절단됩니다. ARMA(p,q)모델의 경우 시차가 $q-p$일 때 자기상관함수와 편자기상관함수가 소멸됩니다. 하지만 ARMA(p,q)모델의 경우 자기상관함수와 편자기상관함수를 이용하여 시차를 그래프를 이용하여 식별하기는 쉽지 않습니다.

넷째, 다양한 방법을 이용하여 최종 모델을 선택합니다. 먼저 모형을 추정하고 난 후 잔차항에 대한 백색잡음(white–noise) 테스트를 실시합니다. 모형이 시계열 데이터를 잘 표현하고 있다면, 추정 후 남은 잔차항은 백색잡음이 되어야 하기 때문입니다. 잔차가 백색잡음을 따른다는 테스트는 륭–박스(Ljung–Box) Q 통계량을 이용합니다. 시계열이 백색잡음이면 모든 j에 대해서 자기상관계수가 0이기 때문에 귀무가설은 모든 j에 대해서 자기상관계수가 0이라는 것입니다. 대립가설은 '적어도 하나의 시계열 상관계수가 0이 아니다'입니다. 륭–박스(Ljung–Box) Q 통계량에서 j가 클수록 $\hat{\rho}_j$에 큰 가중치를 부여합니다. 이용 가능한 시계열 데이터(sample size)가 유한하고 j가 클수록 $\hat{\rho}_j$를 계산하기 위해서는 사용하기 위한 데이터의 수가 감소하게 됩니다. 즉, j에 따라서 실제 이용 가능한 정보의 양이 달라지므로 조정이 필요합니다. 륭–박스(Ljung–Box) Q 통계량은 카이제곱(χ^2) 분포를 따릅니다. 잔차항이 백색잡음을 따르기 위해서는 귀무가설을 기각하면 안 됩니다.

$$H_0 : \rho_1 = \rho_2 = \cdots = \rho_K = 0$$

$$H_1 : k\text{개의 } \rho_j \text{중 적어도 하나는 0이 아니다}$$

$$Q(k) = T(T+2)\sum_{j=1}^{k}\frac{\widehat{\rho^2_j}}{(T-j)}$$

잔차항이 모두 백색잡음인 모델 중에서는 잔차항의 제곱항이 가장 작은 모델을 최종 모델로 선택합니다. 하지만 설명변수가 많을수록 잔차항의 제곱항이 작아지는 경향이 있으므로 이를 고려하여 만든 AIC(Akaike Information Criterion)와 BSC(Bayes-Schwartz Criterion) 값이 가장 작은 모델을 선택합니다. 즉, 최종 선택된 모델은 가장 적은 설명변수를 가지고 시계열 데이터를 가장 잘 설명하고 있는 모델인 것입니다.

$$AIC = \ln\left(\frac{\hat{e}'\hat{e}}{T}\right) + \frac{2k}{T}$$

$$BSC = \ln\left(\frac{\hat{e}'\hat{e}}{T}\right) + \frac{k \ln T}{T}$$

데이터 분석

14.6 ARIMA 모델을 이용한 주가 예측

분석에 이용할 패키지

In

```
import FinanceDataReader as fdr
import os
import numpy as np, pandas as pd
```

In

```
%matplotlib inline
import matplotlib.pyplot as plt
import matplotlib
import seaborn as sns
plt.style.use('seaborn-whitegrid')
```

In

```
import statsmodels.api as sm
from statsmodels.graphics.tsaplots import plot_acf, plot_pacf
from statsmodels.tsa.arima.model import ARIMA
```

In

```
import itertools
```

분석대상인 TIGER 미국 S&P500 ETF 주가 데이터를 불러옵니다. 분석 대상인 종가(Close) 이름을 'price'로 변경하고 종가를 제외한 데이터를 삭제합니다.

In

```
data = fdr.DataReader('360750', '2020-01-01')  # TIGER 미국 S&P500
```

In

```
data.head()
```

Out

Date	Open	High	Low	Close	Volume	Change
2020-08-07	9835	9850	9777	9821	125323	NaN
2020-08-10	9815	9855	9810	9845	211014	0.002444
2020-08-11	9850	9860	9835	9855	82673	0.001016
2020-08-12	9791	9815	9753	9817	67625	-0.003856
2020-08-13	9895	9895	9850	9865	162229	0.004889

In

```
data = data.rename(columns={'Close':'price'})
data = data.drop(['Open', 'High', 'Low','Volume', 'Change'], axis=1)
```

시계열 데이터의 정상성 확인

데이터의 정상성을 확인하기 위하여 데이터의 추세를 그려봅니다. 데이터는 정상과정을 보이고 있지 않습니다.

In

```
data.plot(figsize=(10,6), color='blue')
plt.show()
```

Out

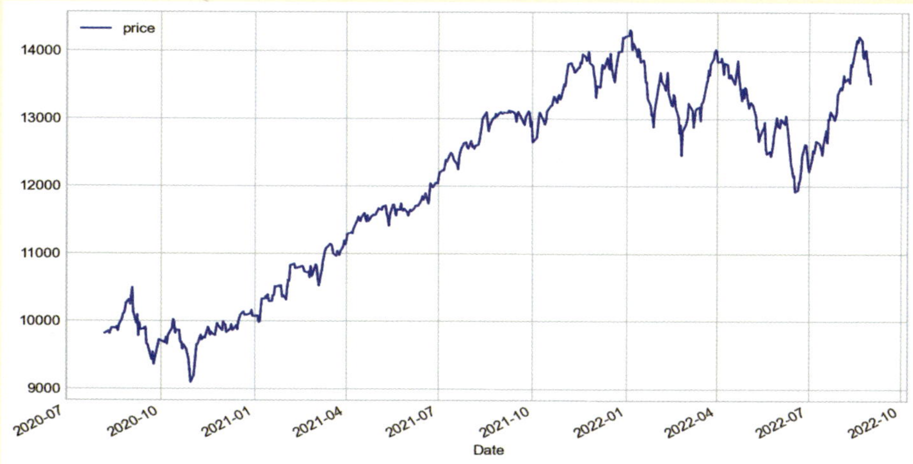

데이터가 AR, MA, ARMA모델을 육안으로 확인하기 위하여 자기상관함수(ACF) 그래프와 편자기함수(PACF) 그래프를 그려봅니다. ACF 그림의 경우 급격히 0으로 절단되는 모습을 보이지 않아 자기상관하는 모습을 보이고 있습니다. PACF 그래프의 경우 3기 이후 급격히 0으로 떨어지는 모습을 보이고 있어서 AR(2)의 가능성이 있습니다.

In

```
fig, ax = plt.subplots(1,2, figsize=(10,3))
fig.suptitle('Raw Data')
sm.graphics.tsa.plot_acf(data.values.squeeze(), lags=30, ax=ax[0])
sm.graphics.tsa.plot_pacf(data.values.squeeze(), lags=30, ax=ax[1])
plt.show()
```

Out

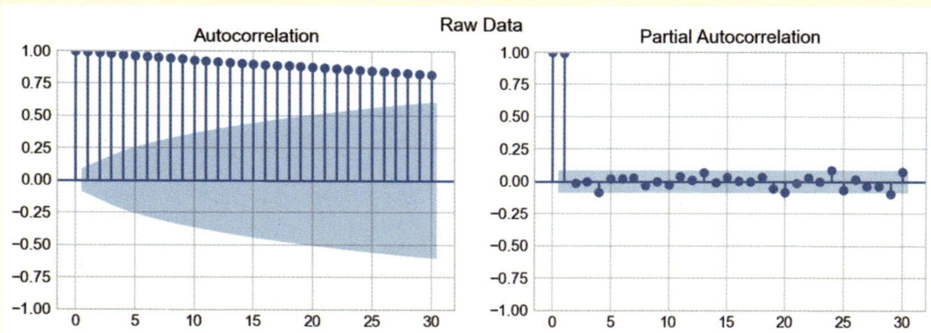

시계열 데이터가 정상과정을 따르는지 확인하기 위해 Augmented Dickey-Fuller 검정을 실시합니다. 해당 검정통계량은 t-분포를 따릅니다. 해당 검정통계량은 -1.29이며, p값은 0.63입니다. 따라서 단위근이 존재한다는 귀무가설을 기각하지 못합니다. 따라서 해당 시계열 데이터는 정상과정을 따르지 않습니다.

In

```
from statsmodels.tsa.stattools import adfuller
dftest = adfuller(data['price'])

dfoutput = pd.Series(dftest[0:4], index=['Test Statistic','p-value','#Lags Used',
     'Number of Observations Used'])

for key, value in dftest[4].items():
    dfoutput['Critical Value (%s)'%key] = value
print(dfoutput)
```

Out

```
Test Statistic                  -1.291410
p-value                          0.633093
#Lags Used                       0.000000
Number of Observations Used    509.000000
Critical Value (1%)             -3.443263
Critical Value (5%)             -2.867235
Critical Value (10%)            -2.569803
```

시계열 데이터의 정상데이터로 변환

정상과정을 따르지 않는 시계열 데이터를 정상과정을 따르도록 차분하여 정상과정을 따르는지 살펴봅니다. 차분은 1차, 2차 또는 n차 차분을 실시할 수 있으나, 여기서는 1차 차분을 실시하여 차분 후 데이터가 정상과정을 따르는지 살펴보도록 합니다. 1차 차분 후 ACF와 PACF가 모두 급속히 0으로 절단되고 있어서 1차 차분 후 시계열 데이터는 ARMA의 모습을 보이는 것으로 확인할 수 있습니다.

In

```
data['diff'] = data['price'].diff()  # 차분
data = data.dropna()
```

In

```
plt.figure(figsize = (12,8))
plt.subplot(211)
plt.plot(data['price'])
plt.legend(['Raw Data (Nonstationary)'])
plt.subplot(212)
plt.plot(data['diff'], 'orange')
plt.legend(['Difference Data (Sationary)'])
```

Out

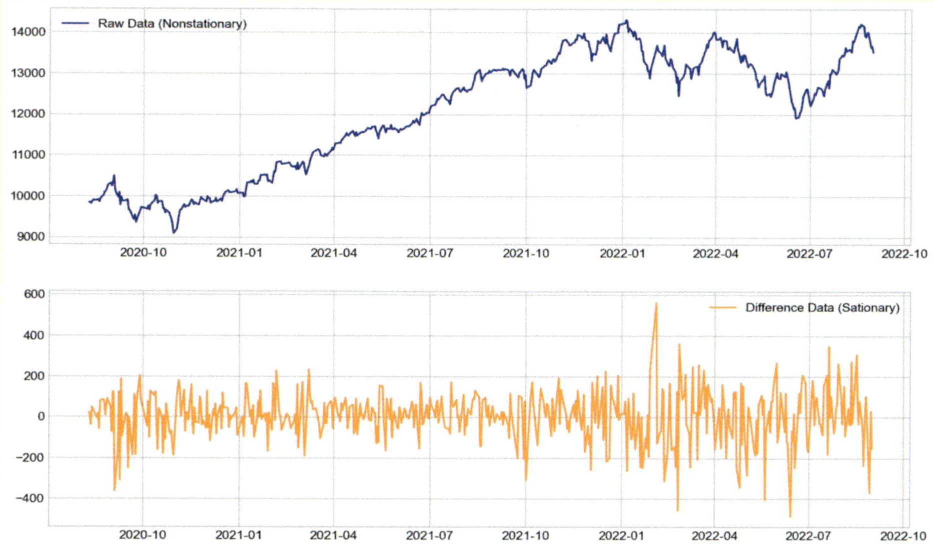

In

```
fig, ax = plt.subplots(1,2, figsize=(10,3))
fig.suptitle('Differenced Data')
sm.graphics.tsa.plot_acf(data['diff'].values.squeeze(), lags=30, ax=ax[0])
sm.graphics.tsa.plot_pacf(data['diff'].values.squeeze(), lags=30, ax=ax[1])
plt.show()
```

Out

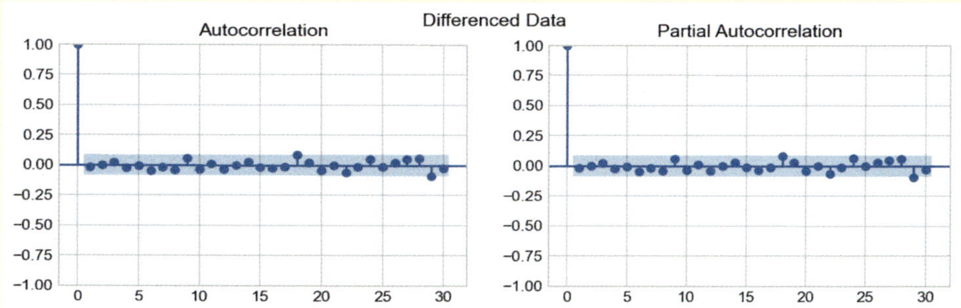

1차 차분된 시계열 데이터가 정상과정을 따르는지 확인하기 위해 Augmented Dickey-Fuller 검정을 실시합니다. 해당 검정통계량은 t-분포를 따릅니다. 해당 검정통계량은 −22.85이며, p값은 0.00입니다. 따라서 단위근이 존재한다는 귀무가설을 기각합니다. 따라서 1차 차분된 시계열 데이터는 정상과정을 따릅니다.

이제 주어진 시계열 데이터에 ARIMA모델을 적용할 준비가 되었습니다. 모델로는 ARIMA(1,1,2)모델을 적용해보겠습니다. 한편 모델 추정 후 잔차항이 자기상관을 띠지 않는지를 검정하는 Ljung-Box 검정 결과, p값이 0.90을 보여 잔차항이 백색잡음이다는 귀무가설을 기각하지 않고 있으므로 모델이 적절하게 추정되고 있음을 확인할 수 있습니다.

In

```
dftest2 = adfuller(data['diff'])

dfoutput2 = pd.Series(dftest2[0:4], index=['Test Statistic','p-value',
     '#Lags Used','Number of Observations Used'])
for key, value in dftest[4].items():
     dfoutput2['Critical Value (%s)'%key] = value
print(dfoutput2)
```

Out

```
Test Statistic                 -22.859537
p-value                          0.000000
#Lags Used                       0.000000
Number of Observations Used    508.000000
Critical Value (1%)             -3.443263
Critical Value (5%)             -2.867235
Critical Value (10%)            -2.569803
```

In

```
model = ARIMA(data['price'].values, order=(1,1,2))
model_fit = model.fit()
model_fit.summary()
```

Out

Dep. Variable:	y	No. Observations:	509
Model:	ARIMA(1, 1, 2)	Log Likelihood	-3151.066
Date:	Wed, 31 Aug 2022	AIC	6310.132
Time:	14:56:58	BIC	6327.054
Sample:	0	HQIC	6316.768
	- 509		
Covariance Type:	opg		

	coef	std err	z	P>|z|	[0.025	0.975]
ar.L1	-0.8574	0.200	-4.285	0.000	-1.250	-0.465
ma.L1	0.8483	0.208	4.079	0.000	0.441	1.256
ma.L2	-0.0353	0.045	-0.789	0.430	-0.123	0.052
sigma2	1.429e+04	642.443	22.243	0.000	1.3e+04	1.55e+04

Ljung-Box (L1) (Q):	0.01	Jarque-Bera (JB):	98.71
Prob(Q):	0.90	Prob(JB):	0.00
Heteroskedasticity (H):	2.60	Skew:	-0.38
Prob(H) (two-sided):	0.00	Kurtosis:	5.02

시계열 데이터가 정상시계열을 바꾼 후에 다양한 모델에서 적절한 ARIMA모델을 찾아보도록 하겠습니다. ARIMA(p,d,q)에 필요한 p, d, q 시차에서 p, q는 0, 1, 2, 3을 고려하고 차분을 나타내는 d는 1, 2, 3차 차분한 모델을 고려하도록 하겠습니다. 이와 같이 총 18개의 모델 중에서 Ljung-Box 검정을 통해 잔차항이 백색잡음인 모델 중에서 AIC가 가장 적은 모델을 선정합니다. 모델 선정 결과, ARIMA(0,2,1)모델이 가장 적절한 모델로 선정되었습니다.

In

```
p = range(0,4)
d = range(1,4)
q = range(0,4)
pdq = list(itertools.product(p,d,q))  # p, d, q를 하나의 list로 묶음
```

In
```
AIC = []
L_Box = []

for i in pdq:
    try:
        model = ARIMA(data['price'].values, order=(i))
        model_fit = model.fit()
        LjungBox = model_fit.test_serial_correlation('ljungbox', lags=1)
        LB = LjungBox[0,1,0]
        AIC.append(round(model_fit.aic,2))
        L_Box.append(round(LB,4))
        print(f'ARIMA: {i} >> AIC : {round(model_fit.aic,2)},  Ljung-Box : {round(LB,4)}')
    except:
        continue
```

Out
```
ARIMA: (0, 1, 0) >> AIC : 6306.7,  Ljung-Box : 0.6868
ARIMA: (0, 1, 1) >> AIC : 6308.6,  Ljung-Box : 0.9243
:
ARIMA: (3, 3, 2) >> AIC : 6442.02,  Ljung-Box : 0.0705
ARIMA: (3, 3, 3) >> AIC : 6321.81,  Ljung-Box : 0.9421
```

In
```
result01 = list(zip(pdq, AIC,L_Box))  # 같은 위치끼지 병합
result02 = np.array(result01)
result03 = [(result02[i]) for i, j in enumerate(result02[:,2]) if j > 0.05]
# Ljung-Box 검정통계량의 p값이 0.05 이상인 값들만 추출
```

In
```
result03 = np.array(result03)
optimal = [(result03[i]) for i, j in enumerate(result03[:,1])
     if j == min(result03[:,1])]
# AIC가 최소인 pdq 를 추출
optimal01 =np.array(optimal)
orders = optimal01[0,0]
orders
```

Out
```
(0, 2, 1)
```

ARIMA(0,2,1)모델로 데이터를 추정한 결과를 보이고 있습니다. 2차 차분한 시계열데이터는 Ljung-Box 검정을 통해 정상성을 보이는 것을 확인할 수 있습니다. 아울러 1기 전의 충격에 대한 계수값이 −0.9986을 보이고 있어 1기 전의 충격에 영향을 크게 받는 것을 보이고 있습니다.

```
In      model_opt = ARIMA(data['price'].values, order = orders)
        model_opt_fit = model_opt.fit()
        model_opt_fit.summary()
```

Out

Dep. Variable:	y	No. Observations:	509
Model:	ARIMA(0, 2, 1)	Log Likelihood	-3149.533
Date:	Wed, 31 Aug 2022	AIC	6303.066
Time:	16:05:35	BIC	6311.523
Sample:	0	HQIC	6306.383
	- 509		
Covariance Type:	opg		

	coef	std err	z	P>|z|	[0.025	0.975]
ma.L1	-0.9986	0.016	-61.993	0.000	-1.030	-0.967
sigma2	1.432e+04	638.677	22.416	0.000	1.31e+04	1.56e+04

Ljung-Box (L1) (Q):	0.15	Jarque-Bera (JB):	96.32
Prob(Q):	0.70	Prob(JB):	0.00
Heteroskedasticity (H):	2.63	Skew:	-0.33
Prob(H) (two-sided):	0.00	Kurtosis:	5.03

분석대상 시계열 데이터와 ARIMA(0,2,1)모델로 추정한 데이터를 그래프로 그리면 다음과 같습니다.

```
In      fit=pd.Series(model_opt_fit.fittedvalues, copy=True)
        data = data.reset_index()
        data['fittedValue'] = fit
```

```
In      import datetime

        plt.figure(figsize=(10,5))
        plt.plot(data['Date'], data['price'], color='blue')
        plt.plot(data['Date'], data['fittedValue'], color='red')
        plt.legend(['data', 'fitted value'], loc='upper right', fontsize=12)
        plt.xlim(datetime.date(2021,9,1), datetime.date(2022, 8,31))
        plt.ylim(11000, 15000)
        plt.grid(True)
        plt.show()
```

Out

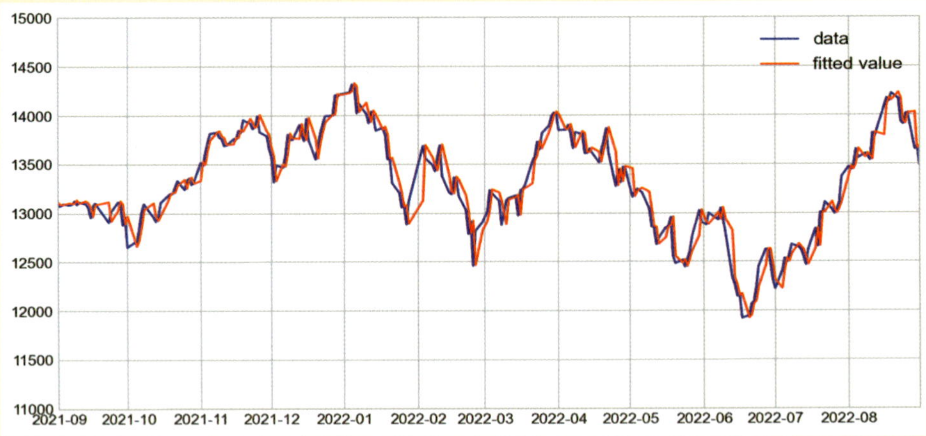

data
fitted value
15000
14500
14000
13500
13000
12500
12000
11500
11000
2021-09
2021-10
2021-11
2021-12
2022-01
2022-02
2022-03
2022-04
2022-05
2022-06
2022-07
2022-08

분석 과제 ARIMA 모델을 이용한 관심 주가 예측

1. 이용 가능한 API를 통해 본인이 관심 있는 기업의 주가 데이터를 2010년 1월부터 최근까지 매일 기준으로 불러옵니다.

2. 종가를 기준으로 ACF, PACF를 그리고, 이를 바탕으로 데이터가 정상과정(stationary process)을 따르는지 의견을 기술합니다.

3. 데이터를 1차 차분한 후 ACF, PACF를 그리고, 이를 바탕으로 데이터가 정상과정(stationary process)을 따르는지 의견을 기술합니다.

4. p,q,d에 대한 parameter search를 실시한 후 AIC가 가장 적은 모델을 보입니다.

   - p의 범위: 0~3
   - d의 범위: 1~2
   - q의 범위: 0~3

5. AIC가 가장 적은 모델을 이용하여 1기 후의 주가를 예측합니다.

부록
쥬피터 노트북 설치

아나콘다 설치를 통한 쥬피터 노트북(Jupyter Notebook) 실행

구글에서 "install anaconda"를 검색하여 본인의 컴퓨터 OS에 알맞도록 아나콘다(anaconda)를 자신의 운영체제에 설치합니다. 예를 들어 본인의 운영체계가 윈도우(Windows)이면 "Installing on Windows"를 클릭합니다.

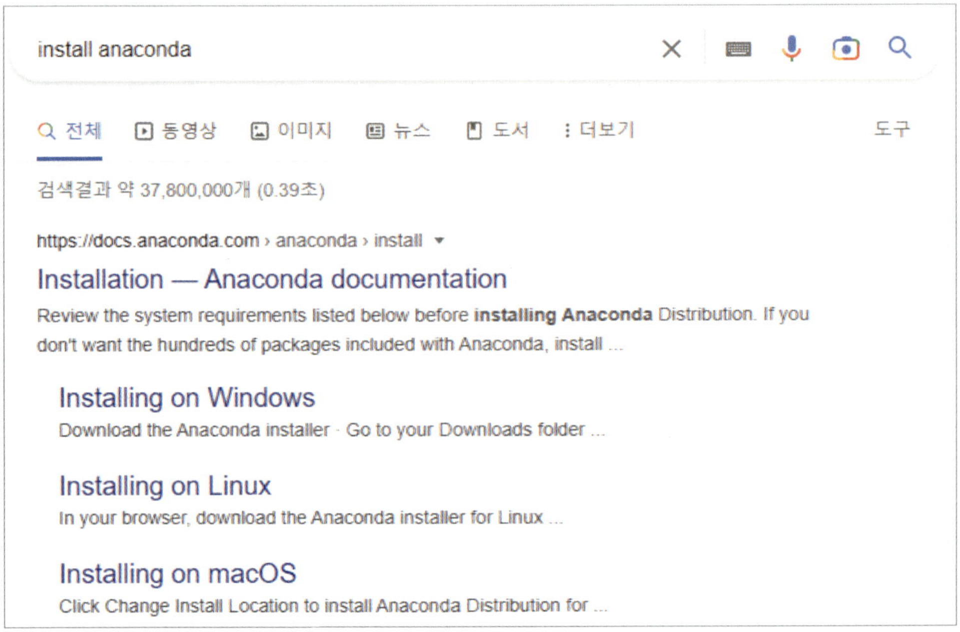

"Installing on Windows"를 누르면 다음과 같은 화면에 나오며, 사이트의 안내에 따라 아나콘다를 설치합니다.

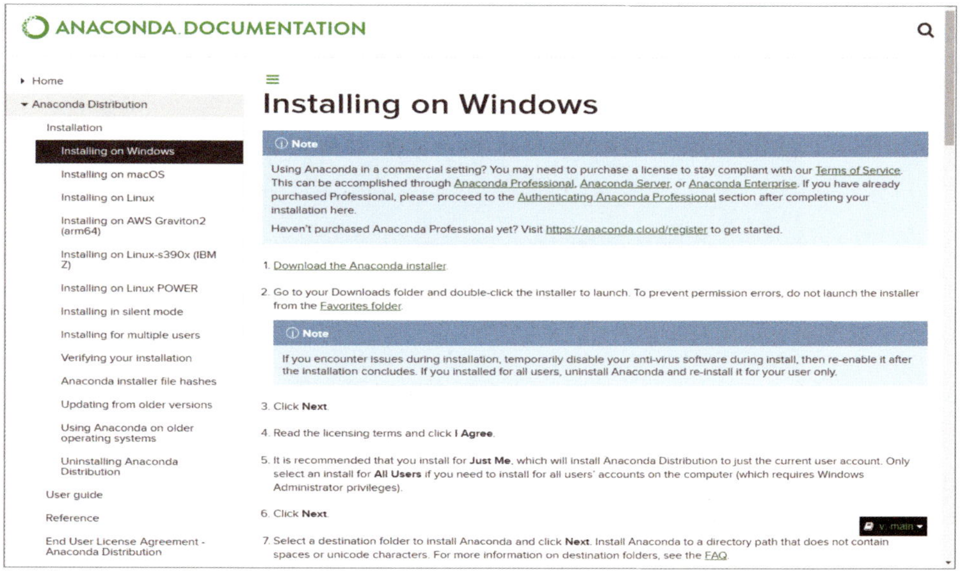

아나콘다 설치 과정의 마지막 단계에서 다음과 같이 "Finish" 버튼을 누르면 설치가 완료됩니다.

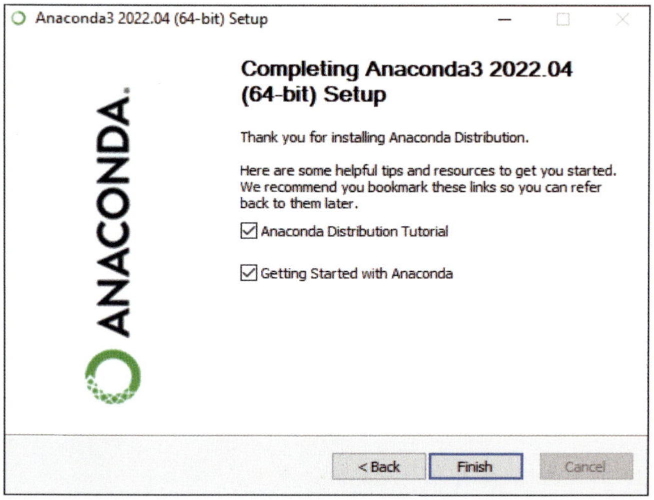

키보드의 윈도우 키(Windows key)를 누른 후에 나타나는 “Anaconda Prompt”를 클릭하면, 파이썬을 실행하기 위한 도스(dos) 창이 실행됩니다. 그다음 ‘python —version’을 입력하여 python version을 확인하고, ‘python’을 입력하여 python이 잘 실행되는지 살펴봅니다.

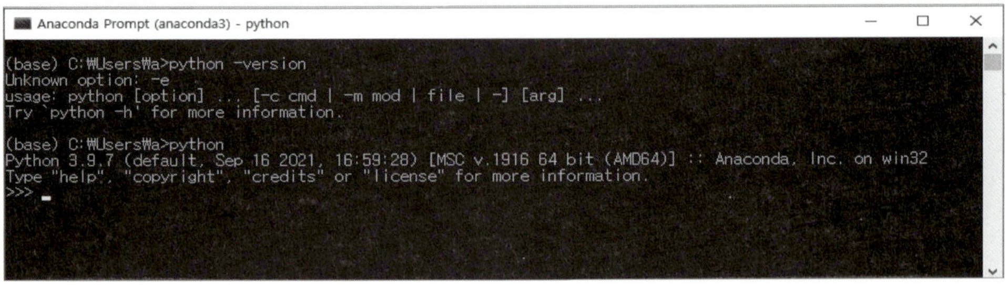

쥬피터 노트북 경로 설정

다시 “Anaconda Prompt”를 실행하고, 도스(dos) 창에 ‘jupyter notebook’을 입력하여 쥬피터 노트북을 실행합니다.

쥬피터 노트북을 실행하면 다음과 같은 초기화면이 나옵니다. 이러한 초기화면은 사용자가 평상시 사용하는 경로가 지정되어 있지 않습니다. 따라서 쥬피터 노트북이 실행되면 파이썬 코딩 내용이 저장된 디렉터리가 보이도록 쥬피터 노트북의 경로를 지정하는 것이 편리합니다.

"Anaconda Prompt"의 명령 창에 'jupyter notebook —generate-config'을 입력하여 설정 파일 경로를 알아봅니다.

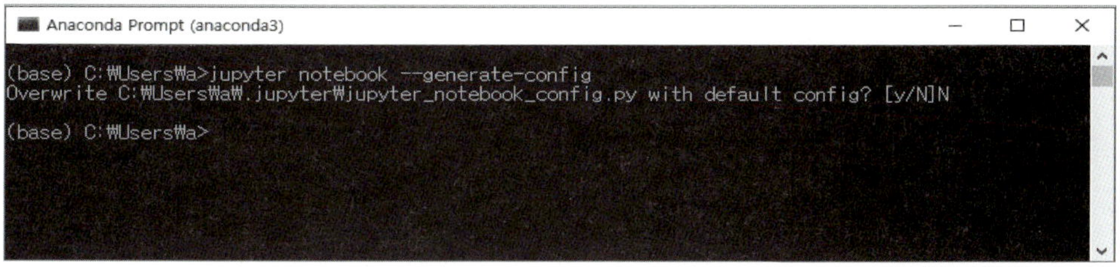

해당 경로로 들어가서 파일(본문에서는 C:₩Users₩a₩.jupyter₩jupyter_notebook_config.py)을 '메모장' 등의 프로그램을 이용하여 실행합니다. 해당 파일에서 "c.NotebookApp.notebook_dir ="을 검색하여 찾은 후에 c.NotebookApp.notebook_dir ="C:₩HSCHUNG₩PYTHON" 등 본인이 원하는 경로를 입력하고 저장합니다. 그리고 다시 쥬피터 노트북을 실행하면 바뀐 경로로 실행됩니다.

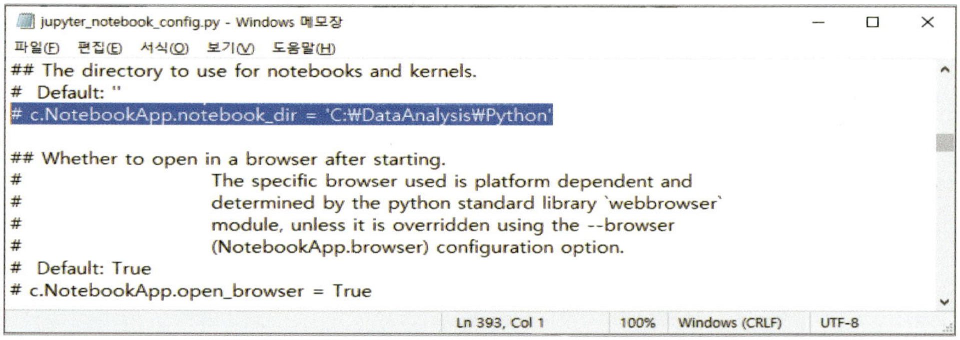

쥬피터 노트북 주요 기능

쥬피터 노트북의 새로운 파일을 만들기 위해서는 "New" 버튼을 클릭하고 "Python3"을 클릭합니다.

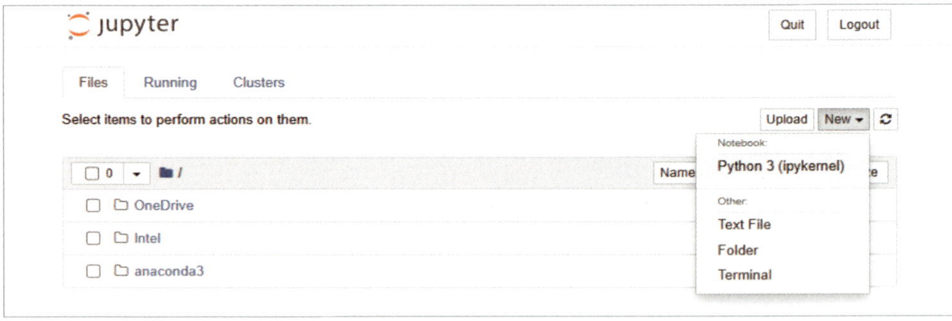

쥬피터 노트북의 새로운 파일의 이름을 바꾸기 위해서는 'Untitled'라고 표시된 곳을 클릭한 다음에 원하는 이름으로 바꾸면 됩니다. 예를 들어 파일의 이름을 'BigData01'이라고 적은 후 'Rename' 또는 엔터를 누르면, 다음과 같이 파일 이름이 바뀐 것을 확인할 수 있습니다.

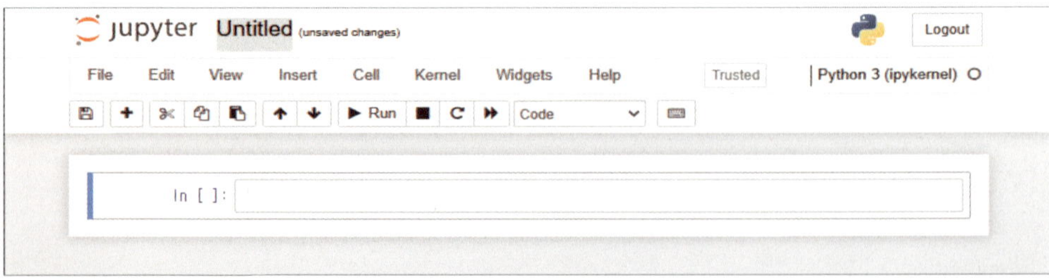

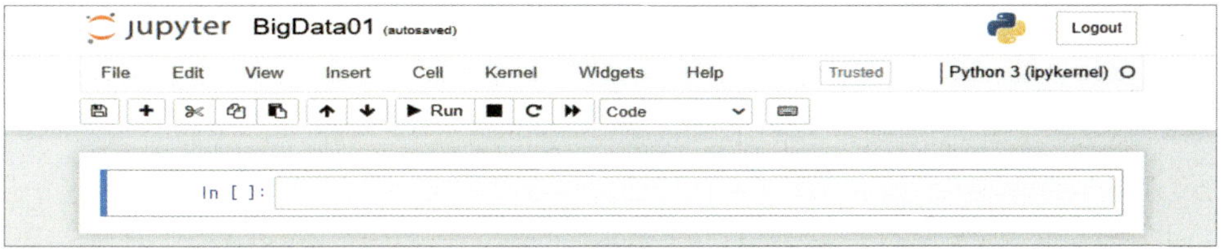

마지막으로 쥬피터 노트북에서 이용하는 다양한 단축키를 이용하기 위해서는 'Help' 항목의 'Keyboard Shortcuts'를 참고합니다.

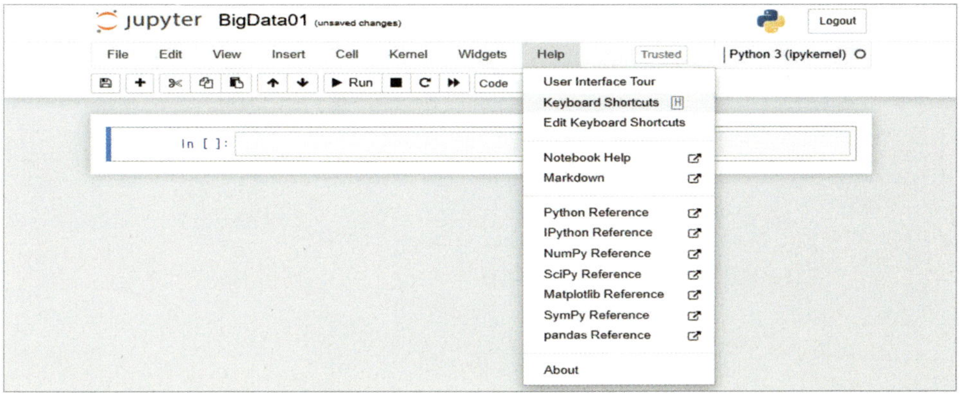

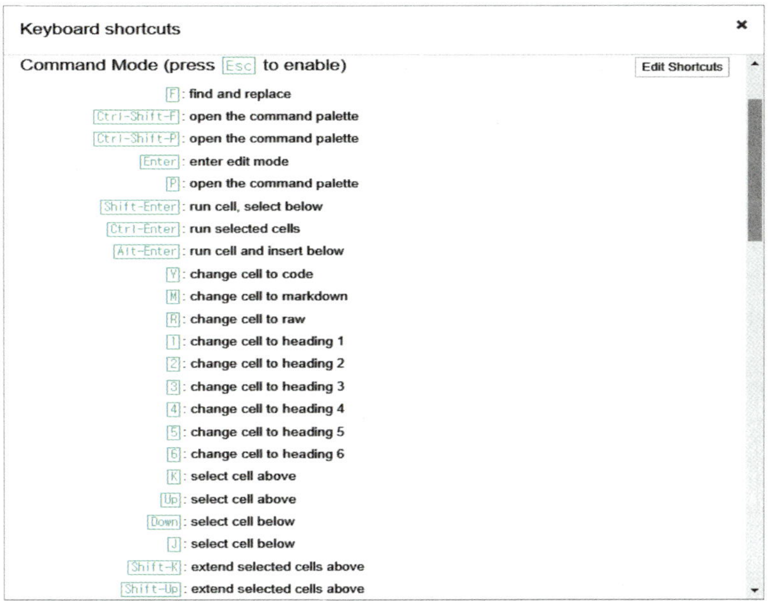

참고문헌

1. 류근관(2013), 통계학, 법문사
2. 박준용 · 장유순 · 한상범 (2004), 경제시계열분석, 경문사
3. 이성우(2005), 로짓, 프라빗모형 응용, 박문사
4. 정호성 · 이지은(2016), "주택실거래 자료를 이용한 주택부문 거시건전성 정책 효과 분석", 한국은행, BOK경제연구
5. 한치록(2019), 계량경제학강의, 박영사

찾아보기

O

P

R

S

T

U

파이썬을 이용한

경제 및 금융 데이터 분석

저　　자　정호성

발 행 인　김지영

발 행 처　자유아카데미

주　　소　경기도 파주시 회동길 37-42
　　　　　파주출판도시

전　　화　031-955-1321

팩　　스　031-955-1322

홈페이지　www.freeaca.com

전자우편　main@freeaca.com(대표)
　　　　　editor@freeaca.com(편집)
　　　　　crm@freeaca.com(영업)

등　　록　제406-2003-017호, 1980. 7. 12

제1판1쇄　2023년 1월 31일 발행

ISBN 979-11-5808-412-7　93000